"十四五"规划教材

会计学基础知识应用

KUAIJIXUE JICHU ZHISHI YINGYONG

谭　超　主　编
赵丽霞　副主编

中国财经出版传媒集团
经济科学出版社
Economic Science Press

图书在版编目（CIP）数据

会计学基础知识应用/谭超主编；赵丽霞副主编
. --北京：经济科学出版社，2023.2
ISBN 978-7-5218-2943-3

Ⅰ.①会…　Ⅱ.①谭…②赵…　Ⅲ.①会计学-基本
知识　Ⅳ.①F230

中国版本图书馆CIP数据核字（2021）第201906号

责任编辑：于　源　陈　晨
责任校对：隗立娜
责任印制：范　艳

会计学基础知识应用
谭　超　主　编
赵丽霞　副主编
经济科学出版社出版、发行　新华书店经销
社址：北京市海淀区阜成路甲28号　邮编：100142
总编部电话：010-88191217　发行部电话：010-88191522
网址：www.esp.com.cn
电子邮箱：esp@esp.com.cn
天猫网店：经济科学出版社旗舰店
网址：http://jjkxcbs.tmall.com
北京密兴印刷有限公司印装
787×1092　16开　16.75印张　425000字
2023年2月第1版　2023年2月第1次印刷
ISBN 978-7-5218-2943-3　定价：68.00元

前　　言

本书主要是为财务管理、工商管理和经济类相关专业学习会计学、税法等专业学科知识普及基础的先行教材，以财政部最新版修订的《企业会计准则》(2017)、2020 年度注册会计师考试教材《税法》为基础，从企业筹办期开始，形象、简洁地讲解开立公司、生产、销售、经营等各项经济业务涉及的会计与财税处理知识。知识点简洁明了、与时俱进，配套知识点后有对应习题随时巩固练习，可为学习会计学、税法、财务管理等专业知识奠定坚实基础，也有利于学习相关知识后查缺补漏，增进记忆，是一本实用、新颖的精编教材。本书主要有以下几点优点：

1. 精简思维导图，明确学习要点，提高效率

各章“学习目标”和“本章思维导图”提纲挈领地概括章节内知识点的重要内容，有利于学生迅速掌握章节内容与结构。在此基础上，将基础知识有条理地分知识点进行详细讲解，难度依次递进，逻辑清晰。“本章小结”归纳和总结各知识点，明确重点及难点，帮助学生迅速明确学习要点，准确抓住重点，提高学习效率。

2. 讲解通俗易懂，配有相关图示和表格，清晰明了

本书在讲解知识点的过程中，尽量做到语言描述清楚、通俗易懂，并配有大量的图示和表格，清晰明了地解释学习内容和总结知识点，符合使用者的学习进度。通过思维导图、示意图或表格等各种形式总结和归纳重点、难点，使本书使用者不仅能够更加容易学习，而且容易记忆和理解。

3. 同步提供精选例题，揭示学习思路，加深理解

本书配有大量的精选例题和解析，供学习者同步练习，及时了解对知识点的掌握程度，加深理解。读者通过例题，不仅能够强化、巩固所学知识点，而且能够更加熟悉各知识点的学习思路，加强对知识点的掌握。

4. 配套大量练习题，加强实战演练，巩固效果

在各章知识点后，本书配套大量的练习题供学习者使用，巩固学习效果。

本书中的所有例题和练习题，均是精心挑选的历年真题及根据新考试大纲编写的新题，并且全部配有参考答案及详细解析，能有效帮助读者及时巩固知识点，明确考查重点，突破复习难点，为考试提前进行实战演练。

5. 随书赠送电子教学课件，与时俱进

电子教学课件由编者根据教材及课堂讲义精心编制而成，与教材章节同步，可供读者作为辅助教学资源参考。

目　录

第1篇　会计和税务基础

第2篇　开立企业基本事项

第 1 篇
会计和税务基础

第1章

会计核算基础知识

学习目标

◆ 了解会计基本概念：会计四大基本假设、五大计量属性、六大会计要素以及八大会计信息质量要求

◆ 掌握会计复式记账的基本原理

◆ 掌握各个会计要素的确认、计量和记录的方法，能够做到举一反三、融会贯通

◆ 本章知识单选、多选、判断均有所涉及，属于考试重点内容之一

本章思维导图

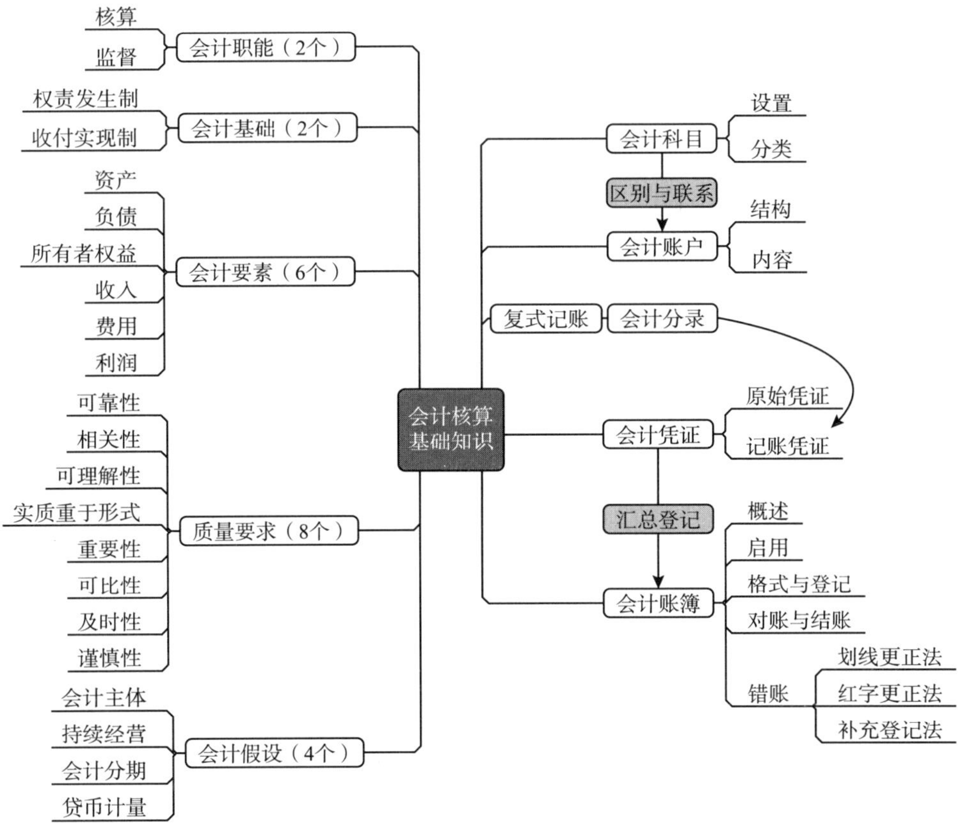

1.1 会计概念、职能与目标

1.1.1 会计的概念

会计是以货币为主要计量单位，以会计凭证为主要依据，采用专门方法和程序，对企业和行政、事业单位的经济活动进行完整、连续、系统的核算（反映）和监督（控制），以提供经济信息和反映受托责任履行情况为主要目的的经济管理活动（本书未特别说明时，均以企业会计为对象进行介绍）。

（1）会计是一项经济管理活动，它属于管理范畴。

（2）会计对象是特定单位的经济活动。

（3）会计的基本职能是核算和监督，对经济业务的合法性和合理性进行审查。

（4）会计以货币为主要计量单位，在各项经济业务中以货币为统一的计量单位便于汇总和记录，但货币并不是唯一的计量单位。

1.1.2 会计职能

会计职能是指会计在经济管理过程中所具有的功能。作为“过程的控制和观念总结”的会计，具有会计核算和会计监督两项基本职能（见图1－1），还具有预测经济前景、参与经济决策、评价经营业绩等拓展职能。

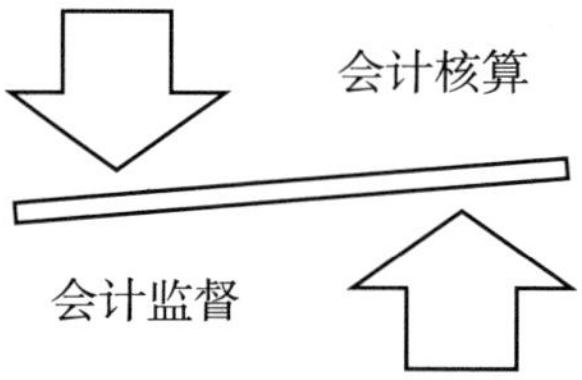

图1－1 会计的两项基本职能

资料来源：笔者根据相关资料编制。

1.1.2.1 基本职能

1. 核算职能

核算职能是会计的首要职能。会计的核算职能，又称会计反映职能，是指会计以货币为主要计量单位，从数量上反映企事业单位已经发生或完成的经济活动，对特定主体的经济活动进行确认、计量、记录和报告。

会计核算的内容主要包括：

（1）款项和有价证券的收付。

（2）财物的收发、增减和使用。

（3）债权、债务的发生和结算。

（4）资本、资金的增减。

（5）收入、支出、费用、成本的计算。

（6）财务成果的计算和处理。

（7）需要办理会计手续、进行会计核算的其他事项。

会计核算的 4 个环节：

确认——指通过一定的标准或方法来确定所发生的经济活动是否应该或能够进行会计处理。（定性）

计量——指以货币为计量单位对已确定可以进行会计处理的经济活动确定其应记录的金额。（定量）

记录——指通过一定的会计专门方法按照上述确定的金额将发生的经济活动在会计特有的载体上进行登记的工作。

报告——指通过编制财务报告的形式向有关方面和人员提供会计信息。

会计核算的一般要求（拓展内容）：

（1）各单位必须按照国家统一的会计制度的要求设置会计科目和账户、复式记账、填制会计凭证、登记会计账簿、进行成本计算、财产清查和编制财务会计报告。

（2）各单位必须根据实际发生的经济业务事项进行会计核算，编制财务会计报告。

（3）各单位发生的各项经济业务事项应当在依法设置的会计账簿上统一登记、核算，不得违反《会计法》和国家统一的会计制度的规定私设会计账簿登记、核算。

（4）各单位对会计凭证、会计账簿、财务会计报告和其他会计资料应当建立档案，妥善保管。

（5）使用电子计算机进行会计核算的，其软件及其生成的会计凭证、会计账簿、财务会计报告和其他会计资料，也必须符合国家统一的会计制度的规定。

（6）会计记录的文字应当使用中文。在民族自治地区，会计记录可以同时使用当地通用的一种民族文字。在中华人民共和国境内的外商投资企业、外国企业和其他外国组织的会计记录，可以同时使用一种外国文字。

2. 监督职能

会计的监督职能，又称会计控制职能，是指对特定主体经济活动和相关会计核算的真实性、合法性和合理性进行监督检查（见图 1－2）。

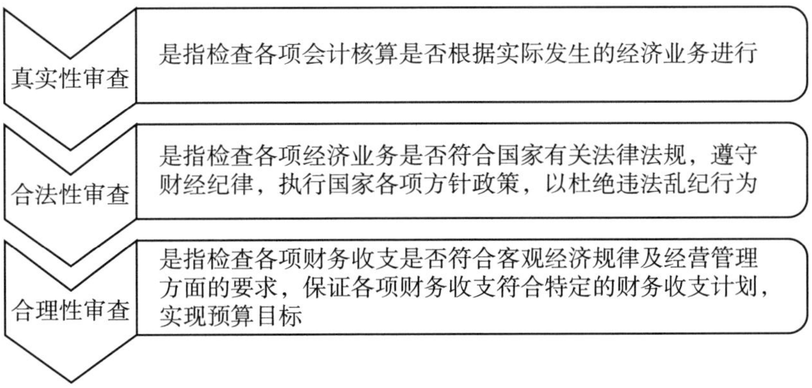

图 1－2　会计监督职能的三项审查内容

资料来源：笔者根据相关资料编制。

会计监督是一个过程，它分为事前监督、事中监督和事后监督。

会计监督具有以下三方面的特点：

（1）主要通过价值指标进行。

（2）对企业的经济活动的全过程进行监督，包括事前监督、事中监督及事后监督。

（3）监督依据包括合法性与合理性两方面。

会计核算与会计监督是相辅相成、辩证统一的。会计核算是会计监督的基础，没有会计核算提供的各种信息，监督就失去了依据；会计监督又是会计核算质量的保障，只有核算没有监督，难以保证核算提供信息的质量。

【例 1－1　单选题】下列各项中，属于会计工作基础的是（　　）。

A. 会计预测　　B. 会计核算　　C. 会计决策　　D. 会计监督

【答案】B

【解析】本题考核会计工作基础的内容。

【例 1－2　单选题】下列不属于会计核算职能的是（　　）。

A. 确定经济活动是否应该或能够进行会计处理

B. 审查经济活动是否违背内部控制制度的要求

C. 将已经记录的经济活动内容进行计算和汇总

D. 编制会计报表提供经济信息

【答案】B

【解析】审查经济活动是否违背内部控制制度的要求属于会计监督。

1.1.2.2　拓展职能

会计的拓展职能（见图 1－3）主要有：

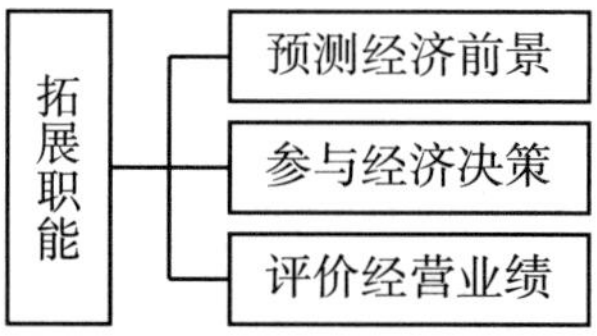

图 1－3　会计的拓展职能

资料来源：笔者根据相关资料编制。

（1）预测经济前景，是指根据财务报告等提供的信息，定量或者定性地判断和推测经济活动的发展变化规律，以指导和调节经济活动，提高经济效益。

（2）参与经济决策，是指根据财务报告等提供的信息，运用定量分析和定性分析方法，对备选方案进行经济可行性分析，为企业经营管理等提供决策相关的信息。

（3）评价经营业绩，是指利用财务报告等提供的信息，采用适当的方法，对企业一定经营期间的资产运营、经济效益等经营成果，对照相应的评价标准，进行定量及定性对比分析，做出真实、客观、公正的综合评判。

【例 1－3　判断题】会计监督是会计核算的前提和依据，会计核算是会计监督的保障。（　　）

【答案】×

1.1.3　会计目标

会计目标也称会计目的，是要求会计工作完成的任务或达到的标准，即向财务会计报告使用者提供与企业财务状况、经营成果和现金流量等有关的会计信息，反映企业管理层受托责任履行情况，有助于财务会计报告使用者做出经济决策。

【例1－4　多选题】 财务会计目标是通过编制财务报告，借以反映企业的（　　）。

A. 成本费用　　B. 经营成果　　C. 财务状况　　D. 现金流量

【答案】 BCD

【解析】 财务报告的目标是向财务报告使用者（包括投资者、债权人、政府及其有关部门和社会公众等，见图1－4）提供与企业财务状况、经营成果和现金流量等有关的会计信息，反映企业管理层受托责任履行情况，有助于财务会计报告使用者做出经济决策。

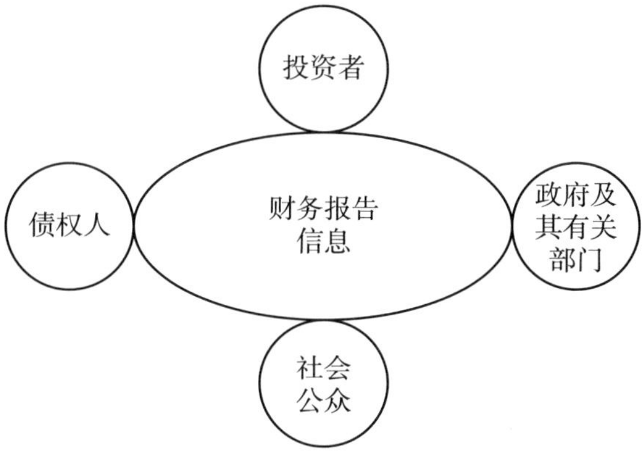

图1－4　财务报告的使用者

资料来源：笔者根据相关资料编制。

1.2　会计确认与计量

【案例引入】

任先生是华华公司的老总，他非常重视企业的会计工作，所以就对新来的会计菜鸟小强说道：看见了吗，这是我辛辛苦苦干了20年的华华公司，资产上亿了，员工好几万人，我想问问你一个小会计如何给我效力啊？你一个人干得了这么多事情吗，算得清楚吗？

小强自信地说道：老板，看我的吧，我有法宝——我把您单位所有的事情分成6份，就是我们会计领域的六大要素（见图1－5），这样所有的事情都能够处理妥当。

1.2.1　会计要素及其确认

会计要素是根据交易或者事项的经济特征所确定的财务会计对象和基本分类。（《企业会计准则——基本准则》第十条）

我国《企业会计准则》将会计要素划分为资产、负债、所有者权益、收入、费用和利润六类（见图1－6）。其中，前三类属于反映财务状况的会计要素，在资产负债表中列示；后三类属于反映经营成果的会计要素，在利润表中列示。

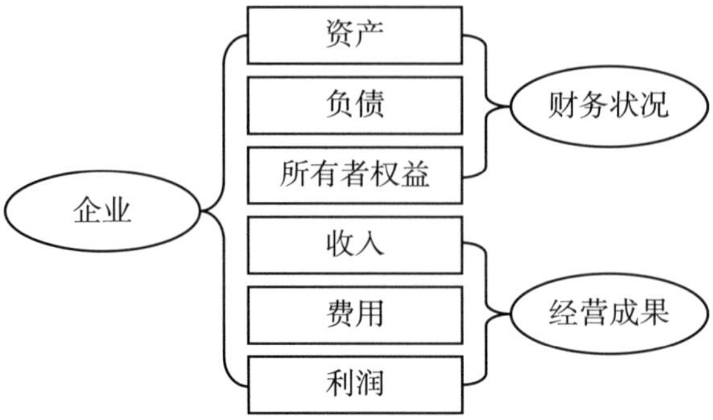

图 1－5　企业会计的六要素及内在关系

资料来源：笔者根据相关资料编制。

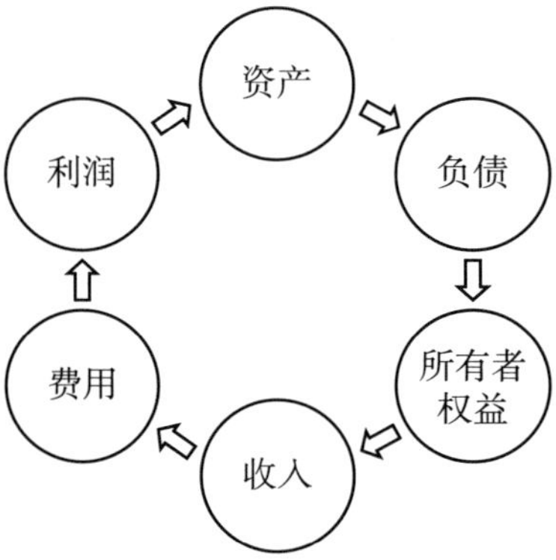

图 1－6　会计的六大类要素

资料来源：笔者根据相关资料编制。

1.2.1.1　资产的定义及确认条件

1. 资产的定义与特征

资产，是指企业过去的交易或者事项形成的、由企业拥有或者控制的、预期会给企业带来经济利益的资源。（《企业会计准则——基本准则》第二十条）

根据资产的定义，资产具有以下三方面特征：

（1）资产是企业拥有或者控制的资源。

（2）资产预期会给企业带来经济利益。

（3）资产是由企业过去的交易或事项所形成的；即资产必须是现实的资产，而不能是预期的资产。

企业通过购买、自行制造等方式形成的某项设备，或因销售产品而形成一项的应收账款（过去的交易或事项形成的）是资产。例如，企业以融资租赁方式租入的固定资产。预计在未来某个时点将要购买的设备、预期的交易或事项，不能确认为资产。例如，技术已经淘汰的生产线，不能再作为资产，应予以转销。

** **注意** ** 企业以经营租赁方式租入的固定资产不属于承租人的资产，属于出租人的资产。

2. 资产的确认条件

将一项资源确认为资产，需要符合资产的定义，还应同时满足以下两个条件：(《企业会计准则——基本准则》第二十一条)

（1）与该资源有关的经济利益很可能流入企业；

（2）该资源的成本或者价值能够可靠地计量。

【例 1－5　多选题】资产的特征有（　　）。

A. 过去的交易或事项形成的

B. 企业日常活动形成的经济利益的总流入

C. 企业拥有或者控制的资源

D. 能够给企业带来未来的经济利益

【答案】ACD

【解析】资产的特征：（1）资产是由于过去的交易或事项所形成的。即资产必须是现实的资产，而不能是预期的资产。（2）资产是企业拥有或者控制的资源。（3）资产预期会给企业带来经济利益。

【例 1－6　单选题】下列各项中，不属于企业拥有或控制的经济资源是（　　）。

A. 预付甲公司材料款　　B. 经营租出的办公楼

C. 融资租入的大型设备　　D. 临时租用的一辆汽车

【答案】D

【解析】临时租用的一辆汽车所有权不属于企业，因此不属于企业拥有或控制的经济资源。

【例 1－7　多选题】下列不能作为企业资产核算的有（　　）。

A. 以融资租赁方式租入的设备

B. 车间请购的设备

C. 以经营租赁方式租入的设备

D. 技术上已被淘汰，实物仍然存在的设备

【答案】BCD

【解析】B 选项，属于未来计划购买的资产，不属于资产。C 选项，以经营租赁方式租入的设备企业没有所有权也没有控制权，所以也不属于资产。D 选项，技术上已被淘汰，实物仍然存在的设备预期不会给企业带来经济利益，也不属于资产。

1.2.1.2　负债的定义及其确认条件

1. 负债的定义与特征

负债，是指企业过去的交易或者事项形成的、预期会导致经济利益流出企业的现时义务。(《企业会计准则——基本准则》第二十三条)

根据负债的定义，负债具有以下三方面的特征：

（1）负债是企业承担的现时义务。

（2）负债预期会导致经济利益流出企业。

（3）负债是由企业过去的交易或者事项形成的。

2. 负债的确认条件

将一项现实义务确认为负债，需要符合负债的定义，还应同时满足以下两个条件：(《企业会计准则——基本准则》第二十四条)

(1) 与该义务有关的经济利益很可能流出企业。

(2) 未来流出的经济利益的金额能够可靠地计量。

【例1-8 多选题】负债的特征有（ ）。

A. 由企业过去的交易或事项形成的

B. 由企业拥有或者控制的

C. 现在已经承担的责任

D. 预期会导致经济利益流出企业

【答案】ACD

【解析】负债的特征：(1) 负债是企业由于过去的交易或事项形成的。(2) 企业承担的现时义务。(3) 负债的清偿预期会导致经济利益流出企业。

1.2.1.3 所有者权益的定义及其确认条件

1. 所有者权益的定义

所有者权益，是指企业资产扣除负债后，由所有者享有的剩余权益。(《企业会计准则——基本准则》第二十六条，见图1-7)

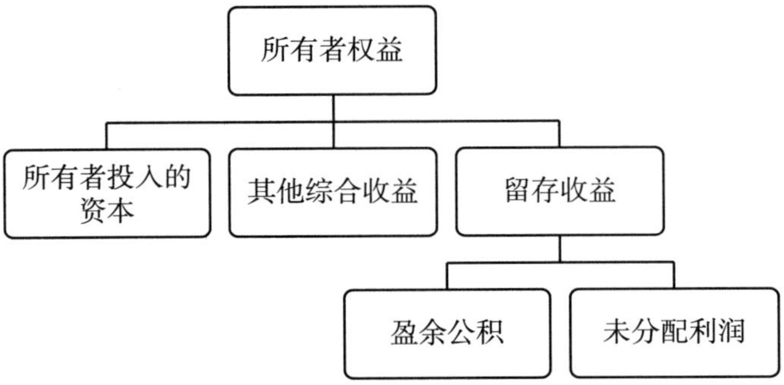

图1-7 所有者权益下的详细内容

资料来源：笔者根据相关资料编制。

资产减去负债后的余额也称为净资产，因此，所有者权益实际上是投资者（即所有者）对企业净资产的所有权。(《企业会计准则——基本准则》第二十七条) 所有者投入的资本经常会与企业其他综合收益、留存收益混淆，实际上这三者是有所区别的（见图1-8）。

2. 所有者权益的确认条件（《企业会计准则——基本准则》第二十八条）

所有者权益体现的是所有者在企业中的剩余权益，因此，所有者权益的确认和计量不能单独进行，主要依赖于资产和负债的确认和计量。所有者权益在数量上等于企业资产总额扣除债权人权益后的净额，即为企业的净资产，反映所有者（股东）在企业资产中享有的经济利益。

所有者权益与负债共同构成企业全部资产的来源，但二者却有着本质的不同。

所有者投入的资本

是指所有者投入企业的资本部分，它既包括构成企业注册资本或者股本的金额，也包括投入资本超过注册资本或股本部分的金额，即资本溢价或股本溢价，这部分投入资本作为资本公积（资本溢价）反映

其他综合收益（直接计入所有者权益的利得和损失）

是指企业根据会计准则规定未在当期损益中确认的各项利得和损失

留存收益

是指企业从历年实现的利润中提取或形成的留存于企业的内部积累，包括盈余公积和未分配利润

图 1-8　所有者投入的资本、其他综合收益与留存收益的区别

资料来源：笔者根据相关资料编制。

** 注意 ** 所有者权益与企业特定的、具体的资产并无直接关系，它并不与企业任何具体的资产项目发生对应关系。所有者权益只是在整体上、在抽象的意义上与企业的资产保持数量关系。

例如：企业接受投资者投入的资产，在该资产符合资产确认条件时，就相应地符合所有者权益的确认条件；当该资产的价值能够可靠计量时，所有者权益的金额也就可以确定。

【例 1-9　判断题】 尽管所有者权益和负债都对企业资产拥有要求权，但它们的权利和义务是不一样的。(　　)

【答案】 √

【例 1-10　多选题】 下列说法不正确的有（　　）。

A. 所有者权益是指企业所有者在企业资产中享有的经济利益

B. 所有者权益的金额等于资产减去负债后的余额

C. 所有者权益又称为股东权益

D. 所有者权益包括实收资本（或股本）、资本公积、盈余公积和留存收益等

【答案】 AD

【解析】 A 选项，所有者权益是企业所有者在企业净资产中享有的经济利益；D 选项，留存收益包括盈余公积和未分配利润。

【例 1-11　判断题】 所有者权益与企业特定的、具体的资产存在直接对应的关系。(　　)

【答案】 ×

【解析】 所有者权益与企业特定的、具体的资产并无直接关系，它并不与企业任何具体的资产项目发生对应关系。

1.2.1.4　收入的定义及其确认条件

1. 收入的定义与特征

收入，是指企业在日常活动中所形成的，会导致所有者权益增加的，与所有者投入资本无关的经济利益的总流入。(《企业会计准则——基本准则》第三十条）(《企业会计准则第

14 号——收入》第二条）

“日常活动”是指企业为了完成其经营目标所从事的经常性活动以及与之相关的活动。

根据收入的定义，收入具有三方面特征：

（1）收入是企业在日常活动中形成的。

（2）收入是与所有者投入资本无关的经济利益的总流入。

（3）收入会导致所有者权益的增加。

2. 收入的确认条件

企业收入的来源渠道虽然多种多样，但是收入的确认条件却是相同的。当企业与客户之间的合同同时满足下列条件时，企业应当在客户取得相关商品控制权时确认收入。（《企业会计准则第 14 号——收入》第五条）

（1）合同各方已批准该合同并承诺将履行各自义务。

（2）该合同明确了合同各方与所转让商品或提供劳务（以下简称“转让商品”）相关的权利和义务。

（3）该合同有明确的与所转让商品相关的支付条款。

（4）该合同具有商业实质，即履行合同将改变企业未来现金流量的风险、时间分布或金额。

（5）企业因向客户转让商品而有权取得的对价很可能收回。

【例 1 - 12　单选题】下列各项中，符合会计要素收入定义的是（　　）。

A. 出售材料收入　　B. 出售无形资产净收益

C. 转让固定资产净收益　　D. 向购货方收取的增值税销项税额

【答案】A

【解析】收入是企业在销售商品、提供劳务及让渡资产使用权等日常活动中所形成的经济利益的总流入。但收入不包括从偶发的交易或事项中产生经济利益的流入，如出售无形资产净收益、转让固定资产净收益；收入也不包括为第三方或客户代收的款项，如向购货方收取的增值税销项税额。故答案为 A。

1.2.1.5　费用的定义及其确认条件

1. 费用的定义和特征

费用，是指企业在日常活动所发生的、会导致所有者权益减少的、与向所有者分配利润无关的经济利益的总流出。（《企业会计准则——基本准则》第三十三条）

根据费用的定义，费用具有三方面特征：

（1）费用是企业在日常活动中发生的。

（2）费用是与向所有者分配利润无关的经济利益的总流出。

（3）费用会导致所有者权益减少。

2. 费用的确认条件：（《企业会计准则——基本准则》第三十四条）

费用的确认除了应当符合定义外，至少应当符合以下条件：

（1）与费用相关的经济利益应当很可能流出企业。

（2）经济利益流出企业的结果会导致资产的减少或者负债的增加。

（3）经济利益的流出额能够可靠计量。

1.2.1.6　利润的定义及其确认条件

1. 利润的定义（《企业会计准则——基本准则》第三十七条）

利润，是指企业在一定会计期间的经营成果。通常情况下，如果企业实现了利润，表明企业的所有者权益将增加，业绩得到了提升；反之，如果企业发生了亏损（即利润为负数），表明企业的所有者权益将减少，业绩下降。

利润是评价企业管理层业绩的指标之一，也是投资者等财务会计报告使用者进行决策时的重要参考依据。

2. 利润的确认条件

利润反映收入减去费用、直接计入当期利润的利得减去损失后的净额。利润的确认主要依赖于收入和费用，以及直接计入当期利润的利得和损失的确认，其金额的确定也主要取决于收入、费用、利得、损失金额的计量。

3. 利润的分类

利润包括收入减去费用后的净额、直接计入当期损益的利得和损失等。其中，收入减去费用后的净额反映企业日常活动的经营业绩；直接计入当期损益的利得和损失反映企业非日常活动的业绩。

直接计入当期损益的利得和损失，是指应当计入当期损益、最终会引起所有者权益发生增减变动的、与所有者投入资本或者向所有者分配利润无关的利得或者损失。企业应当严格区分收入和利得、费用和损失，以便全面反映企业的经营业绩（见图1－9）。

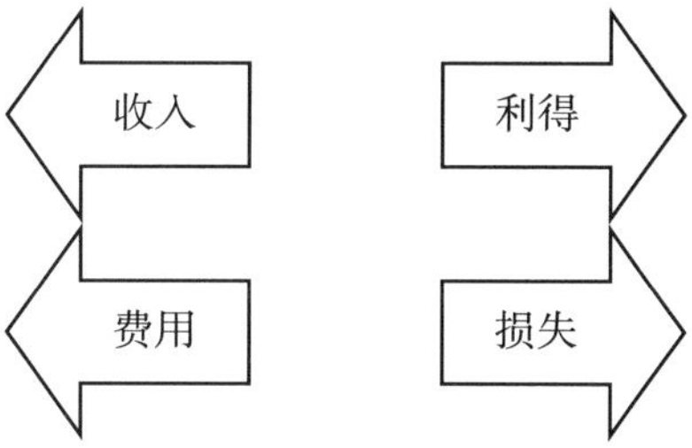

图1－9　收入、利得、费用和损失

资料来源：笔者根据相关资料编制。

【例1－13　多选题】利润减去所得税费用之后的余额，称为（　　）。

A. 利润总额　　B. 税后利润　　C. 净利润　　D. 税前利润

【答案】BC

【解析】利润减去所得税之后的余额是净利润，也称税后利润。

【例1－14　单选题】下列项目中，不会影响营业利润计算的是（　　）。

A. 营业外收入　　B. 税金及附加　　C. 营业成本　　D. 销售费用

【答案】A

【解析】营业利润是企业日常活动中形成的，不包括营业外收入和营业外支出。

1.2.2　会计要素的计量及其属性

会计要素的计量是为了将符合确认条件的会计要素登记入账并列报于财务报表而确定其金额的过程。企业应当按照规定的会计计量属性进行计量，确定相关金额。（《企业会计准则——基本准则》第四十一条）

会计计量属性是指会计要素的数量特征或外在表现形式，反映了会计要素金额的确定基础，主要包括历史成本、重置成本、可变现净值、现值和公允价值等。（《企业会计准则——基本准则》第四十二条）

1.2.2.1　历史成本

历史成本，又称为实际成本，是指取得或制造某项财产物资时所实际支付的现金或者现金等价物。历史成本是我国会计核算的一个基本计量属性。

1.2.2.2　重置成本

重置成本，又称现行成本，是指按照当前市场条件，重新取得同样一项资产所需要支付的现金或者现金等价物金额。

1.2.2.3　可变现净值

可变现净值，是指在正常的生产经营过程中，以预计售价减去进一步加工成本和预计销售费用以及相关税费后的净值。

1.2.2.4　现值

现值是指对未来现金流量以恰当的折现率进行折现后的价值，是考虑货币时间价值的一种计量属性。

1.2.2.5　公允价值

公允价值是指市场参与者在计量日发生的有序交易中，出售一项资产所能收到或者转移一项负债所需支付的价格。

综上所述，企业在对会计要素进行计量时，一般应当采用历史成本（例如，资产和负债的计量，见图1－10）。采用重置成本、可变现净值、现值、公允价值计量的，应当保证所确定的会计要素金额能够持续取得并可靠计量。（《企业会计准则——基本准则》第四十三条）

资产

按照其购置时支付的现金或者现金等价物的金额或者按照购置时所付出对价的公允价值计量

负债

按照其因承担现时义务而实际收到的款项或者资产的金额，或者承担现实义务的合同金额，或者按照日常活动中为偿还负债预期需要支付的现金或者现金等价物的金额计量

图1－10　资产和赌债的计量

资料来源：笔者根据相关资料编制。

1.3　会计核算基础

1.3.1　会计基本假设

会计基本假设是对会计核算所处时间、空间环境等所作的合理假定，是企业会计确认、计量和报告的前提。

会计基本假设包括会计主体、持续经营、会计分期和货币计量（见表1-1）。

表1-1　会计的基本假设及内容

会计主体	(1) 空间范围，即会计核算和监督的特定单位或组织 (2) 将特定主体的经济活动与该主体所有者、职工个人、与其他单位的经济活动区别对待 (3) 会计主体与法律主体（法人）并非对等的概念，法人可作为会计主体，但会计主体不一定是法人
持续经营	会计核算上所使用的一系列会计处理原则、会计处理方法都是建立在会计主体持续经营的前提下
会计分期	(1) 会计期间分为年度和中期；中期是指短于一个完整的会计年度的报告期间 (2) 会计期间分为年度、半年度、季度和月度。年度、半年度、季度和月度均按公历起讫日期确定 (3) 由于会计分期，才产生了当期与其他期间的差别，从而形成了权责发生制和收付实现制的区别
货币计量	(1) 我国的会计核算应以人民币为记账本位币 (2) 业务收支以外币为主的企业，也可以选择某种外币作为记账本位币，但编制的财务会计报告应当折算为人民币反映 (3) 在境外设立的中国企业向国内报送的财务会计报告，应当折算为人民币

资料来源：笔者根据相关资料编制。

1.3.1.1　会计主体（《企业会计准则——基本准则》第五条）

会计主体是指会计工作服务的特定对象，是企业会计确认、计量和报告的空间范围。

为了向财务报告使用者反映企业财务状况、经营成果和现金流量，提供与其决策有用的信息，会计核算和财务报告的编制应当集中反映特定对象的活动，并将其与其他经济实体区别开来。

在会计主体假设下，企业应当对其本身发生的交易或事项进行确认、计量和报告，反映企业本身所从事的各项生产经营活动。

(1) 会计主体不仅要求会计核算分清经济业务是属于本企业还是其他企业，还要分清经济业务是属于本企业还是企业的所有者。

(2) 会计主体与法律主体并非对等的概念。一般而言，凡是法人单位必为会计主体，但会计主体不一定是法人。企业集团、企业、企业的分厂、企业的车间或事业部，都可以成为会计主体，但不一定是法律主体。

【例 1－15 判断题】会计主体所核算的生产经营活动也包括其他企业或投资者个人的其他生产经营活动。(　　)

【答案】×

【解析】会计主体所核算的生产经营活动不包括其他企业或投资者个人的其他生产经营活动。

【例 1－16 单选题】确定会计核算工作空间范围的前提条件是（　　）。

A. 会计主体　　B. 持续经营　　C. 会计分期　　D. 货币计量

【答案】A

【解析】会计主体是指会计确认、计量和报告的空间范围。

【例 1－17 单选题】确立会计核算空间范围所依据的会计基本假设是（　　）。

A. 会计主体　　B. 持续经营　　C. 会计分期　　D. 货币计量

【答案】A

【解析】会计主体是会计所核算和监督的特定单位或者组织，它界定了从事会计工作和提供会计信息的空间范围。故答案为 A。

1.3.1.2 持续经营（《企业会计准则——基本准则》第六条）

持续经营是指在可以预见的未来，企业将会按当前的规模和状态经营下去，不会停业，也不会大规模削减业务。

如果判断企业不会持续经营下去，就应当改变会计确认、计量和报告的原则和方法，并在企业财务报告中作相应披露。

在持续经营假设下，会计确认、计量和报告应当以企业持续、正常的生产经营活动为前提。

1.3.1.3 会计分期（《企业会计准则——基本准则》第七条）

会计分期，是指将一个企业持续经营的生产经营活动划分为一个个连续的、长短相同的期间。

会计分期的目的，在于通过会计期间的划分，将持续经营的生产经营活动划分成连续、相等的期间，据以结算盈亏，按期编报财务报告，从而及时向财务报告使用者提供有关企业财务状况、经营成果和现金流量的信息。

（1）会计期间分为年度、半年度、季度和月度，且均按公历起讫日期确定。半年度、季度和月度称为会计中期。

（2）由于会计分期，才产生了当期与其他期间的差别，从而形成了权责发生制和收付实现制不同的记账基础，进而出现了应收、应付会计处理方法。

【例 1－18 多选题】以下对会计分期说法正确的有（　　）。

A. 会计分期是对会计主体活动的时间范围上的限定

B. 会计期间分为年度、半年度、季度和月度

C. 会计年度、半年度、季度、月度均按公历起讫日期确定

D. 会计分期是对会计主体活动的空间范围上的限定

【答案】ABC

【解析】会计分期是指将一个会计主体持续经营的生产经营活动划分为若干相等的会计期间，以便分期结算账目和编制财务报告。

【例1－19　单选题】（　　）作为会计核算的基本前提，就是将一个会计主体持续的生产经营活动划分为若干个相等的会计期间。

A. 持续经营　　B. 会计年度　　C. 会计分期　　D. 会计主体

【答案】C

【解析】会计分期是指将一个会计主体持续的生产经营活动划分为若干相等的会计期间，以便分期结算账目和编制财务会计报告。故答案为C。

【例1－20　单选题】（　　）界定了会计信息的时间段落，为分期结算账目和编制财务会计报告等奠定了理论与实务基础。

A. 会计主体　　B. 会计分期　　C. 会计核算　　D. 持续经营

【答案】B

【解析】企业在持续经营的情况下，要知道企业的盈亏状况，理论上只有等到企业生产经营活动终止时，通过收入和费用的比较，才能正确得知。但无论是企业的经营者、股东、债权人，抑或是政府的税务部门，都需要及时了解和掌握企业的会计信息。因此，我们需要将企业持续不断的经营活动划分为若干个相等的会计期间，以便会计人员定期及时提供反映会计主体的财务状况、经营成果和现金流量等有关会计信息。

1.3.1.4　货币计量（《企业会计准则——基本准则》第八条）

货币计量，是指会计主体在会计确认、计量和报告时以货币计量，反映会计主体的生产经营活动。

货币是商品的一般等价物，是衡量一般商品价值的共同尺度，具有价值尺度、流通手段、贮藏手段和支付手段等特点。选择货币这个共同尺度进行计量，能够全面、综合反映企业的生产经营情况。

在货币计量的前提下，我国的会计核算应以人民币作为记账本位币。业务收支以外币为主的企业也可选择某种外币作为记账本位币，但向外编送财务报告时，应折算为人民币反映。

1.3.2　会计核算原则

会计核算原则包括权责发生制和收付实现制（见图1－11），是会计确认、计量和报告的基础，也称为会计基础。

图1－11　会计核算原则

资料来源：笔者根据相关资料编制。

1.3.2.1　权责发生制（《企业会计准则——基本准则》第九条）

企业会计的确认、计量和报告应当以权责发生制为基础。

1. 权责发生制的定义

权责发生制也称应计制或应收应付制，它是指收入、费用的确认应当以收入和费用的实际发生而非实际收支作为确认的标准。

在实务中，企业交易或者事项的发生时间与相关货币收支时间有时并不完全一致。为了真实、公允地反映特定时点的财务报告状况和特定期间的经营成果，企业应当以权责发生制为基础进行会计确认、计量和报告。

2. 两个凡是

（1）凡是当期已经实现的收入和已经发生或应当负担的费用，不论款项是否收付，都应当作为当期的收入和费用，计入利润表。

（2）凡是不属于当期的收入和费用，即使款项已在当期收付，也不应当作为当期的收入和费用。

例如：

销售款未收：应该作为当期的收入——应收账款。

预收销货款：不应该作为当期的收入——预收账款。

【例 1－21　多选题】按照权责发生制原则，下列各项应确认为本月费用的有（　　）。

A. 本月支付的下半年房屋租金

B. 本月预提的短期借款利息

C. 本月支付以前已预提的短期借款利息

D. 年初已支付，分摊计入本月的报刊订阅费

【答案】BD

【解析】A 项由于时间未到，不能确认为本月费用；B 项中虽未支付，但时间属于本月，所以应确认为本月费用；C 项虽为现在支付，但属于偿还以前债务性质，不应确认为本月费用；D 项虽为年初支付，但分摊计入本月的部分应确认为本月费用。

【例 1－22　单选题】企业应当按照（　　）确认当期费用。

A. 及时性　　B. 权责发生制　　C. 收付实现制　　D. 谨慎性

【答案】B

【例 1－23　判断题】谨慎性要求，凡是不属于当期的收入和费用，即使款项已在当期收付，也不应当作为当期的收入和费用。（　　）

【答案】×

【解析】凡是不属于当期的收入和费用，即使款项已在当期收付，也不应当作为当期的收入和费用，这体现的是权责发生制。

1.3.2.2　收付实现制

收付实现制，也称现金制，是指以实际收到或支付现金作为确认收入和费用的标准，是与权责发生制相对应的一种会计基础。

在我国，政府会计由预算会计和财务会计构成。其中，预算会计采用收付实现制，国务院另有规定的，依照其规定。财务会计采用权责发生制，两者的比较见表 1－2。

表1－2　　权责发生制与收付实现制的比较

权责发生制	• 权责发生制也称应计制或应收应付制，是指收入、费用的确认应当以收入和费用的实际发生作为确认的标准，合理确认当期损益的一种会计基础 • 在我国，企业会计核算采用权责发生制
	• 凡属于本期已经实现的收入和已经发生或应当负担的费用，无论款项是否收付，均应作为当期的收入与费用 • 凡不属于本期的收入和费用，即使款项已经收付，也不应作为当期的收入与费用
收付实现制	收付实现制也称现金制，是以收到或支付现金作为确认收入和费用的标准，是与权责发生制相对应的一种会计基础

资料来源：笔者根据相关资料编制。

【例1－24　判断题】我国企业应采用收付实现制作为会计核算的基础。凡是当期已经实现的收入和已经发生或应当负担的费用，不论款项是否收付，都应当作为当期的收入和费用；凡是不属于当期的收入和费用，即使款项已在当期收付，也不应当作为当期的收入和费用。(　　)

【答案】×

1.3.3　会计信息质量特征

会计信息质量特征也是会计信息质量要求，是对企业财务报告所提供会计信息质量的基本要求，是对投资者等会计信息使用者决策有用所应具备的基本特征，主要包括8个（见表1－3）。

表1－3　　会计信息质量的8个要求

对会计信息的质量要求	要求内容
可靠性（《企业会计准则——基本准则》第十二条）	可靠性要求企业应当以实际发生的交易或者事项为依据进行确认、计量和报告，如实反映符合确认和计量要求的会计要素及其他相关信息，保证会计信息真实可靠、内容完整。 可靠性是高质量会计信息的重要基础和关键所在。如果企业以虚假的交易或者事项进行确认、计量和报告，属于违法行为，不仅会严重损害会计信息质量，而且会误导投资者，干扰资本市场，导致会计秩序、财经秩序混乱
相关性（《企业会计准则——基本准则》第十三条）	相关性要求企业提供的会计信息应当与投资者等财务报告使用者的经济决策需要相关，有助于财务会计报告使用者对企业过去、现在或者未来的情况作出评价或者预测
可理解性（《企业会计准则——基本准则》第十四条）	可理解性要求企业提供的会计信息应当清晰明了，便于投资者等财务报告使用者理解和使用

续表

对会计信息的质量要求	要求内容
可比性（《企业会计准则——基本准则》第十五条）	可比性要求同一企业不同时期发生的相同或者相似的交易或者事项，应当采用一致的会计政策，不得随意变更。确需变更的，应当在附注中说明（纵向可比）。 可比性要求企业的会计核算应当按照国家统一的会计制度的规定进行，不同企业发生的相同或者相似的交易或事项，应当采用规定的会计政策、确保会计信息口径一致、相互可比（横向可比）
实质重于形式（《企业会计准则——基本准则》第十六条）	实质重于形式，要求企业应当按照交易或者事项的经济实质进行会计确认、计量和报告，不应仅以交易或者事项的法律形式为依据。 例如，融资租入的固定资产视为承租企业的资产
重要性（《企业会计准则——基本准则》第十七条）	重要性要求企业提供的会计信息应当反映与企业财务状况、经营成果和现金流量有关的所有重要交易或者事项。 在实务中，如果某会计信息的省略或者错报会影响投资者等财务报告使用者据此作出决策，该信息就具有重要性。重要性等应用需要依赖职业判断，企业应当根据其所处的环境和实际情况，从项目的性质和金额大小两方面加以判断。例如，企业发生的某些支出金额较小，从支出的受益期来看，可能需要在若干会计期间进行分摊，但根据重要性要求，可以一次性计入当期损益
谨慎性（《企业会计准则——基本准则》第十八条）	谨慎性也称稳健性或审慎性，要求企业对交易或者事项进行会计确认、计量和报告应当持有的谨慎，不应高估资产或者收益、低估负债或者费用。 谨慎性应用： • 企业定期或至少于年度终了对可能发生的各项资产损失计提减值准备。（坏账准备） • 企业对固定资产采用加速折旧法 • 企业对售出商品可能发生的保修义务确认预计负债、对可能承担的环保责任确认预计负债等
及时性（《企业会计准则——基本准则》第十九条）	及时性要求企业对于已经发生的交易或者事项，应当及时进行会计确认、计量和报告，不得提前或者延后。及时收集会计信息、及时处理会计信息、及时传递会计信息。 在会计确认、计量和报告过程中贯彻及时性原则：要求及时收集会计信息；要求及时处理会计信息；要求及时传递会计信息

资料来源：笔者根据相关资料编制。

1.4 会计科目与账户

1.4.1 会计科目

1.4.1.1 会计科目的概念与意义

1. 会计科目的概念

会计科目（简称“科目”），是对会计要素具体内容进行分类核算的项目，是进行会计核算和提供会计信息的基础。会计要素是对会计对象的基本分类，而这项会计要素仍显得过于粗糙，难以满足各有关方面对会计信息的需要。例如，所有者需要了解利润构成及其分配情况、了解负债及其构成情况；债权人需要了解流动比率、速动比率等有关指标，以评判其债权的安全情况；税务机关要了解企业欠交税金的详细情况等。为此还必须对会计要素做进一步分类，这种对会计要素的具体内容进行分类的项目，称为会计科目。

会计要素是对会计对象的分类，为会计核算提供了类别指标，但是特定主体的经济业务发生后，不仅要求提供会计要素总括的数量变化，还要提供一系列分类指标和具体会计信息，以反映会计主体特定时点的财务状况和特定时期的经营成果。

所以就需要在会计要素指标下进行第三层次的划分，细分后的每一个具体内容都需要一个名称，这就是会计科目。

会计要素是对会计对象的分类；会计科目是对会计要素的分类。

会计对象、会计要素和会计科目的关系见图 1 – 12。

图 1 – 12　会计对象、会计要素和会计科目的关系

资料来源：笔者根据相关资料编制。

2. 会计科目的意义

会计科目是进行各项会计记录和提供各项会计信息的基础，在会计核算中具有重要意义。

（1）会计科目是复式记账的基础。复式记账要求每一笔经济业务在两个或两个以上相互联系的账户中进行登记，以反映资金运动的来龙去脉。

（2）会计科目是编制记账凭证的基础。记账凭证是确定所发生的经济业务应记入何种科目以及分门别类登记账簿的凭据。

（3）会计科目为成本计算与财产清查提供了前提条件。通过会计科目的设置，有助于成本核算，使各种成本计算成为可能；而通过账面记录与实际结存的核对，又为财产清查、保证账实相符提供了必备的条件。

（4）会计科目为编制会计报表提供了方便。会计报表是提供会计信息的主要手段，为了保证会计信息的质量及其提供的及时性，财务报表中的许多项目与会计科目是一致的，并根据会计科目的本期发生额或余额填列。

1.4.1.2　会计科目的设置

1. 会计科目设置的原则

会计科目作为反映会计要素的构成及其变化情况，为投资者、债权人、企业经营管理者等提供会计信息的重要手段，在其设置过程中应努力做到科学、合理、适用，遵循下列原则：

（1）合法性原则。为了保证会计信息的可比性，所设置的会计科目应当符合国家统一的会计制度的规定。

（2）相关性原则。会计科目的设置，应为提供有关各方所需要的会计信息服务，满足对外报告与对内管理的要求。

(3) 实用性原则。企业的组织形式、所处行业、经营内容及业务种类等不同，在会计科目的设置上亦应有所区别。在合法性的基础上，应根据企业自身特点，设置符合企业需要的会计科目。

2. 常用会计科目

《企业会计准则》里2006年第18号的附录里面设置有156个会计科目，后来又陆续地修正和增加，本书以2006年版的为主。具体会计科目的设置一般是从会计要素出发，将会计科目分为资产、负债、共同、所有者权益、成本、损益六大类。参照我国《企业会计准则——应用指南》，企业会计科目的设置如表1-4所示。

表1-4　会计科目参照表

顺序号	名称	顺序号	名称
	资产类	1511	长期股权投资
1001	库存现金	1512	长期股权投资减值准备
1002	银行存款	1521	投资性房地产
1012	其他货币资金	1531	未实现融资收益
1101	交易性金融资产	1601	固定资产
1121	应收票据	1602	累计折旧
1122	应收账款	1603	固定资产减值准备
1123	预付账款	1604	在建工程
1131	应收股利	1605	工程物资
1132	应收利息	1606	固定资产清理
1221	其他应收款	1701	无形资产
1231	坏账准备	1702	累计摊销
1401	材料采购	1703	无形资产减值准备
1402	在途物资	1711	商誉
1403	原材料	1801	长期待摊费用
1404	材料成本差异	1811	递延所得税资产
1405	库存商品	1901	待处理财产损溢
1406	发出商品		**负债类**
1407	商品进销差价	2001	短期借款
1408	委托加工物资	2201	应付票据
1471	存货跌价准备	2202	应付账款
1501	持有至到期投资	2203	预收账款
1502	持有至到期投资减值准备	2211	应付职工薪酬
1503	可供出售金融资产	2221	应交税费

续表

顺序号	名称	顺序号	名称
2231	应付利息	5201	劳务成本
2232	应付股利	5301	研发支出
2241	其他应付款		**损益类**
2501	长期借款	6001	主营业务收入
2502	应付债券	6050	其他业务收入
2701	长期应付款	6101	公允价值变动损益
2711	专项应付款	6111	投资收益
2801	预计负债	6301	营业外收入
2901	递延所得税负债	6401	主营业务成本
	共同类（略）	6402	其他业务成本
	所有者权益类	6403	营业税金及附加
4001	实收资本	6601	销售费用
4002	资本公积	6602	管理费用
4101	盈余公积	6603	财务费用
4103	本年利润	6701	资产减值损失
4104	利润分配	6711	营业外支出
	成本类	6801	所得税费用
5001	生产成本	6901	以前年度损益调整
5101	制造费用		

资料来源：笔者根据相关资料编制。

1.4.1.3　会计科目的分类

会计科目可以按其反映的经济内容（即所属的会计要素）、所提供信息的详细程度及其统驭关系分类。

1. 按反映的经济内容的分类

会计科目按其反映的经济内容不同，可分为资产类科目、负债类科目、共同类科目、所有者权益类科目、成本类科目、损益类科目六大类（见图 1－13）。每一类会计科目可按一定标准再分为若干个具体的科目。

（1）资产类（也包括资产的备抵）科目包括：库存现金、银行存款、预付账款、应收账款、原材料、库存商品、长期股权投资、固定资产、无形资产、长期待摊费用、固定资产清理、坏账准备、存货跌价准备、累计折旧、累计摊销、资产减值准备。

资产的分类：资产按流动性可分为流动资产和非流动资产（见图 1－14）。

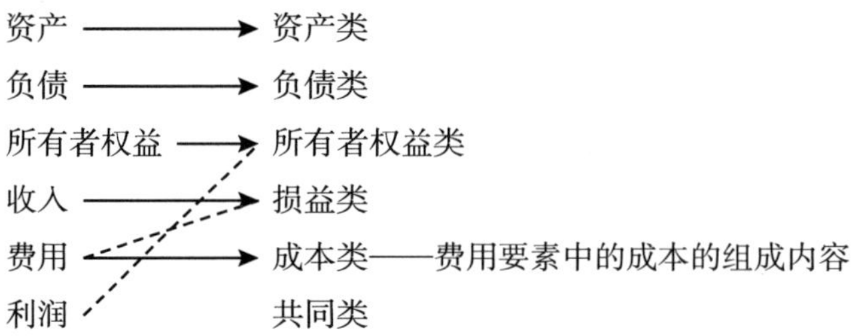

图1－13　会计科目的分类

资料来源：笔者根据相关资料编制。

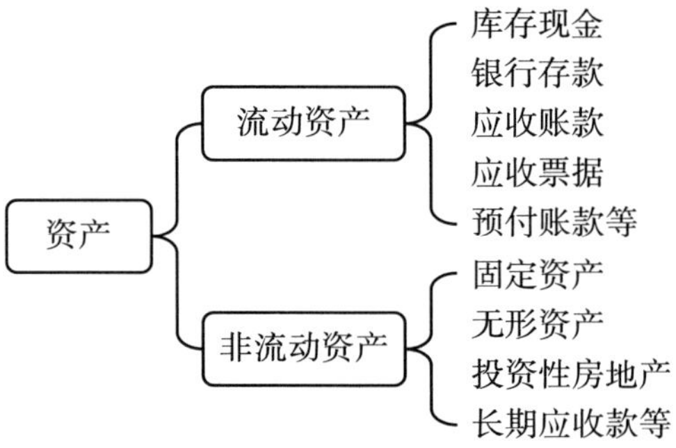

图1－14　资产的分类及科目

资料来源：笔者根据相关资料编制。

（2）负债类科目包括：预收账款、应付账款、应付票据、应付职工薪酬、应交税费、应付股利、长期借款、短期借款等。

负债的分类：按偿还期限的长短，一般将负债分为流动负债和非流动负债（见图1－15）。

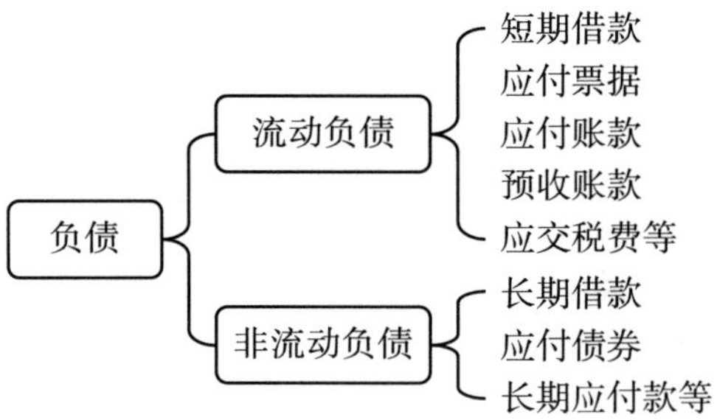

图1－15　负债的分类及科目

资料来源：笔者根据相关资料编制。

（3）所有者权益类科目包括：实收资本/股本、资本公积、盈余公积、利润分配——未分配利润、本年利润（见图1－16）。

（4）损益类科目包括：主营业务收入、其他业务收入、主营业务成本、其他业务成本、税金及附加、管理费用、财务费用、销售费用、资产减值损失、投资收益、公允价值变动损益、营业外收入、营业外支出、所得税费用（见图1－17）。

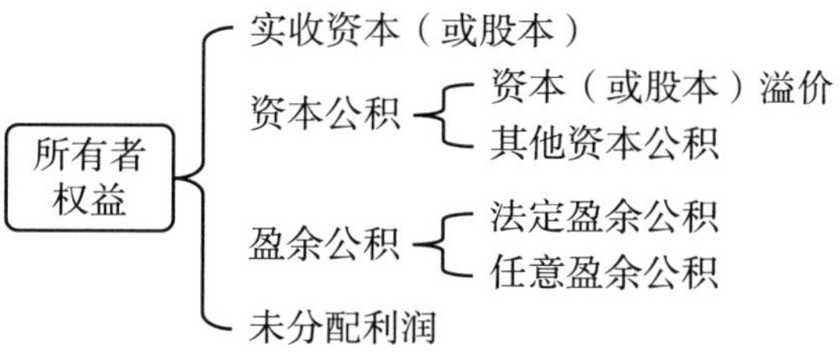

图 1－16　所有者权益的分类及科目

资料来源：笔者根据相关资料编制。

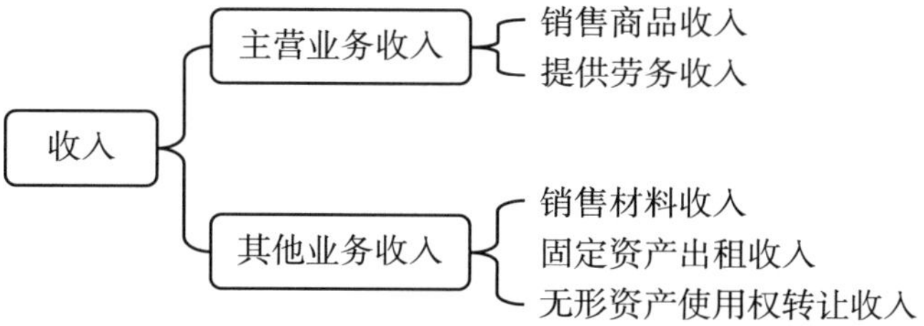

图 1－17　收入的分类及科目

资料来源：笔者根据相关资料编制。

（5）成本类科目包括：生产成本（直接材料、直接人工）、制造费用（见图 1－18）。

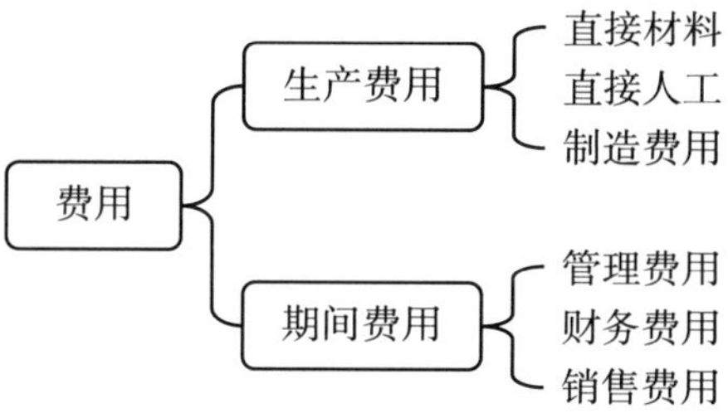

图 1－18　费用的分类及科目

资料来源：笔者根据相关资料编制。

2. 按提供信息的详细程度及其统驭关系

会计科目按其所提供信息的详细程度及其统驭关系不同，又分为总分类科目和明细分类科目。

（1）总分类科目：总分类科目又称总账科目或一级科目，是对会计要素的具体内容进行总括分类、提供总括信息的会计科目。如“应收账款”“应付账款”“原材料”等。总分类科目一般由财政部统一制定。

（2）明细分类科目：又称明细科目，是对总分类科目做进一步分类、提供更为详细和具体会计信息的科目。如“应收账款”科目按债务人名称或姓名设置明细科目，反映应收账款的具体对象；“应付账款”科目按债权人名称或姓名设置明细科目，反映应付账款的具体对象，“原材料”科目按原料及材料的类别、品种和规格等设置明细科目，反映各种原材料的具体构成内容。应交税费——应交增值税（进项税额）这个就属于会计准则规定设置的明细分类科目。除会计准则规定设置的以外，可以根据本单位经济管理的需要和经济业务的具体内容自行设置。

如果某一总分类科目所辖的明细分类科目较多，可在总分类科目下设置二级明细科目，在二级明细科目下设置三级明细科目，以此类推（见图 1－19）。

图 1－19　会计科目按统驭关系的分类

资料来源：笔者根据相关资料编制。

例如，明细科目：

应收账款——张三　100
　　　　——李四　200
　　　　——王五　300
　　　　——赵六　400

** **注意** ** 也不是所有的总分类科目都设置明细科目。有的总分类科目就不设明细科目。（例：本年利润）

【例 1－25　单选题】会计科目按其所反映的经济内容的详细程度分类，可以分为（　　）。

A. 二级科目和三级科目

B. 资产类、负债类、所有者权益类、成本类、损益类

C. 一级科目和二级科目

D. 一级科目和明细科目

【答案】 D

【解析】 本题考核会计科目的内容。会计科目按其所反映的经济内容的详细程度分类，可以分为一级科目和明细科目。

【例 1－26　多选题】下列关于会计科目的表述中，正确的有（　　）。

A. 会计科目应根据企业的具体情况自行设定

B. 会计科目是对会计要素具体内容的进一步分类

C. 会计科目可以反映会计要素的构成及其变化情况

D. 会计科目按其所提供的详细程度分为总分类科目和明细分类科目

【答案】 BCD

【解析】 一级会计科目即总账科目是国家统一会计制度规定的，二级及以下会计科目即明细科目，企业可以根据其单位的会计核算情况自行设置。

1.4.2　会计账户

1.4.2.1　账户的概念和分类

账户是根据会计科目设置的，具有一定格式和结构，用于分类反映会计要素增减变动情况及其结果的载体。设置账户是会计核算的重要方法之一。

会计科目仅仅是对会计要素的具体内容进行分类核算的项目，它不能反映交易或者事项的发生所引起的会计要素各项目增减变动情况和结果。各项核算指标的具体数据资料，只有通过账户记录才能取得。因此，在设置会计科目后，还必须根据规定的会计科目开设相应的账户，以便对交易或者事项进行系统、连续的记录，向有关各方提供有用的会计信息。

因为账户是根据会计科目设置的，所以账户的分类和会计科目的分类具有相似性。同会计科目的分类相对应，账户按其所提供信息的详细程度及其统驭关系不同分为总分类账户（简称“总账账户”或“总账”）和明细分类账户（简称“明细账”）；按其所反映的经济内容不同分为资产类账户、负债类账户、所有者权益类账户、成本类账户、损益类账户等。

总分类账户对明细分类账户具有统驭控制作用；明细分类账户对总分类账户具有补充说明作用。总分类账户与其所属明细分类账户在总金额上应当相等。

总分类账户与明细分类账户平行登记要求做到：所依据会计凭证相同、借贷方向相同、所属会计期间相同、记入总分类账户的金额与记入其所属明细分类账户的合计金额相等。

平行登记是指对所发生的每项经济业务事项，都要以会计凭证为依据，一方面记入有关总分类账户，另一方面记入有关总分类账户所属明细分类账户的方法。

【例 1－27　判断题】“应收账款”应按债权人名称设置明细账。(　　)

【答案】 ×

【解析】“应收账款”应按债务人名称设置明细账。

1.4.2.2　账户的基本结构和内容

账户的结构是指账户的组成部分及其相互关系。账户是用来连续、系统、完整地记录企业经济活动的，因此必须具有一定的结构。

由于经济业务发生所引起的各项会计要素的变动，从数量上看不外乎为增加或者减少两种情况。因此，账户的结构相应地分为两个基本部分，以分别用来记录会计要素的增加和减少。这样，账户的基本结构就要分为左方（记账符号为“借”）、右方（记账符号为“贷”）两个方向，一方登记增加，另一方登记减少。至于账户左右两方的名称，用哪一方登记增加、哪一方登记减少，则取决于账户的性质和经济业务的类型。资产、成本、费用类账户借方登记增加额，贷方登记减少额；负债、所有者权益、收入类账户借方登记减少额，贷方登记增加额。

会计实务中使用的账户，无论账页格式如何，通常由以下内容组成：

（1）账户名称，即会计科目。

（2）日期，即所依据记账凭证中注明的日期。

（3）凭证字号，即所依据记账凭证的编号。

（4）摘要，即经济业务的简要说明。

（5）金额，即增加额、减少额和余额。

从账户名称、记录增加额和减少额的左右两方来看，账户结构在整体上类似于汉字“丁”和大写的英文字母“T”，因此，账户的基本结构在实务中被形象地称为“丁”字账户或者“T”型账户（见图 1－20）。

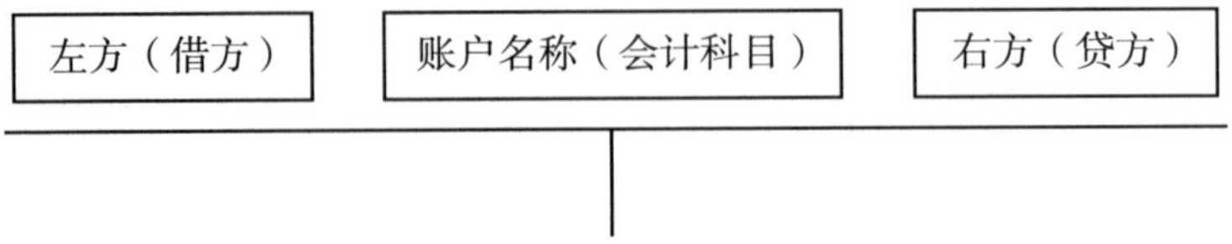

图 1－20 会计的“T”型账户结构

资料来源：笔者根据相关资料编制。

账户中登记本期增加的金额，称为本期增加发生额；登记本期减少的金额，称为本期减少发生额；增减相抵后的差额，称为余额，余额按照时间不同，分为期初余额和期末余额。其基本关系如下：

本期期末余额＝本期期初余额＋本期增加发生额－本期减少发生额

对于资产、成本、费用类账户：期末余额＝期初余额＋本期借方发生额－本期贷方发生额；对于负债、所有者权益、收入类账户：期末余额＝期初余额＋本期贷方发生额－本期借方发生额。

【例 1－28 多选题】会计账户反映的内容包括（　　）。

A. 会计科目　　B. 日期和摘要

C. 凭证号数　　D. 增加方和减少方的金额及余额

【答案】ABCD

1.4.2.3 会计账户与会计科目

账户与会计科目是既有联系、又有区别的两个不同概念。

1. 联系

会计科目与账户都是对会计对象具体内容（会计要素）的科学分类，两者设置口径一致、性质相同。会计科目是账户的名称，也是设置账户的依据；账户是会计科目的具体运用。会计科目的性质决定了账户的性质。账户的分类和会计科目的分类内容一致。

2. 区别

账户有自己的格式或结构，可用来连续、系统、全面地记录反映某种经济业务的增减变化及其结果。会计科目仅仅是账户的名称，不存在结构；而账户则具有一定的格式和结构。

3. 实际工作中的应用

在实际工作中对于账户和会计科目这两个概念，经常可以不加严格区分地相互通用。

【案例 1－1】假设 2022 年 12 月 31 日华明公司的会计要素和项目余额如表 1－5 所示，会计等式的平衡关系成立。

表 1－5　　会计科目余额表　　单位：元

资产	金额	负债及所有者权益	金额
库存现金	1 000	短期借款	30 000
银行存款	199 000	应付账款	50 000
		盈余公积	20 000
		实收资本	100 000
合计	200 000	合计	200 000

资料来源：笔者根据相关资料编制。

华明公司 2022 年 1 月发生的经济业务如下：

（1）华明公司从银行提取现金 20 000 元备用。

这项业务表现为一项资产减少 20 000 元，另一项资产增加 20 000 元，资产总金额不变，会计等式左右相等。

（2）华明公司向银行借款 40 000 元归还到期的应付账款 40 000 元。

这项业务表现为一项负债增加 40 000 元，另一项负债减少 40 000 元，负债的总金额不变，会计等式左右相等。

（3）华明公司召开董事会，决定从盈余公积中拿出 12 000 元转增实收资本，办理了手续。

此项业务表现为一项所有者权益项目减少 12 000 元，另一项所有者权益项目增加 12 000 元，所有者权益的总金额不变，会计等式左右相等。

（4）一位新的投资者向华明公司增加货币投资 100 000 元，资金已存入银行。

此项业务表现为资产增加 100 000 元，所有者权益增加 100 000 元。会计等式的左右两边同时增加 100 000 元，会计恒等式左右相等。

（5）华明公司向银行借款 100 000 元存入银行。

这项业务表现为资产增加 100 000 元，负债增加 100 000 元。会计等式的左右两边同时增加 100 000 元，会计等式左右相等。

（6）华明公司的原投资者之一减少对华明公司的投资 50 000 元，用银行存款支付。

此项业务表现为资产减少 50 000 元，所有者权益减少 50 000 元。会计等式的左右两边同时减少 50 000 元，会计恒等式左右相等。

（7）华明公司归还短期借款 30 000 元，用银行存款支付。

此项业务表现为资产减少 30 000 元，负债减少 30 000 元。会计等式的左右两边同时减少 30 000 元，会计恒等式左右相等。

（8）投资者代华明公司偿还到期的银行短期贷款 100 000 元，并同意此 100 000 元作为对华明公司的追加投资，已办理有关手续。

此项业务表现为一项负债减少 100 000 元，一项所有者权益增加 100 000 元。会计等式的右边的两个会计要素一增一减，会计恒等式左右相等。

华明公司在上述业务结束后，计算会计要素项目的金额，华明公司的会计要素和科目余额如表 1－6 所示：

表 1－6　　2022 年 1 月的会计科目余额表　　单位：元

资产	金额	负债及所有者权益	金额
库存现金	21 000	短期借款	40 000
银行存款	299 000	应付账款	10 000
		盈余公积	8 000
		实收资本	262 000
合计	320 000	合计	320 000

资料来源：笔者根据相关资料编制。

1.4.3 复式记账法

1.4.3.1 复式记账法的内涵

复式记账法是指对发生的每一项经济业务，都要以相等的金额，在相互联系的两个或两个以上的账户中进行记录的记账方法，全面系统地反映会计要素增减变化的一种记账方法，现代会计运用复式记账法。

对于发生的每一项经济业务，都要在两个或两个以上的账户中相互联系地进行分类记录。这样，通过账户记录不仅可以全面、清晰地反映经济业务的来龙去脉，还能全面、系统地反映经济活动的过程和结果。

由于每一项经济业务发生后，都是以相等的金额在有关的账户中登记，因而可以对记录的结果进行试算平衡，以检查账户记录是否正确。例如，用银行存款 3 000 元购买一批材料的业务，业务发生后，一方面在“银行存款”账户记录银行存款减少 3 000 元，另一方面在“原材料”账户记录材料增加 3 000 元，这样登记的结果能够清楚地反映一项经济业务的来龙去脉，即资金从何处来，又往何处去。

复式记账法是与单式记账法相对应的一种记账方法。单式记账法是指对发生的每一项经济业务，只在一个账户中加以登记的记账方法。在单式记账法下，通常只登记现金、银行存款的收付金额以及债权债务的结算金额，一般不登记实物的收付金额。单式记账法记账手续比较简单，但是账户之间不能形成相互对应和平衡的关系，所以不能全面系统地反映各会计要素的增减变动情况以及经济业务的来龙去脉，也不利于检查账户记录是否正确和完整，因而是一种不够科学的记账方法。

与单式记账法相比，复式记账法的优点主要有：

（1）能够全面反映经济业务内容和资金运动的来龙去脉。

（2）能够进行试算平衡，便于查账和对账。

复式记账法主要有借贷记账法、增减记账法和收付记账法。贷记账法是目前国际上通用的记账方法，我国《企业会计准则》规定企业应当采用借贷记账法记录企业的经济业务（见图 1－21）。

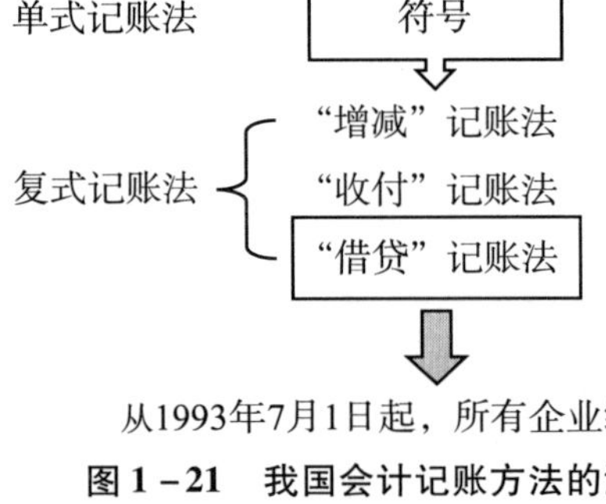

图 1－21 我国会计记账方法的演变

资料来源：笔者根据相关资料编制。

1.4.3.2　借贷记账法

1. 借贷记账法的概念

借贷记账法是指以“借”“贷”为记账符号的一种复式记账法。借贷记账法的记账符号：“借”“贷”两个字为记账符号，分别代表账户的左方和右方。借贷只是纯粹的记账符号，成为会计上的专业术语，用来标明记账的方向。“借”表示增加还是“贷”表示增加，则取决于账户的性质及结构。

借贷记账法的理论基础：“资产 = 负债 + 所有者权益”。

借贷记账法的记账原则：有借必有贷，借贷必相等。发生经济交易或事项时，企业必须按照相同的金额，一方面记入一个或多个账户的借方，另一方面同时记入一个或几个账户的贷方，借方金额合计与贷方金额合计必须相等。

2. 借贷记账法下账户的结构

借贷记账法下，账户的左方称为借方，右方称为贷方。所有账户的借方和贷方按相反方向记录增加数和减少数，即一方登记增加额，另一方就登记减少额。至于“借”表示增加，还是“贷”表示增加，则取决于账户的性质与所记录经济内容的性质。

在借贷记账法下，不同类别账户的借贷方所反映的经济内容是不同的。通常而言，资产、成本和费用类账户的增加用“借”表示，减少用“贷”表示；负债、所有者权益和收入类账户的增加用“贷”表示，减少用“借”表示。备抵账户的结构与所调整账户的结构正好相反。

$$资产 = 负债 + 所有者权益 + 收入 - 费用$$

$$费用 + 资产 = 负债 + 所有者权益 + 收入$$

（1）资产类账户的结构（见图 1 - 22）。记账规则：借加，贷减，余额在借方。

借　　　　资产类账户	贷
资产的期初余额 资产增加额	资产减少额
资产的期末余额	

图 1 - 22　资产类账户的结构

资料来源：笔者根据相关资料编制。

$$借方期末余额 = 借方期初余额 + 借方本期发生额 - 贷方本期发生额$$

【例 1 - 29　单选题】在借贷记账法下，资产类账户的结构特点是（　　）。

A. 借方记增加，贷方记减少，余额在借方

B. 贷方记增加，借方记减少，余额在贷方

C. 借方记增加，贷方记减少，一般无余额

D. 贷方记增加，借方记减少，一般无余额

【答案】A

【解析】资产的记账规则：借加，贷减，余额在借方。

（2）负债类账户的结构（见图 1 - 23）。记账规则：贷加，借减，余额在贷方。

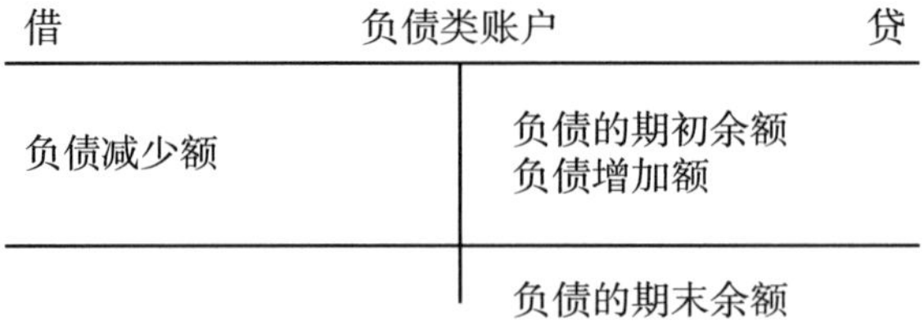

图1－23　负债类账户的结构

资料来源：笔者根据相关资料编制。

贷方期末余额＝贷方期初余额＋贷方本期发生额－借方本期发生额

【例1－30　单选题】在借贷记账法下，负债类账户的结构特点是（　　）。

A. 借方记增加，贷方记减少，余额在借方

B. 贷方记增加，借方记减少，余额在贷方

C. 借方记增加，贷方记减少，一般无余额

D. 贷方记增加，借方记减少，一般无余额

【答案】B

【解析】负债的记账规则：贷加，借减，余额在贷方。

（3）所有者权益类账户的结构（与负债类账户相同，见图1－24）。记账规则：贷加，借减，余额在贷方。

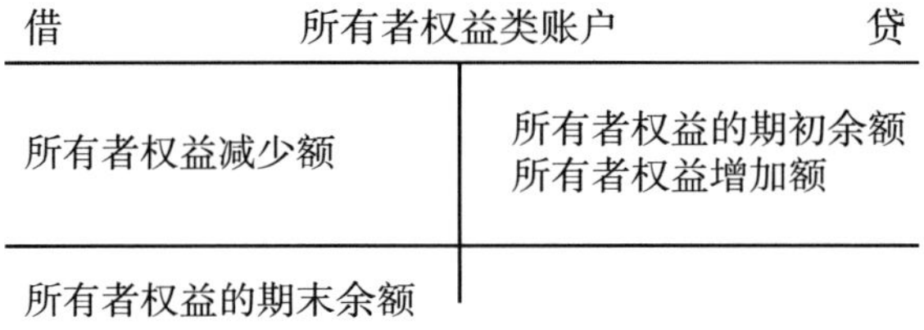

图1－24　所有者权益类账户的结构

资料来源：笔者根据相关资料编制。

贷方期末余额＝贷方期初余额＋贷方本期发生额－借方本期发生额

（4）损益类账户（见图1－25）。

图1－25　收入类账户的结构

资料来源：笔者根据相关资料编制。

①收入类账户的记账规则：贷加，借减，期末无余额。②费用类账户的记账规则：借加，贷减，期末无余额。

【例 1－31　单选题】对于收入类账户来讲，下列正确的是（　　）。

A. 增加额记入账户的借方　　B. 增加额记入账户的贷方

C. 期末结转后有余额　　D. 期末有借方余额

【答案】B

【解析】收入类账户增加额记入账户的贷方、减少额记入账户的借方

（5）成本类账户。记账规则：借加，贷减，期初、期末余额在借方。

成本类账户的记账规则与费用类的相同。

** **规律总结** ** 账户的记账规则是有一定规律的，总结如下（见图 1－26）。也可参考表 1－7，表 1－7 是不同类型的会计账户对应的结构、期末余额方向及计算公式总结。

借　　账户名称	贷
资产的增加 负债的减少 所有者权益的减少 费用（成本）的增加 收入的减少	资产的减少 负债的增加 所有者权益的增加 费用（成本）的减少 收入的增加
资产的期末余额	负债的期末余额 所有者权益的期末余额

图 1－26　会计账户的记账规则总结

资料来源：笔者根据相关资料编制。

表 1－7　会计账户的类型和对应结构、期末余额及计算公式

账户	账户的结构	余额	期末余额计算公式
资产类账户 成本类账户	借加，贷减	期末余额在借方	借方期末余额 = 借方期初余额 + 借方本期发生额 − 贷方本期发生额
负债类账户 所有者权益类账户	贷加，借减	期末余额在贷方	贷方期末余额 = 贷方期初余额 + 贷方本期发生额 − 借方本期发生额
损益类账户——收入类账户	贷加，借减	期末无余额	
损益类账户——费用类账户	借加，贷减	期末无余额	
资产 + 费用 = 负债 + 所有者权益 + 收入 等号左边的要素，借加、贷减；等号右边的要素，贷加、借减			

资料来源：笔者根据相关资料编制。

【例 1－32　多选题】下列符合借贷记账法规则的有（　　）。

A. 资产与权益同时减少，总额减少　　B. 资产与负债一增一减，总额增加

C. 资产与权益同时增加，总额增加　　D. 权益内部一增一减，总额不变

【答案】ACD

【解析】本题考核借贷记账法的规则。借贷记账法的规则主要是：资产与权益同时减

少，总额减少；资产与权益同时增加，总额增加；权益内部一增一减，总额不变。故答案B错误。

1.4.3.3 会计分录

1. 会计分录的定义

会计分录是指对某项经济业务事项标明其应借、应贷账户及其金额的分录，简称分录。是对每项经济业务列示出应借、应贷的账户名称及其金额的一种记录。在我国，会计分录记载于记账凭证中。

2. 分录三要素

（1）账户的名称，即会计科目。

（2）记账方向的符号，即借方或贷方。

（3）记录的金额。

3. 会计分录的分类

按照所涉及账户的多少，会计分录分为简单会计分录和复合会计分录。

简单会计分录指只涉及一个账户借方和另一个账户贷方的会计分录，即一借一贷的会计分录；复合会计分录指由两个以上（不含两个）对应账户所组成的会计分录，即一借多贷、一贷多借、多借多贷的会计分录。

** **注意** ** 复合分录是由简单分录合并组成的，但是，不能将没有相互联系的简单分录合并相加成多借多贷的会计分录。换言之，不同类型的经济业务不能简单地合并反映，发生不同类型经济业务必须逐项加以反映和记录。

【例1-33 多选题】会计分录的内容包括（　　）。

A. 经济业务内容摘要　　B. 账户名称

C. 经济业务发生额　　D. 记账方向的符号

【答案】BCD

【例1-34 多选题】下列会计分录中属于复合会计分录的有（　　）。（单位：元）

A.

借：材料采购	5 000	
贷：银行存款		5 000

B.

借：生产成本	8 000	
制造费用	1 500	
贷：原材料		9 500

C.

借：生产成本	5 000	
制造费用	1 500	
贷：累计折旧		6 500

D.

借：生产成本	4 820	
制造费用	68	
贷：应付职工薪酬		4 888

【答案】BCD

【解析】简单会计分录指只涉及一个账户借方和另一个账户贷方的会计分录，即一借一贷的会计分录；复合会计分录指由两个以上（不含两个）对应账户所组成的会计分录，即一借多贷、一贷多借、多借多贷的会计分录。选项 B、C、D 都是复合分录。

1.4.3.4　试算平衡

1. 试算平衡的含义

试算平衡，是指根据借贷记账法的记账规则和资产与权益的恒等关系，通过对所有账户的发生额和余额的汇总计算与比较，来检查记录是否正确的一种方法。根据资产与权益的恒等关系以及借贷记账法“有借必有贷，借贷必相等”的记账规则，检查所有账户记录是否正确，可以采用两种试算平衡方法，即发生额试算平衡法和余额试算平衡法。

2. 试算平衡的分类

（1）发生额试算平衡法。发生额试算平衡法是根据本期所有账户借方发生额合计与贷方发生额合计的恒等关系，检验本期发生额记录是否正确的方法。公式为：

全部账户本期借方发生额合计 = 全部账户本期贷方发生额合计

（2）余额试算平衡法。余额试算平衡法是根据本期所有账户借方余额合计与贷方余额合计的恒等关系，检验本期账户记录是否正确的方法。根据余额时间不同，又分为期初余额平衡与期末余额平衡两类。期初余额平衡是期初所有账户借方余额合计与贷方余额合计相等，期末余额平衡是期末所有账户借方余额合计与贷方余额合计相等。公式为：

全部账户的借方期初余额合计 = 全部账户的贷方期初余额合计

全部账户的借方期末余额合计 = 全部账户的贷方期末余额合计

在实际工作中，余额试算平衡通过编制试算平衡表的方式进行。

3. 结论

（1）一般而言，如果所有账户在一定期间内借、贷方发生额合计不平衡，借、贷方余额合计不平衡，则可以肯定本期内记账和结账有错误。

（2）如果两者都平衡，则说明记账和结账可能正确（但不能就此断定记账肯定没有错误）。

局限性：不能发现全部记账过程中的错误和遗漏，因为有些错误并不影响借、贷方的平衡关系。

比如，记账时重记或漏记整笔经济业务、对相互对应账户都以大于或小于正确金额的数字进行记账、对应账户的同方向串户等，都难以通过试算平衡检查出来。

【例 1-35　判断题】编制试算平衡表时，也应包括只有期初余额而没有本期发生额的账户。（　　）

【答案】√

【例 1-36　判断题】本期发生额是一个期间指标，它说明某类经济内容的增减变动情况。（　　）

【答案】√

【例 1-37　判断题】发生额试算平衡法的公式是：资产类账户本期借方发生额合计 = 负债类账户本期贷方发生额合计。（　　）

【答案】×

【解析】发生额试算平衡法的公式是：全部账户本期借方发生额合计 = 全部账户本期贷方发生额合计，不能仅仅是资产类和负债类账户的合计。

【案例 1-2】借贷记账法下会计分录和登账户的举例

华明公司 2022 年 1 月发生的经济业务如下：

（1）一位新的投资者向华明公司增加货币投资 1 000 000 元，资金存入银行。

借：银行存款　　1 000 000

　　贷：实收资本　　1 000 000

（2）华明公司向银行借款 100 000 元存入银行。

借：银行存款　　100 000

　　贷：短期借款　　100 000

（3）华明公司的原投资者之一撤资 500 000 元，用银行存款支付。

借：实收资本　　500 000

　　贷：银行存款　　500 000

（4）华明公司归还银行短期借款 100 000 元，用银行存款支付。

借：短期借款　　100 000

　　贷：银行存款　　100 000

（5）华明公司从银行提取现金 20 000 元备用。

借：库存现金　　20 000

　　贷：银行存款　　20 000

（6）华明公司向银行借款 50 000 元归还到期的应付账款 50 000 元。

借：应付账款　　50 000

　　贷：短期借款　　50 000

（7）华明公司召开董事会，决定从盈余公积中拿出 12 000 元转增实收资本，办理转账手续。

借：盈余公积　　12 000

　　贷：实收资本　　12 000

（8）投资者代华明公司偿还到期的银行短期贷款 50 000 元，并同意作为对华明公司的追加投资 50 000 元，已办理有关手续。

借：短期借款　　50 000

　　贷：实收资本　　50 000

（9）新投资者所欠的银行短期贷款 30 000 元，决定以后到期时由华明公司代为偿还，并同意作为对华明公司的投资减少 30 000 元，华明公司已在银行办理有关贷款转移手续。

借：实收资本　　30 000

　　贷：短期借款　　30 000

（10）华明公司销售商品，价款共计 30 000 元，其中，以银行存款方式收取货款 10 000 元，其余 20 000 元记作应收账款。（不考虑税费）

借：应收账款　　20 000

　　银行存款　　10 000

　　贷：主营业务收入　　30 000

根据上述 10 项业务，在 2022 年 1 月 31 日填制试算平衡表（见表 1－8）。

表 1－8　　**各账户本期发生额和余额试算平衡表**　　单位：元

2022 年 1 月

科目名称	期初余额		本期发生额		期末余额	
	借方	贷方	借方	贷方	借方	贷方
库存现金	1 000		20 000		21 000	
银行存款	1 999 000		1 110 000	620 000	2 489 000	
应收账款			20 000		20 000	
短期借款		300 000	150 000	180 000		330 000
应付账款		500 000	50 000			450 000
盈余公积		200 000	12 000			188 000
实收资本		1 000 000	530 000	1 062 000		1 532 000
主营业务收入				30 000		30 000
合计	2 000 000	2 000 000	1 892 000	1 892 000	2 530 000	2 530 000

资料来源：笔者根据相关业务编制。

综上所述，编制会计分录的思考步骤如下：

（1）分析经济业务事项涉及的是资产、负债、所有者权益、收入、费用或者是利润、成本。

（2）看看应该用哪个账户，是这个账户内的金额多了还是这个账户的金额少了？

（3）看看是应该记入这个账户的借方还是贷方？

（4）看看借贷方和金额都对吗？

1.4.4　会计恒等式

会计等式，又称会计恒等式、会计方程式或会计平衡公式，它是表明各会计要素之间基本关系的等式。会计等式是指反映各项会计要素之间基本关系的表达式。

1.4.4.1　会计等式的表现形式

1. 财务状况等式

财务状况等式，亦称基本会计等式和静态会计等式，是用以反映企业某一特定时点资产、负债和所有者权益三者之间平衡关系的会计等式。即：

资产 = 负债 + 所有者权益

这一等式是复式记账法的理论基础，也是编制资产负债表的依据。

资产、负债、所有者权益也称资产负债表的要素，反映企业的财务状况，第一会计等式是编制资产负债表的理论依据。

【例 1－38　多选题】下列反映资金运动静态表现的会计要素有（　　）。

A. 资产　　B. 负债　　C. 收入　　D. 利润

【答案】AB

【解析】资产＝负债＋所有者权益，是第一会计等式，也是静态会计等式。

2. 经营成果等式

经营成果等式，亦称动态会计等式，是用以反映企业一定时期收入、费用和利润之间恒等关系的会计等式。即：

收入－费用＝利润

这一等式反映了利润的实现过程，是编制利润表的依据。

收入、费用、利润也称利润表的要素，反映企业的经营成果，第二等式是编制利润表的理论依据。

【例1－39 多选题】下列反映企业经营成果的会计要素有（　　）。

A. 收入　　B. 费用　　C. 利润　　D. 资产

【答案】ABC

3. 第三会计等式

资产＝负债＋所有者权益＋(收入－费用)

第三会计等式动态地反映了企业财务状况和经营成果之间的关系。

【例1－40 判断题】使用“资产＝负债＋所有者权益”公式，在期初和期末是相等的，但在会计期间发生收入和费用，因此这个公式就被破坏了。（　　）

【答案】×

【解析】“资产＝负债＋所有者权益”公式，在期初和期末是相等的，但在会计期间发生收入和费用，适用资产＝负债＋所有者权益＋(收入－费用)，这个公式把第一、第二会计等式结合起来，是对第一会计等式的扩展，它不但没有破坏第一会计等式的平衡关系，而且把企业的财务状况和经营成果联系在一起。

1.4.4.2 交易或者事项对会计等式的影响

经济业务，又称会计事项，是指在经济活动中使会计要素发生增减变动的交易或者事项。企业经济业务按其对财务状况等式的影响不同可以分为以下9种基本类型：

（1）一项资产增加、另一项资产等额减少的经济业务；

（2）一项资产增加、一项负债等额增加的经济业务；

（3）一项资产增加、一项所有者权益等额增加的经济业务；

（4）一项资产减少、一项负债等额减少的经济业务；

（5）一项资产减少、一项所有者权益等额减少的经济业务；

（6）一项负债增加、另一项负债等额减少的经济业务；

（7）一项负债增加、一项所有者权益等额减少的经济业务；

（8）一项所有者权益增加、一项负债等额减少的经济业务；

（9）一项所有者权益增加、另一项所有者权益等额减少的经济业务。

上述9类基本经济业务的发生均不影响财务状况等式的平衡关系，具体分为3种情形：

- 基本经济业务（1）（6）（7）（8）（9）使财务状况等式左右两边的金额保持不变；
- 基本经济业务（2）（3）使财务状况等式左右两边的金额等额增加；
- 基本经济业务（4）（5）使财务状况等式左右两边的金额等额减少。

【例1－41 单选题】劳荣公司资产总额为80 000元，负债总额为30 000元，以银行存款30 000元偿还短期借款，并以银行存款25 000元购买设备，则上述业务入账后该公司的资产总额为（　　）元。

A. 30 000　　B. 50 000　　C. 25 000　　D. 15 000

【答案】 B

【解析】 以银行存款偿还借款使资产减少，以银行存款购买设备，是资产内部的一增一减，资产不变。则资产总额 = 80 000 - 30 000 - 25 000 + 25 000 = 50 000（元）。

【例 1 - 42　单选题】 下列经济业务中，会引起资产和负债同时增加的是（　　）。

A. 以银行存款购买材料　　B. 以银行存款对外投资

C. 以银行存款清偿所欠货款　　D. 取得银行借款并存入银行

【答案】 D

【解析】 A、B 两项均属于资产内部的一增一减，C 项属于资产和负债的同时减少。D 项中，取得借款使负债增加，将取得的款项存入银行，使资产增加。

1.5　会计凭证与账簿

1.5.1　会计凭证

1.5.1.1　会计凭证概述

会计凭证是指记录经济业务发生或者完成情况的书面证明，是登记账簿的依据。

每个企业都必须按一定的程序填制和审核会计凭证，根据审核无误的会计凭证进行账簿登记，如实反映企业的经济业务。会计凭证按照填制程序和用途可分为原始凭证和记账凭证。

原始凭证，又称单据，是指在经济业务发生或完成时取得或填制的，用以记录或证明经济业务的发生或完成情况的原始凭据。原始凭证的作用主要是记载经济业务的发生过程和具体内容。常用的原始凭证有现金收据、发货票、增值税专用（或普通）发票、差旅费报销单、产品入库单、领料单等。

记账凭证，又称记账凭单，是指会计人员根据审核无误的原始凭证，按照经济业务的内容加以归类，并据以确定会计分录后填制的会计凭证，作为登记账簿的直接依据。记账凭证的作用主要是确定会计分录，进行账簿登记，反映经济业务的发生或完成情况，监督企业经济活动，明确相关人员的责任。

1.5.1.2　原始凭证

1. 原始凭证的种类

原始凭证可以按照取得来源、格式、填制的手续和内容进行分类。

（1）按取得来源分类。原始凭证按照取得来源，可分为自制原始凭证和外来原始凭证。

自制原始凭证，是指由本单位有关部门和人员，在执行或完成某项经济业务时填制仅供本单位内部使用的原始凭证。如收料单、领料单、限额领料单、产品入库单、产品出库单、借款单、职工薪酬表、折旧计算表等。单位内部使用的领料单格式，如表 1 - 9 所示。

表 1－9　　**限额领料单**

2022 年 11 月

领料单位：生产车间　　编号：111

用途：生产 A 产品　　材料单价：100

计划产量：100　　单位消耗定额：0.3

材料名称及规格			计量单位	全月领用限额	全月实领	
					数量	金额
甲材料			吨	30	20	2 000
领料日期	请料单	实发数	结余数	领料人	领料单位主管	发料人
12 月 10 日	15	15	15	刘一一	王思	王洪
12 月 31 日	5	5	10	秦天	王思	王洪
供应部门负责人：柳元			生产计划部门负责人：王思		仓库管理员：王洪	

资料来源：笔者根据相关资料编制。

外来原始凭证，是指在经济业务发生或完成时，从其他单位或个人直接取得的原始凭证。如购买原材料取得的增值税专用发票、银行转来的各种结算凭证、对外支付款项时取得的收据、职工出差报销的飞机票、车船票等。详见二维码中内容。

【例 1－43　单选题】购买原材料的发票、支付房租收到的房租收据等，按其来源分属于（　　）。

A. 自制原始凭证　　B. 外来原始凭证

C. 一次凭证　　D. 累计凭证

【答案】B

【解析】考查原始凭证的种类。理解各相关概念的含义是关键。

【例 1－44　判断题】在证明经济业务发生时，据以编制记账凭证的作用方面，自制原始凭证与外来原始凭证具有同等效力。（　　）

【答案】√

【解析】无论自制原始凭证还是外来原始凭证都属于原始凭证，都能够证明经济业务发生并据以编制记账凭证。

（2）按照格式分类。原始凭证按照格式的不同可分为通用凭证和专用凭证。

通用凭证，是指由有关部门统一印制、在一定范围内使用的具有统一格式和使用方法的原始凭证。通用凭证的使用范围因制作部门的不同而有所差异，可以是分地区、分行业使用，也可以全国通用，如某省（市）印制的在该省（市）通用的发票、收据等；由中国人民银行制作的在全国通用的银行转账结算凭证、由国家税务总局统一印制的全国通用的增值税专用发票等。

专用凭证，是指由单位自行印制、仅在本单位内部使用的原始凭证。常见的专用凭证有收料单、领料单、工资费用分配表、折旧计算表等。

（3）按填制的手续和内容分类。原始凭证按照填制的手续和内容，可分为一次凭证、累计凭证和汇总凭证。

一次凭证，是指一次填制完成，只记录一笔经济业务且仅一次有效的原始凭证。我们平时所涉及的大部分原始凭证都是一次凭证，比如发票、收据、收料单、发货票、银行结算凭证、支票存根、出库单等。发货票的格式，如表 1－10 所示。

表 1－10　　发货票

产成品出库单编号：123

购货单位：北京劳荣公司　　2022 年 12 月 3 日　　仓库：第一仓库

类别编号	名称规格	单位	数量	单位成本	金额										
					亿	千	百	十	万	千	百	十	元	角	分
101	A 产品	台	20	200						4	0	0	0	0	0
合计			20						¥	4	0	0	0	0	0
仓库主管：柳元　　记账：柳叶　　发货人：赵毅　　经办人：王洪															

资料来源：笔者根据相关资料编制。

累计凭证，是指在一定时期内多次记录发生的同类型经济业务且多次有效的原始凭证，如限额领料单。累计凭证的特点是在一张凭证内可以连续登记相同性质的经济业务，随时结出累计数和结余数，并按照费用限额进行费用控制，期末按实际发生额记账。最具有代表性的累计凭证是“限额领料单”。限额领料单的一般格式，如表 1－10 所示：

汇总凭证是指对一定时期内反映经济业务内容相同的若干张原始凭证，按照一定标准综合填制的原始凭证。

汇总原始凭证合并了同类型经济业务，可以集中反映某项经济业务的总括情况，简化记账凭证的编制工作。常见的汇总凭证有发出材料汇总表、工资结算汇总表、差旅费报销单等。发料凭证汇总表的格式如表 1－11 所示。

表 1－11　　发出材料汇总表

2022 年 12 月　　单位：元

项目	甲材料		乙材料		丙材料		合计
	数量	金额	数量	金额	数量	金额	
生产领用：							
A 产品	2 150	215 000	1 200	100 000			315 000
B 产品	340	34 000	2 400	200 000			234 000

续表

项目	甲材料		乙材料		丙材料		合计
	数量	金额	数量	金额	数量	金额	
车间一般耗用					125	2 500	2 500
管理部门耗用					100	2 000	2 000
合计		249 000		300 000		4 500	553 500

资料来源：笔者根据相关资料编制。

2. 原始凭证的基本内容

原始凭证的格式和内容因经济业务和经营管理的不同而有所差异，但原始凭证应当具备以下基本内容（也称为原始凭证要素）：

（1）凭证的名称。

（2）填制凭证的日期。

（3）填制凭证单位名称或者填制人姓名。

（4）经办人员的签名或者盖章。

（5）接受凭证单位名称。

（6）经济业务内容。

（7）数量、单价和金额。

【例1－45 多选题】以下各项中，属于原始凭证应具备的基本内容有（　　）。

A. 凭证名称、填制凭证日期　　B. 经济业务内容摘要

C. 会计科目　　D. 填制、经办人员的签字、盖章

【答案】AD

【解析】选项B、C属于记账凭证应具备的基本内容。

3. 原始凭证的填制要求

（1）原始凭证填制的基本要求。原始凭证的填制必须符合下列要求。

①记录真实。原始凭证所填列经济业务的内容和数字，必须真实可靠，符合实际情况。

②内容完整。原始凭证所要求填列的项目必须逐项填列齐全，不得遗漏或省略。原始凭证中的年、月、日要按照填制原始凭证的实际日期填写；名称要齐全，不能简化：品名或用途要填写明确，不能含糊不清；有关人员的签章必须齐全。

③手续完备。单位自制的原始凭证必须有经办单位相关负责人的签名盖章；对外开出的原始凭证必须加盖本单位公章或者财务专用章；从外部取得的原始凭证，必须盖有填制单位的公章或者财务专用章；从个人取得的原始凭证，必须有填制人员的签名或盖章。

④书写清楚、规范。原始凭证要按规定填写，文字要简明，字迹要清楚，易于辨认，不得使用未经国务院公布的简化汉字。大小写金额必须符合填写规范，小写金额用阿拉伯数字逐个书写，不得写连笔字。在金额前要填写人民币符号“￥”，且与阿拉伯数字之间不得留有空白。

金额数字一律填写到角、分，无角无分的，写“00”或符号“－”；有角无分的，分位写0，不得用符号“－”。大写金额用汉字壹、贰、叁、肆、伍、陆、柒、捌、玖、拾、佰、

仟、万、亿、元、角、分、零、整等，一律用正楷或行书字书写。大写金额前未印有“人民币”字样的，应加写“人民币”三个字且和大写金额之间不得留有空白。大写金额到元或角为止的，后面要写“整”或“正”字，有分的，不写“整”或“正”字，如小写金额为￥1 007.00，大写金额应写成“壹仟零柒元整”。

⑤连续编号。各种凭证要连续编号，以便检查。如果凭证已预先印定编号，如发票、支票等重要凭证，在因错作废时，应加盖“作废”戳记，妥善保管，不得撕毁。

⑥不得涂改、刮擦、挖补。

原始凭证金额有错误的，应当由出具单位重开，不得在原始凭证上更正。原始凭证有其他错误的，应当由出具单位重开或更正，更正处应当加盖出具单位印章。

⑦填制及时。

各种原始凭证一定要及时填写，并按规定的程序及时送交会计机构、会计人员进行审核。

【例 1－46　判断题】原始凭证发生的错误，正确的更正方法是由出具单位在原始凭证上更正。（　　）

【答案】×

【解析】原始凭证有错误的，应当由出具单位重开或更正，更正处应当加盖出具单位印章。原始凭证金额有错误的，应当由出具单位重开，不得在原始凭证上更正。

【例 1－47　单选题】在原始凭证上书写阿拉伯数字，错误的做法是（　　）。

A. 金额数字前书写货币币种符号

B. 币种符号与金额数字之间要留有空白

C. 币种符号与金额数字之间不得留有空白

D. 数字前写有币种符号的，数字后不再写货币单位

【答案】B

【解析】在原始凭证上书写阿拉伯数字，大写金额数字前未印有货币名称的，应当加填货币名称，货币名称与金额数字之间不得留有空白。

（2）自制原始凭证填制的基本要求。

一次凭证，应在经济业务发生或完成时，由相关业务人员一次填制完成。该凭证往往只能反映一项经济业务，或者同时反映若干项同一性质的经济业务。一次凭证有些是自制的原始凭证，如收料单、领料单、工资结算表、制造费用分配表等；有些是外来的原始凭证，如增值税专用发票、税收缴款书、各种银行结算凭证等。

累计凭证，应在每次经济业务完成后，由相关人员在同一张凭证上重复填制完成。该凭证能在一定时期内不断重复地反映同类经济业务的完成情况。最典型的累计凭证是限额领料单。

汇总凭证，应由相关人员在汇总一定时期内反映同类经济业务的原始凭证后填制完成。该凭证只能将类型相同的经济业务进行汇总，不能汇总两类或两类以上的经济业务。

4. 原始凭证的审核

为了如实反映经济业务的发生和完成情况，充分发挥会计的监督职能，保证会计信息的真实、完整，会计人员必须对原始凭证进行严格审核。审核后的原始凭证，才能作为填制记账凭证和记账的依据。

审核的内容主要包括：

（1）审核原始凭证的真实性。其真实性的审核包括凭证日期的真实性、业务内容的真实性、数据的真实性等。对外来原始凭证，必须有填制单位公章或财务专用章和填制人员签章；对自制原始凭证，必须有经办部门和经办人员的签名或者盖章。此外，对于通用原始凭证，还应审核凭证本身的真实性，防止以假冒的原始凭证记账。

（2）审核原始凭证的合法性、合理性。审核原始凭证所记录经济业务是否符合国家法律法规，是否履行了规定的凭证传递和审核程序；审核原始凭证所记录经济业务是否符合企业经济活动的需要、是否符合有关的计划和预算等。

（3）审核原始凭证的完整性。审核原始凭证各项要素是否填写齐全，是否有漏项情况，日期是否完整，数字是否清晰，文字是否工整，有关签名或盖章是否齐全，凭证联次是否正确。

（4）审核原始凭证的正确性。审核原始凭证记载的各项内容是否正确，具体包括：

①接受原始凭证单位的名称是否正确。

②金额的填写和计算是否正确。阿拉伯数字分位填写，不得连写。小写金额前要标明“￥”字样，中间不能留有空位。大写金额前要加“人民币”字样，大写金额与小写金额要相符。

③更正是否正确。原始凭证记载的各项内容均不得涂改；原始凭证金额有错误的，应当由出具单位重开，不得在原始凭证上更正。原始凭证有其他错误的，应当由出具单位重开或者更正，更正处应当加盖出具单位公章或财务专用章。

1.5.1.3 记账凭证

记账凭证是登记账簿的直接依据，也称分录凭证。由于原始凭证只表明经济业务的具体内容，不能直接反映其对会计要素的影响，不能显示应记的会计科目和记账方向，不能凭以直接入账。因此，编制记账凭证，将原始凭证使用的普通商业语言转化成会计语言是一种质的飞跃。

1. 记账凭证的种类

记账凭证按其反映的经济业务的内容来划分，通常可分为收款凭证、付款凭证和转账凭证。

（1）收款凭证是指用于记录库存现金和银行存款收款业务的记账凭证。

收款凭证，根据有关库存现金和银行存款收入业务的原始凭证编制，据以登记库存现金和银行存款的有关账簿（收款凭证的样式详见表 1－12）。收款凭证又分为现金收款凭证和银行存款收款凭证。现金收款凭证是根据证明现金收入业务发生的原始凭证编制的收款凭证；银行存款收款凭证是根据证明银行存款收入业务发生的原始凭证编制的收款凭证。

（2）付款凭证，是指用于记录现金和银行存款付款业务的记账凭证。

付款凭证根据有关库存现金和银行存款支付业务的原始凭证编制的专用凭证，据以登记库存现金和银行存款的有关账簿，付款凭证具体样式详见表 1－13。付款凭证又分为现金付款凭证和银行存款付款凭证。现金付款凭证是根据证明现金支付业务发生的原始凭证编制的付款凭证；银行存款付款凭证是根据证明银行存款支付业务发生的原始凭证编制的付款凭证。

表 1－12　　　　　　　　　　　　**收款凭证**

借方科目　　　　　　　　　　　　年　　月　　日　　　　　　　　　　字第　号

摘要	贷方总账科目	明细科目	√	金额									
				千	百	十	万	千	百	十	元	角	分
合计													
财务主管			记账			出纳			审核		制单		

资料来源：笔者根据相关资料编制。

** **注意** ** 对于库存现金和银行存款之间相互划转的经济业务，为了避免重复记账，只编制付款凭证，不编制收款凭证。即对于从银行提取现金的业务，编制银行存款付款凭证；对于将现金存入银行的业务，编制现金付款凭证。

表 1－13　　　　　　　　　　　　**付款凭证**

贷方科目　　　　　　　　　　　　年　　月　　日　　　　　　　　　　字第　号

摘要	借方总账科目	明细科目	√	金额									
				千	百	十	万	千	百	十	元	角	分
合计													
财务主管			记账			出纳			审核		制单		

资料来源：笔者根据相关资料编制。

（3）转账凭证，是指用于记录不涉及现金和银行存款业务的记账凭证，是登记明细账和总账等有关账簿的依据（见表 1－14）。它是根据证明转账业务（与库存现金和银行存款无关的经济业务）发生的原始凭证填制的。

表 1－14 **转账凭证**

年　月　日　　　　字第　号

摘要	总账科目	明细科目	√	金额										√	金额									
				千	百	十	万	千	百	十	元	角	分		千	百	十	万	千	百	十	元	角	分
合计																								
财务主管						记账								审核						制单				

资料来源：笔者根据相关资料编制。

2. 记账凭证的基本内容

记账凭证是登记账簿的依据，因其所反映经济业务的内容不同、各单位规模大小及其对会计核算繁简程度的要求不同，其内容有所差异，但应当具备以下基本内容：

（1）填制凭证的日期；

（2）凭证编号；

（3）经济业务摘要；

（4）会计科目；

（5）金额；

（6）所附原始凭证张数；

（7）填制凭证人员、稽核人员、记账人员、会计机构负责人、会计主管人员签名或者盖章。收款和付款记账凭证还应当由出纳人员签名或者盖章。

【例 1－48　单选题】记账凭证是由（　　）编制的。

A. 出纳人员　　B. 经办人员　　C. 会计人员　　D. 经办单位

【答案】C

【解析】出纳人员负责编制有关原始凭证；经办人员、经办单位均太笼统。

3. 记账凭证的填制要求

记账凭证根据审核无误的原始凭证或原始凭证汇总表填制。记账凭证填制正确与否，直接影响整个会计系统最终提供信息的质量。与原始凭证的填制相同，记账凭证也有记录真实、内容完整、手续齐全、填制及时等要求。

（1）记账凭证填制的基本要求。记账凭证的填制除要做到内容完整、书写清楚和规范外，还必须符合下列要求：

● 除结账和更正错账可以不附原始凭证外，其他记账凭证必须附原始凭证。

● 记账凭证可以根据每一张原始凭证填制，或根据若干张同类原始凭证汇总填制，也可据原始凭证汇总表填制；但不得将不同内容和类别的原始凭证汇总填制在一张记账凭证上。

● 记账凭证应连续编号。凭证应由主管该项业务的会计人员，按业务发生的顺序并按不同种类的记账凭证采用“字号编号法”连续编号，如银收字 1 号、现收字 2 号、现付字 1

号、银付字 2 号。如果一笔经济业务需要填制两张以上（含两张）记账凭证的，可以采用“分数编号法”编号，如转字 $4\frac{1}{3}$号，转字 $4\frac{2}{3}$号、转字 $4\frac{3}{5}$号。为便于监督，反映付款业务的会计凭证不得由出纳人员编号。

• 填制记账凭证时若发生错误，应当重新填制。已经登记入账的记账凭证在当年内发现填写错误时，可以用红字填写一张与原内容相同的记账凭证，在摘要栏注明“注销某月某日某号凭证”字样，同时再用蓝字重新填制一张正确的记账凭证，注明“订正某月某日某号凭证”字样。如果会计科目没有错误，只是金额错误，也可以将正确数字与错误数字之间的差额另编一张调整的记账凭证，调增金额用蓝字，调减金额用红字。发现以前年度记账凭证有错误的，应当用蓝字填制一张更正的记账凭证。

• 记账凭证填制完成后，如有空行，应当自金额栏最后一笔金额数字下的空行处至合计数上的空行处划线注销。

【例 1－49】2022 年 8 月 5 日，乙公司收到上月向丙公司销售 M 产品的货款共计 11 700 元（含增值税），存入中国银行，附原始凭证 2 张，是乙公司 8 月第 11 笔业务。记账凭证的填列，如表 1－15 所示。

表 1－15　　记账凭证

2022 年 8 月 5 日　　记字第 11 号

摘要	总账科目	明细科目	记账	借方金额											记账	贷方金额										
				亿	千	百	十	万	千	百	十	元	角	分		亿	千	百	十	万	千	百	十	元	角	分
收回货款	银行存款	中国银行						1	1	7	0	0	0	0												
收回货款	应收账款	丙公司																		1	1	7	0	0	0	0
合计							¥	1	1	7	0	0	0	0					¥	1	1	7	0	0	0	0

附单据 2 张

会计主管：　　记账：　　出纳：　　审核：　　制单：

资料来源：笔者根据相关资料编制。

（2）收款凭证的填制要求。收款凭证左上角的“借方科目”按收款的性质填写“库存现金”或“银行存款”；日期填写的是填制本凭证的日期；右上角填写填制收款凭证的顺序号；“摘要”填写所记录的经济业务的简要说明；“贷方科目”填写与收入“库存现金”或“银行存款”相对应的会计科目；“记账”是指该凭证已登记账簿的标记，防止经济业务重记或漏记；“金额”是指该项经济业务的发生额；该凭证右边“附件 × 张”是指本记账凭证所附原始凭证的张数；最下边分别由有关人员签章，以明确经济责任。

【例 1－50】2022 年 8 月 8 日，丁公司销售甲产品一批，取得销售收入 20 000 元存入中国银行，并开具增值税专用发票，附原始凭证 3 张，是丁公司 8 月第二笔银行存款收款业务。收款凭证的填制，如表 1－16 所示。

表 1－16 **收款凭证**

借方科目：银行存款　　2022 年 8 月 8 日　　银收字第 3 号

摘要	贷方总账科目	明细科目	记账	借方金额										
				亿	千	百	十	万	千	百	十	元	角	分
销售甲产品	主营业务收入	甲产品	√					2	0	0	0	0	0	0
开具增值税专用发展	应交税费	应交增值税（销项税额）	√						3	4	0	0	0	0
合计							¥	2	3	4	0	0	0	0

附单据 3 张

会计主管：　　记账：　　出纳：　　审核：　　制单：

资料来源：笔者根据相关资料编制。

（3）付款凭证的填制要求。付款凭证是根据审核无误的有关库存现金和银行存款的付款业务的原始凭证填制的。付款凭证的填制方法与收款凭证基本相同，不同的是在付款凭证的左上角应填列贷方科目，即“库存现金”或“银行存款”科目，“借方科目”栏应填写“库存现金”或“银行存款”相应的一级科目和明细科目。

对于涉及“库存现金”和“银行存款”之间的相互划转业务，为了避免重复记账，一般只填制付款凭证，不再填制收款凭证。

出纳人员在办理收款或付款业务后，应在原始凭证上加盖“收讫”或“付讫”的戳记，以免重收重付。

【例 1－51】2022 年 8 月 15 日，丙公司行政部门购买办公用品支付现金 500 元；附原始证 3 张，是丙公司 8 月第 7 张现金付款业务。付款凭证的填制，如表 1－17 所示。

表 1－17 **付款凭证**

贷方科目：库存现金　　2022 年 8 月 15 日　　现付字第 7 号

摘要	借方总账科目	明细科目	记账	借方金额										
				亿	千	百	十	万	千	百	十	元	角	分
购入办公用品	管理费用	办公费	√							5	0	0	0	0
合计									¥	5	0	0	0	0

附单据 3 张

会计主管：　　记账：　　出纳：　　审核：　　制单：

资料来源：笔者根据相关资料编制。

（4）转账凭证的填制要求。转账凭证通常是根据有关转账业务的原始凭证填制的。转账凭证中“总账科目”和“明细科目”栏应填写应借、应贷的总账科目和明细科目，借方科目应记金额应在同一行的“借方金额”栏填列，贷方科目应记金额应在同一行的“贷方金额”栏填列，“借方金额”栏合计数与“贷方金额”栏合计数应相等。

【例 1 – 52】 2022 年 8 月 28 日，甲公司生产车间计提固定资产折旧 1 000 元；附原始凭证 1 张，是甲公司 8 月第 37 笔转账业务。转账凭证的填制，如表 1 – 18 所示。

表 1 – 18　　**转账凭证**

2022 年 8 月 28 日　　转字第 37 号

摘要	总账科目	明细科目	√	借方金额											√	贷方金额										
				亿	千	百	十	万	千	百	十	元	角	分		亿	千	百	十	万	千	百	十	元	角	分
生产车间计提折旧	制造费用	折旧费							1	0	0	0	0	0												
生产车间计提折旧	累计折旧																				1	0	0	0	0	0
合计								¥	1	0	0	0	0	0						¥	1	0	0	0	0	0

附单据 1 张

会计主管：　　记账：　　审核：　　制单：

资料来源：笔者根据相关资料编制。

此外，某些既涉及收款业务，又涉及转账业务的综合性业务，可分开填制不同类型的记账凭证。如公司购入材料一批，材料已经验收入库，但是用银行存款结算了部分货款，剩余款项暂欠，就需要填制一张银行存款的付款凭证和一张转账凭证；再如，出差归来报销差旅费，原借款 3 000 元，实际花费 2 800 元，多余款项退回，需要填制一张库存现金的收款凭证和一张转账凭证。

4. 记账凭证的审核

为了保证会计信息的质量，在记账之前应由有关稽核人员对记账凭证进行严格的审核，审核的内容主要包括：记账凭证是否有原始凭证为依据，所附原始凭证或记账凭证汇总表的内容与记账凭证的内容是否一致；记账凭证各项目的填写是否齐全，如日期、凭证编号、摘要、会计科目、金额、所附原始凭证张数及有关人员签章等。

记账凭证的应借、应贷科目以及对应关系是否正确；记账凭证所记录的金额与原始凭证的有关金额是否一致，计算是否正确；记账凭证中的记录是否文字工整、数字清晰，是否按规定进行更正等；出纳人员在办理收款或付款业务后，是否已在原始凭证上加盖“收讫”或“付讫”的戳记。

【例 1 – 53　多选题】 对记账凭证审核的要求有（　　）。

A. 内容是否真实　　B. 书写是否规范　　C. 科目是否正确　　D. 金额是否正确

【答案】 ABCD

1.5.1.4 会计凭证的保管

会计凭证的保管是指会计凭证记账后的整理、装订、归档和存查工作。会计凭证作为记账的依据，是重要的会计档案和经济资料。本单位以及其他有关单位，可能因为各种需要查阅会计凭证，特别是发生贪污、盗窃、违法乱纪行为时，会计凭证还是依法处理的有效证据。因此，任何单位在完成经济业务手续和记账后，必须将会计凭证按规定的立卷归档制度形成会计档案资料，妥善保管，防止丢失，不得任意销毁，以便日后随时查阅。

会计凭证的保管要求如下所示。

（1）会计凭证应定期装订成册，防止散失。会计部门在依据会计凭证记账以后，应定期（每天、每旬或每月）对各种会计凭证进行分类整理，将各种记账凭证按照编号顺序，连同所附的原始凭证一起加具封面和封底，装订成册，并在装订线上加贴封签，由装订人员在装订线封签处签名或盖章。

从外单位取得的原始凭证遗失时，应取得原签发单位盖有公章的证明，并注明原始凭证的号码、金额、内容等，由经办单位会计机构负责人（会计主管人员）和单位负责人批准后，才能代作原始凭证。若确实无法取得证明的，如车票丢失，则应由当事人写明详细情况，由经办单位会计机构负责人（会计主管人员）和单位负责人批准后，代作原始凭证。

（2）会计凭证应加贴封条，防止抽换凭证。原始凭证不得外借，其他单位如有特殊原因确实需要使用时，经本单位会计机构负责人、会计主管人员批准，可以复制。向外单位提供的原始凭证复制件，应在专设的登记簿上登记，并由提供人员和收取人员共同签名或者盖章。

（3）原始凭证较多时，可单独装订，但应在凭证封面注明所属记账凭证的日期、编号和种类，同时在所属的记账凭证上应注明“附件另订”及原始凭证的名称和编号，以便查阅。对各种重要的原始凭证，如押金收据、提货单等，以及各种需要随时查阅和退回的单据，应另编目录，单独保管，并在有关的记账凭证和原始凭证上分别注明日期和编号。

（4）每年装订成册的会计凭证，在年度终了时可暂由单位会计机构保管一年，期满后应当移交本单位档案机构统一保管；未设立档案机构的，应当在会计机构内部指定专人保管。出纳人员不得兼管会计档案。

（5）严格遵守会计凭证的保管期限要求，期满前不得任意销毁。

1.5.2 会计账簿

1.5.2.1 会计账簿概述

会计账簿（简称“账簿”）是指由一定格式的账页组成的，以经过审核的会计凭证为依据，全面、系统、连续地记录各项经济业务的簿籍。

会计账簿和会计凭证都是记录经济业务的会计资料，但二者记录的方式不同。会计凭证对经济业务的记录是零散的，不能全面、连续、系统地反映和监督经济业务内容；会计账簿对经济业务的记录是分类、序时、全面、连续的，能够把分散在会计凭证中的大量核算资料加以集中，为经营管理提供系统、完整的核算资料。

设置和登记账簿，是编制财务报表的基础，是连接会计凭证和财务报表的中间环节（见图1－27）。

图 1－27　会计账簿在会计凭证和财务报表中间

资料来源：笔者根据相关资料编制。

实际工作中，由于各种会计账簿所记录的经济业务不同，账簿的格式也多种多样，但各种账簿都应具备以下基本内容：

（1）封面，主要用来标明账簿的名称，如总分类账、各种明细分类账、库存现金日记账、银行存款日记账等。

（2）扉页，主要用来列明会计账簿的使用信息，如科目索引、账簿启用和经管人员一览表等。

（3）账页，是账簿用来记录经济业务的主要载体，包括账户的名称、日期栏、凭证种类和编号栏、摘要栏、金额栏，以及总页次和分户页次等基本内容。

1.5.2.2　会计账簿的种类

会计账簿可以按照用途、账页格式、外形特征等进行分类。

1. 按用途分类

会计账簿按照用途，可以分为序时账簿、分类账簿和备查账簿。

（1）序时账簿。序时账簿，又称日记账，是按照经济业务发生时间的先后顺序逐日、逐笔登记的账簿。我国企业、行政事业单位中，库存现金日记账和银行存款日记账是应用比较广泛的日记账。其格式如图 1－28 和图 1－29 所示。

现 金 日 记 账

CASH　JOURNAL

第　　页

2022年 YEAR		凭证 字、号 VOUCHER No.	摘　要 DESCRIPION	对应科目 MATE ACCUNT	借方 DEBIT								贷方 CREDIT								余额 BALANCE							
月 MIH	日 DATE				十	万	千	百	十	元	角	分	十	万	千	百	十	元	角	分	十	万	千	百	十	元	角	分

图 1－28　库存现金日记账

资料来源：笔者根据相关资料编制。

银 行 存 款 日 记 账

CASH JOURNAL

开户银行________________ 第 页

账　　号________________

2022年 YEAR		凭证字、号 VOUCHER No.	摘要 DESCRIPION	对应科目 MATE ACCUNT	借方 DEBIT								贷方 CREDIT								余额 BALANCE							
月 MIH	日 DATE				十	万	千	百	十	元	角	分	十	万	千	百	十	元	角	分	十	万	千	百	十	元	角	分

图 1－29　银行存款日记账

资料来源：笔者根据相关资料编制。

（2）分类账簿。分类账簿是指按照分类账户设置登记的账簿。分类账簿是会计账簿的主体，也是编制财务报表的主要依据。账簿按其反映经济业务的详略程度，可分为总分类账簿和明细分类账簿。其中，总分类账簿，简称总账，是根据总分类账户开设的，总括地反映某经济活动；总分类账簿主要为编制财务报表提供直接数据资料，通常采用三栏式，其格式如图 1－30 所示。明细分类账簿，简称明细账，是根据明细分类账户开设的，用来提供明细的核算资料。明细分类账簿可采用的格式主要有三栏式明细账（格式与三栏式总分类账相同，见图 1－30）、数量金额式明细账（见图 1－31）等。

（3）备查账簿。备查账簿，又称辅助登记簿或补充登记簿，是指对某些在序时账簿和分类账簿中未能记载或记载不全的经济业务进行补充登记的账簿。例如，反映企业租入固定资产的“租入固定资产登记簿”、反映为其他企业代管商品的“代管商品物资登记簿”等。备查账簿只是对其他账簿记录的一种补充，与其他账簿之间不存在严密的依存和钩稽关系。

备查账簿根据企业的实际需要设置，没有固定的格式要求。

总 分 类 账
SUBSIDIARY　LEDGER

总账科目________________　　　　　　　　　　　　　　　　　　第　　页

年 YEAR		凭证字、号 VOUCHER No.	摘要 DESCRIPION	借方 DEBIT								贷方 CREDIT								借或贷	余额 BALANCE							
月 MIH	日 DATE			十	万	千	百	十	元	角	分	十	万	千	百	十	元	角	分		十	万	千	百	十	元	角	分

图 1－30　总分类账的三栏式账簿

资料来源：笔者根据相关资料编制。

库存商品　明细分类账
SUBSIDIARY　LEDGER

单位_____　规格________　品名________　　　　　　　　　　　　第　　页

2022年 YEAR		凭证字、号 VOUCHER No.	摘要 DESCRIPION	收入（借方）										贷方 CREDIT										余额 BALANCE									
				数量 QUANTITY	单价 UNIPRICE	金额 AMT								数量 QUANTITY	单价 UNIPRICE	金额 AMT								数量 QUANTITY	单价 UNIPRICE	金额 AMT							
月 MIH	日 DATE					十	万	千	百	十	元	角	分			十	万	千	百	十	元	角	分			十	万	千	百	十	元	角	分

图 1－31　数量金融式明细账

资料来源：笔者根据相关资料编制。

2. 按账页格式分类

会计账簿按照账页格式，主要分为三栏式账簿、多栏式账簿、数量金额式账簿。

（1）三栏式账簿。三栏式账簿是指设有借方、贷方和余额三个金额栏目的账簿。

三栏式的账页是最简单的一种格式，几乎适用于所有的账簿，金额栏最少应当分别设“借方”“贷方”和“余额”三个栏次。不同的账簿，记账要求即使不同，其格式也不外乎三栏式的变形。

现金日记账、银行存款日记账，资本类、债权债务类明细账，总分类账等，都可以采用三栏式账簿（见图1－30）。根据账簿摘要栏和借方金额栏之间是否设“对方科目”栏，又分为设对方科目和不设对方科目两种，前者称为设对方科目的三栏式账簿（见图1－31），后者称为不设对方科目的三栏式账簿，也称一般三栏式账簿。

（2）多栏式账簿。多栏式账簿是指在账簿的两个金额栏目（借方和贷方）按需要分设若干专栏的账簿。

按照专栏设置的具体位置，多栏式账簿又可以细分为借方多栏式账簿、贷方多栏式账簿和借贷方多栏式账簿三种形式。

①借方多栏式账簿是指账簿的借方金额栏分设若干专栏的多栏式账簿，一般适用于成本、费用明细账，如生产成本明细账、制造费用明细账等（见图1－32）。

制造费用明细账

明细科目 **第 页**

<table>
<tr><th colspan="2">年</th><th rowspan="2">凭证号码</th><th rowspan="2">摘　要</th><th colspan="5">借　方</th><th rowspan="2">贷方</th><th rowspan="2">余额</th></tr>
<tr><th>月</th><th>日</th><th>工资和福利费</th><th>折旧费</th><th>修理费</th><th>办公费</th><th>水电费</th></tr>
<tr><td></td><td></td><td></td><td></td><td></td><td></td><td></td><td></td><td></td><td></td><td></td></tr>
</table>

图1－32 制造费用明细账

资料来源：笔者根据相关资料编制。

②贷方多栏式账簿是指账簿的贷方金额栏分设若干专栏的多栏式账簿，一般适用于收入明细账，如主营业务收入明细账等。

③借贷方多栏式账簿是指账簿的借方金额栏和贷方金额栏分别分设若干专栏的多栏式账簿，最典型的适用对象是一般纳税人使用的应交增值税明细账。

（3）数量金额式账簿。数量金额式账簿是指在账簿的借方、贷方和余额三个栏目内，每个栏目再分设数量、单价和金额三小栏，借以反映财产物资的实物数量和价值量的账簿（见图1－31）。

3. 按外形特征分类

会计账簿按照外形特征，可以分为订本式账簿、活页式账簿、卡片式账簿。

（1）订本式账簿。订本式账簿，简称订本账，是在启用前将编有顺序页码的一定数量账页装订成册的账簿。

订本式账簿的优点是能防止账页散失和抽换账页；其缺点是不能准确为各账户预留账页，且在同一时间内只能由一人登记，不便于记账人员分工协作记账，欠灵活性。

因此，订本式账簿，一般适用于具有统驭性、重要性，只应该或只需要一个人登记的账簿，对于库存现金日记账、银行存款日记账以及总分类账一般都使用订本式账簿。

（2）活页式账簿。活页式账簿，简称活页账，是将一定数量的账页置于活页夹内，可根据记账内容的变化而随时增加或减少部分账页的账簿。活页式账簿的优点是记账时可以根据实际需要，随时将空白账页装入账簿，或抽去不需要的账页，便于分工记账；缺点是如果管理不善，可能会造成账页散失或故意抽换账页。活页式账簿一般适用于明细分类账。

（3）卡片式账簿。卡片式账簿，简称卡片账，是将一定数量的卡片式账页存放于专设的卡片箱中，可以根据需要随时增添账页的账簿。

采用这种账簿，灵活方便，可以使记录的内容详细具体，可以跨年度使用而无须更换账页，也便于分类汇总和根据管理的需要转移卡片，但这种账簿的账页容易散失和被抽换。因此，使用时，应在卡片上连续编号，以保证安全。

卡片式账簿一般适应于账页需要随着物资使用或存放地点的转移而重新排列的明细账，如固定资产明细分类账，一般采用卡片式。严格说来，卡片账也是一种活页账，不过它不是装在活页夹中，而是保存在卡片箱内。

在我国，企业一般只对固定资产的核算采用卡片账形式，也有少数企业在材料核算中使用材料卡片（见图1－33）。

固定资产卡片

单位名称：	
卡片编号：	
资产类别：□房屋建筑 □机械设备 □办公设备 □车辆 □其他	
资产编号：	资产名称：
品牌型号：	生产厂商：
购入日期：	启用日期：
使用状态：	存放地点：

使用记录

使用部门	使用人员	保管人员	领用日期	移交日期	备注：

备注：

固定资产卡片

类别：

名　称		资产编码	
规　格		建造单位	
单　位		购建年月	年　月　日
数　量		会计凭证	年　月　日
原　值	元	使用年限	年
重估值	元	年折旧率	%

使用记录　　　　　　　　大修记录

年	月	使 用 部 门	年	月	修 理 情 况

停用记录　　　　　　　　出售或报废记录

原　因	停用日期	起用日期	

图 1-33　固定资产卡片账

资料来源：笔者根据相关资料编制。

1.5.2.3　会计账簿的启用

启用会计账簿时，应当在账簿封面（见图 1-34）上写明单位名称和账簿名称，并在账簿扉页上附启用表（见表 1-19）。

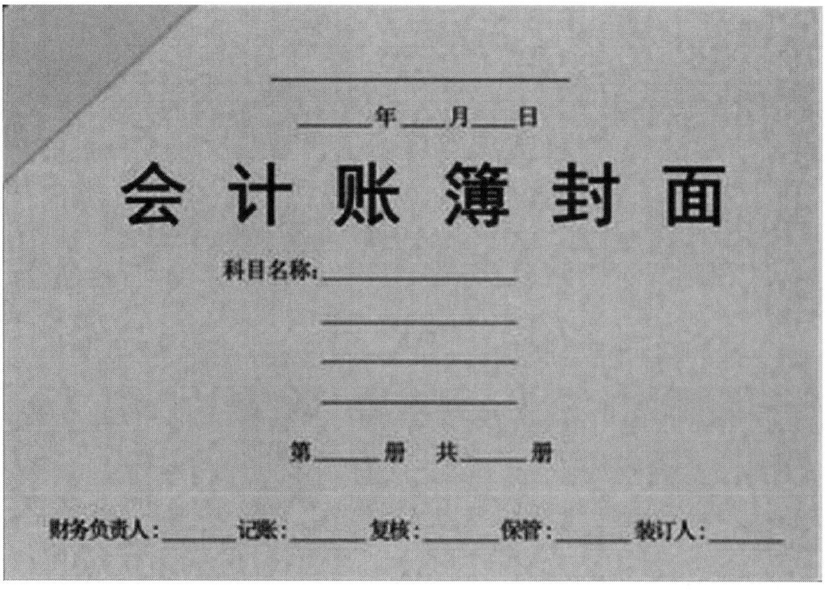

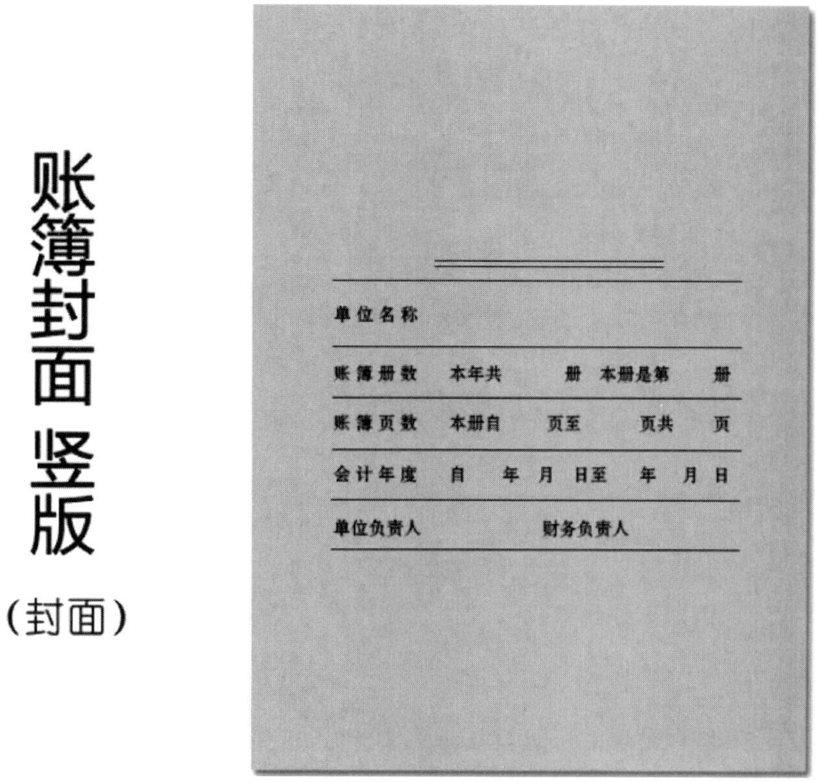

图 1－34 会计账簿封面

资料来源：笔者根据相关资料编制。

表 1－19　　　　账簿启用表

<table>
<tr><td colspan="3">单位名称</td><td colspan="8"></td><td>单位盖章</td></tr>
<tr><td colspan="3">账簿名称</td><td colspan="8"></td><td rowspan="7"></td></tr>
<tr><td colspan="3">账簿编号</td><td colspan="8">年 总 册 第 册</td></tr>
<tr><td colspan="3">账簿页数</td><td colspan="8"></td></tr>
<tr><td colspan="3">启用日期</td><td colspan="8"></td></tr>
<tr><td rowspan="3">经管人员</td><td colspan="3">负责人</td><td colspan="3">主办会计</td><td colspan="4">记账</td></tr>
<tr><td>职别</td><td>姓名</td><td>盖章</td><td>职别</td><td>姓名</td><td>盖章</td><td>职别</td><td>姓名</td><td colspan="2">盖章</td></tr>
<tr><td></td><td></td><td></td><td></td><td></td><td></td><td></td><td></td><td colspan="2"></td></tr>
<tr><td rowspan="7">交接记录</td><td rowspan="2">职别</td><td rowspan="2">姓名</td><td colspan="4">接管</td><td colspan="4">移交</td><td rowspan="2">印花税票粘贴处</td></tr>
<tr><td>年</td><td>月</td><td>日</td><td>盖章</td><td>年</td><td>月</td><td>日</td><td>盖章</td></tr>
<tr><td></td><td></td><td></td><td></td><td></td><td></td><td></td><td></td><td></td><td></td><td></td></tr>
<tr><td></td><td></td><td></td><td></td><td></td><td></td><td></td><td></td><td></td><td></td><td></td></tr>
<tr><td></td><td></td><td></td><td></td><td></td><td></td><td></td><td></td><td></td><td></td><td></td></tr>
<tr><td></td><td></td><td></td><td></td><td></td><td></td><td></td><td></td><td></td><td></td><td></td></tr>
<tr><td></td><td></td><td></td><td></td><td></td><td></td><td></td><td></td><td></td><td></td><td></td></tr>
</table>

资料来源：笔者根据相关资料编制。

启用订本式账簿应当从第一页到最后一页顺序编定页数，不得跳页、缺号。使用活页式账簿应当按账户顺序编号，并须定期装订成册，装订后再按实际使用的账页顺序编定页码，另加目录以便于记明每个账户的名称和页次。

为了保证账簿记录的正确性，必须根据审核无误的会计凭证登记会计账簿，并符合有关法律、行政法规和国家统一的会计制度的规定。

1.5.2.4 会计账簿的格式与登记方法

1. 日记账的格式与登记方法

日记账是按照经济业务发生或完成的时间先后顺序逐日逐笔进行登记的账簿。

（1）库存现金日记账的格式与登记方法。库存现金日记账是用来核算和监督库存现金日常收、付和结存情况的序时账簿。库存现金日记账的格式主要是三栏式，库存现金日记账必须使用订本账。

三栏式库存现金日记账是用来登记库存现金的增减变动及其结果的日记账。设借方、贷方和余额三个金额栏目，一般将其分别称为收入、支出和结余三个基本栏目。

三栏式库存现金日记账是由出纳人员根据库存现金收款凭证、库存现金付款凭证以及银行存款的付款凭证，按照库存现金收、付款业务和银行存款付款业务发生时间的先后顺序逐日逐笔登记。

（2）银行存款日记账的格式与登记方法。银行存款日记账是用来核算和监督银行存款每日的收入、支出和结余情况的账簿。银行存款日记账应按企业在银行开立的账户和币种分别设置，每个银行账户设置一本日记账。由出纳人员根据与银行存款收付业务有关的记账凭证，按时间先后顺序逐日逐笔进行登记。根据银行存款收款凭证和有关的库存现金付款凭证登记银行存款收入栏，根据银行存款付款凭证登记其支出栏，每日结出存款余额。

2. 总分类账的格式与登记方法

（1）总分类账的格式。总分类账是指按照总分类账户分类登记以提供总括会计信息的账簿。总分类账最常用的格式为三栏式，设有借方、贷方和余额三个金额栏目。

（2）总分类账的登记方法。总分类账的登记方法因登记的依据不同而有所不同。经济业务少的小型单位的总分类账可以根据记账凭证逐笔登记；经济业务多的大中型单位的总分类账可以根据记账凭证汇总表（又称科目汇总表）或汇总记账凭证等定期登记。

3. 明细分类账的格式与登记方法

明细分类账是根据有关明细分类账户设置并登记的账簿，一般采用活页式账簿、卡片式账簿。明细分类账一般根据记账凭证和相应的原始凭证来登记。

根据各种明细分类账所记录经济业务的特点，明细分类账的常用格式主要有以下 3 种：

（1）三栏式。三栏式账页是设有借方、贷方和余额三个栏目，用以分类核算各项经济业务，提供详细核算资料的账簿，其格式与三栏式总账格式相同。

（2）多栏式。多栏式账页是将属于同一个总账科目的各个明细科目合并在一张账页上进行登记，即在这种格式账页的借方或贷方金额栏内按照明细项目设若干专栏。这种格式适用于收入、成本、费用类账户的明细核算。

（3）数量金额式。数量金额式账页适用于既要进行金额核算又要进行数量核算的账户，如原材料、库存商品等存货账户，其借方（收入）、贷方（发出）和余额（结存）都分别设有数量、单价和金额三个专栏。

数量金额式账页提供了企业有关财产物资数量和金额收、发、存的详细资料，从而能加强财产物资的实物管理和使用监督，保证这些财产物资的安全完整。

4. 总分类账户与明细分类账户的平行登记

总分类账户与明细分类账户的关系：

（1）总分类账户是所属明细分类账户的统驭账户，对所属明细分类账户起着控制作用。

（2）明细分类账户则是总分类账户的从属账户，对其所隶属的总分类账户起着辅助作用。

（3）总分类账户及其所属明细分类账户的核算对象是相同的，它们所提供的核算资料互相补充，只有把二者结合起来，才能既总括又详细地反映同一核算内容。因此，总分类账户和明细分类账户必须平行登记。

总分类账户与明细分类账户平行登记的要点：

平行登记是指对所发生的每项经济业务都要以会计凭证为依据，一方面记入有关总分类账户，另一方面记入所属明细分类账户的方法。

总分类账户与明细分类账户平行登记的要点是：方向相同；期间一致；金额相等。

5. 会计账簿的登记要求

（1）登记会计账簿时，应当将会计凭证日期、编号、业务内容摘要、金额和其他有关资料逐项记入账内。账簿记录中的日期，应该填写记账凭证上的日期；以自制原始凭证（如收料单、领料单等）作为记账依据的，账簿记录中的日期应按有关自制凭证上的日期填列。

（2）为了保持账簿记录的持久性，防止涂改，登记账簿必须使用蓝黑墨水或碳素墨水书写，不得使用圆珠笔（银行的复写账簿除外）或者铅笔书写。以下情况可以使用红墨水记账：

- 按照红字冲账的记账凭证，冲销错误记录；
- 在不设借、贷等栏的多栏式账页中，登记减少数；
- 在三栏式账户的余额栏前，如未印明余额方向的，在余额栏内登记负数余额；
- 根据国家规定可以用红字登记的其他会计记录。

除上述情况外，不得使用红色墨水登记账簿。

（1）会计账簿应当按照连续编号的页码顺序登记。记账时发生错误或者隔页、缺号、跳行的，应在空页、空行处用红色墨水画对角线注销，或者注明“此页空白”或“此行空白”字样，并由记账人员和会计机构负责人（会计主管人员）在更正处签章。

（2）凡需要结出余额的账户，结出余额后，应当在“借或贷”栏目内注明“借”或“贷”字样，以示余额的方向：对于没有余额的账户，应在“借或贷”栏内写“平”字，并在“余额”栏“元”位处用“0”表示。库存现金日记账和银行存款日记账必须逐日结出余额。

（3）每一账页登记完毕时，应当结出本页发生额合计及余额，在该账页最末一行“摘要”栏注明“转次页”或“过次页”，并将这一金额记入下一页第一行有关金额栏内，该行“摘要”栏注明“承前页”，以保持账簿记录的连续性，便于对账和结账。

（4）账簿记录发生错误时，不得刮擦、挖补或用褪色药水更改字迹，而应采用规定的方法更正。

1.5.2.5 对账与结账

1. 对账

对账，是对账簿记录所进行的核对，也就是核对账目。对账工作一般在记账之后结账之前，即在月末进行。

2. 对账的内容

对账一般可以分为账证核对、账账核对和账实核对。

（1）账证核对。账证核对是指将账簿记录与会计凭证核对，核对账簿记录与原始凭证、记账凭证的时间、凭证字号、内容、金额等是否一致，记账方向是否相符，做到账证相符。

（2）账账核对。账账核对的内容主要包括：

①总分类账簿之间的核对；按照“资产＝负债＋所有者权益”这一会计等式和“有借必有贷，借贷必相等”的记账规则，总分类账簿各账户的期初余额、本期发生额和期末余额之间存在对应平衡关系，各账户的期末借方余额合计和贷方余额合计也存在平衡关系。通过这种等式平衡关系，可以检查总账记录是否正确、完整。

②总分类账簿与所辖明细分类账簿之间的核对；总分类账务账户的期末余额应与其所辖各明细分类账的期末余额之和核对相符。

③总分类账簿与序时账簿之间的核对；主要是指库存现金总账和银行存款总账的期末余额，与库存现金日记账和银行存款日记账的期末余额之间的核对。

④明细分类账簿之间的核对。例如，会计机构有关实物资产的明细账与财产物资保管部门或使用部门的明细账定期核对，以检查余额是否相符。核对方法一般是由财产物资保管部门或使用部门定期编制收发结存汇总表报会计机构核对。

（3）账实核对。账实核对是指各项财产物资、债权债务等账面余额与实有数额之间的核对。

账实核对的内容主要包括：

①库存现金日记账账面余额与库存现金实际库存数逐日核对是否相符；

②银行存款日记账账面余额与银行对账单的余额定期核对是否相符；

③各项财产物资明细账账面余额与财产物资的实有数额定期核对是否相符；

④有关债权债务明细账账面余额与对方单位的账面记录核对是否相符。

3. 结账

结账是将账簿记录定期结算清楚的会计工作。在一定时期结束时（如月末、季末或年末），为了编制财务报表，需要进行结账，具体包括月结、季结和年结。

结账的内容通常包括两个方面：

（1）结清各种损益类账户，并据以计算确定本期利润。

（2）结出各资产、负债和所有者权益账户的本期发生额合计和期末余额。

4. 结账的程序

（1）结账前，将本期发生的经济业务全部登记入账，并保证其正确性。对于发现的错误，应采用适当的方法进行更正。

（2）在本期经济业务全面入账的基础上，根据权责发生制的要求，调整有关账项，合理确定应计入本期的收入和费用。

（3）将各损益类账户余额全部转入“本年利润”账户，结平所有损益类账户。

（4）结出资产、负债和所有者权益账户的本期发生额和余额，并转入下期。

上述工作完成后，就可以根据总分类账和明细分类账的本期发生额和期末余额，分别进行试算平衡。

5. 结账的要点

（1）对不需按月结计本期发生额的账户，如各项应收、应付款明细账和各项财产物资明细账等，每次记账以后，都要随时结出余额，每月最后一笔余额是月末余额。月末结账时，只需要在最后一笔经济业务记录下面通栏划单红线，不需要再次结计余额。

（2）库存现金、银行存款日记账和需要按月结计发生额的收入、费用等明细账，每月结账时，要在最后一笔经济业务记录下面通栏划单红线，结出本月发生额和余额，在摘要栏内注明“本月合计”字样，并在下面通栏划单红线。

（3）对于需要结计本年累计发生额的明细账户，每月结账时，应在“本月合计”行下结出自年初起至本月末止的累计发生额，登记在月份发生额下面，在摘要栏内注明“本年累计”字样，并在下面通栏划单红线。12 月末的“本年累计”就是全年累计发生额，全年累计发生额下通栏划双红线。

（4）总账账户平时只需结出月末余额。年终结账时，为了总括地反映全年各项资金运动情况的全貌，核对账目，要将所有总账账户结出全年发生额和年末余额，在摘要栏内注明“本年合计”字样，并在合计数下通栏划双红线。

（5）年度终了结账时，有余额的账户，应将其余额结转下年，并在摘要栏注明“结转下年”字样；在下一会计年度新建有关账户的第一行余额栏内填写上年结转的余额，并在摘要栏注明“上年结转”字样，使年末有余额账户的余额如实地在账户中加以反映，以免混淆有余额的账户和无余额的账户。

1.5.2.6　错账更正的方法

在记账过程中，可能由于种种原因会使账簿记录发生错误。对于发生的账簿记录错误应当采用正确、规范的方法予以更正，不得涂改、挖补、刮擦或者用药水消除字迹，不得重新抄写。错账更正的方法一般有划线更正法、红字更正法和补充登记法三种。

1. 划线更正法

结账前发现账簿记录有文字或数字错误，而记账凭证没有错误，应当采用划线更正法。更正时，可在错误的文字或数字上画一条红线，在红线的上方填写正确的文字或数字，并由记账人员和会计机构负责人（会计主管人员）在更正处盖章，以明确责任，需要注意的是，更正时不得只划销错误数字，应将全部数字划销，并保持原有数字清晰可辨，以便审查。

例如，把“3 457”元误记为“8 457”元时，应将错误数字“8 457”全部用红线注销后，写上正确的数字“3 457”，而不是只删改一个“8”字。如记账凭证中的文字或数字发生错误，在尚未过账前，也可用划线更正法更正。

2. 红字更正法

红字更正法，是指用红字冲销原有错误的凭证记录及账户记录，以更正或调整账簿记录的一种方法。适用于以下两种情形：

（1）记账后发现记账凭证中的应借、应贷会计科目有错误所引起的记账错误。

更正方法：红字填写一张与原记账凭证完全相同的记账凭证，在摘要栏内注明“注销某月某日某号凭证”，并据以用红字登记入账，以示注销原记账凭证，然后用蓝字填写一张正确的记账凭证，并据以用蓝字登记入账。

（2）记账后发现记账凭证和账簿记录中应借、应贷会计科目无误，只是所记金额大于应记金额所引起的记账错误。

更正方法：按多记的金额用红字编制一张与原记账凭证应借、应贷科目完全相同的记账凭证，在摘要栏内明“冲销某月某日第 X 号记账凭证多记金额”，以冲销多记金额，并据以用红字登记入账。

3. 补充登记法

补充登记法，是指用蓝字补记金额，以更正原错误账簿记录的一种方法。

适用的情况：在记账后，发现记账凭证与账簿中所记金额小于应记金额，而科目对应关系无误时采用的一种更正方法。

更正方法：按少记的金额用蓝字填制一张与原记账凭证应借、应贷科目完全相同的记账凭证，在摘要栏内写明“补记某月某日第 X 号记账凭证少记金额”，以补充少记的金额，并据以用蓝字登记入账。

本章小结

1. 会计有核算和监督 2 个职能；
2. 会计核算的基础是权责发生制和收付实现制，企业一般用权责发生制，行政事业单位和非营利组织一般采用收付实现制；
3. 复式记账法记账；
4. 借贷记账法的原理是有借必有贷，借贷必相等式；
5. 会计科目主要分为资产类、负债类、所有者权益类、成本类、损益类和共同类等几类，是会计账户的名称；
6. 资产、费用、成本类账户的增加记在借方，负债、所有者权益、收入类账户的增加记在贷方；
7. 掌握借贷记账法下的试算平衡；
8. 错账更正的方法一般有划线更正法、红字更正法和补充登记法三种。

同步强化练习

一、单选题

1. 在会计信息的质量要求中，要求合理核算可能发生的费用和损失的要求是指（　　）。

A. 谨慎性原则　　B. 可比性原则　　C. 一贯性原则　　D. 配比原则

2. 不同企业发生的相同或相似的交易或者事项，应当采用规定的会计政策、确保会计信息口径一致，体现了（　　）要求。

A. 可靠性　　B. 可比性　　C. 可理解性　　D. 及时性

3. 企业对可能发生的各项资产损失计提资产减值或跌价准备，充分体现了（　　）的要求。

A. 权责发生制　　B. 实质重于形式　　C. 谨慎性　　D. 可靠性

4. 融资租入的固定资产视为承租企业的资产，体现了（　　）原则。

A. 可比性原则　　B. 可靠性　　C. 实质重于形式　　D. 谨慎性

5. 下列不属于会计核算环节的是（　　）。

A. 确认　　B. 审核　　C. 计量　　D. 记录

6. 会计科目是对（　　）的具体内容进行分类核算的项目。

A. 经济业务　　B. 会计主体　　C. 会计对象　　D. 会计要素

7. 科目按经济内容分类，属于损益类科目的是（　　）。

A. 生产成本　　B. 未分配利润　　C. 盈余公积　　D. 所得税费用

8. 某企业设置了“原材料—燃料—焦炭”会计科目，在此科目中，“燃料”属于（　　）。

A. 总分类科目　　B. 一级明细科目　　C. 二级明细科目　　D. 三级明细科目

9. 以下各项目属于会计科目的是（　　）。

A. 应收购货单位款项　　B. 应付销货单位款项

C. 本年利润　　D. 投入资本

10. 某一账户期初余额在贷方，期末余额在借方，表明（　　）。

A. 该账户的性质未变

B. 该账户已从期初的资产变为期末的负债

C. 该账户已从期初的负债变为期末的资产

D. 这种情况不可能出现

11. 会计科目与账户的本质区别在于（　　）。

A. 反映的经济内容不同　　B. 记录资产和权益的内容不同

C. 记录资产和权益的方法不同　　D. 会计账户有结构，而会计科目无结构

12. 符合资产类账户记账规则的是（　　）。

A. 增加记借方　　B. 增加记贷方　　C. 减少记借方　　D. 期末无余额

13. 费用（成本）类账户的借方登记（　　）。

A. 增加发生额　　B. 减少发生额

C. 增加或减少发生额　　D. 本期结转数

14. “预付账款”账户的期末余额等于（　　）。

A. 期初余额 + 贷方发生额 − 借方发生额

B. 期初余额 + 借方发生额 − 贷方发生额

C. 期初余额 + 贷方发生额 + 借方发生额

D. 期初余额 − 贷方发生额 − 借方发生额

15. 采用借贷记账法，账户的贷方应登记（　　）。

A. 资产增加，负债减少　　B. 资产增加，负债增加

C. 资产减少，负债减少　　D. 资产减少，负债增加

16. 应在账户借方核算的是（　　）。

A. 负债的增加额　　B. 所有者权益的增加额

C. 收入的增加额　　D. 资产的增加额

17. 根据借贷记账法的账户结构，在账户借方登记的是（　　）。

A. 费用的增加　　B. 收入的增加

C. 费用的减少　　D. 所有者权益的增加

18. 预收账款账户期初贷方余额为 18 000 元，本期贷方发生额为 16 000 元，本期借方发生额为 24 000 元，该账户期末余额为（　　）。

A. 借方 10 000 元　　B. 借方 26 000 元

C. 贷方 10 000 元　　D. 贷方 26 000 元

19. 预付账款账户期初余额为 18 000 元，本期贷方发生额为 16 000 元，本期借方发生额为 24 000 元，该账户期末余额为（　　）。

A. 借方 10 000 元　　B. 借方 26 000 元

C. 贷方 10 000 元　　D. 贷方 26 000 元

20. 负债类账户的期末余额根据（　　）计算。

A. 贷方期末余额 = 贷方期初余额 + 贷方本期发生额—借方本期发生额
B. 贷方期末余额 = 贷方期初余额 + 借方本期发生额—贷方本期发生额
C. 借方本期发生额 = 贷方期初余额 + 贷方本期发生额—贷方期末余额
D. 借方期末余额 = 借方期初余额 + 借方本期发生额—贷方本期发生额

21. “有借必有贷，借贷必相等” 的记账规则适用于（　　）。
A. 单式记账法　B. 收付记账法　C. 借贷记账法　D. 增减记账法

22. 下列属于发生额试算平衡公式的是（　　）。
A. 全部账户本期借方发生额合计 = 全部账户本期贷方发生额合计
B. 借方期初余额 + 借方本期发生额 - 贷方本期发生额 = 借方期末余额
C. 贷方期初余额 + 贷方本期发生额 - 借方本期发生额 = 贷方期末余额
D. 全部账户借方期末余额合计 = 全部账户贷方期末余额合计

23. 下列属于静态会计等式的是（　　）。
A. 收入 - 费用 = 利润　B. 资产 = 负债 + 所有者权益
C. 资产 = 负债 + 所有者权益 + 利润　D. 资产 = 负债 + 所有者权益 +（收入 - 费用）

24. 某企业 4 月初的资产总额为 150 000 元，负债总额为 50 000 元。4 月份发生下面两笔业务，取得收入共计 60 000 元，发生费用共计 40 000 元，则 4 月底该企业的所有者权益总额为（　　）元。
A. 120 000　B. 170 000　C. 160 000　D. 100 000

25. 某企业本期期初资产总额为 100 000 元，本期期末负债总额比期初减少 10 000 元，所有者权益比期初增加 30 000 元。该企业期末资产总额是（　　）元。
A. 90 000　B. 100 000　C. 120 000　D. 130 000

26. 某企业资产总额为 150 万元，当发生下列两笔经济业务后：（1）向银行借款 10 万元存入银行；（2）用银行存款偿还应付账款 15 万元，其权益总计为（　　）万元。
A. 145　B. 175　C. 155　D. 125

27. 某企业向银行借款 100 万元用于偿还前欠外单位货款，该项经济业务将引起企业（　　）。
A. 资产增加 100 万元　B. 负债增加 100 万元
C. 资产与负债同时增加 100 万元　D. 负债总额不变

28. 银行将短期借款 200 000 元转为对本公司的投资，则本公司的（　　）。
A. 负债减少，资产增加　B. 负债减少，所有者权益增加
C. 资产减少，所有者权益增加　D. 所有者权益内部一增一减

29. 在会计实务中，原始凭证按照填制手续及内容的不同，可以分为（　　）。
A. 外来原始凭证和自制原始凭证　B. 收款凭证、付款凭证和转账凭证
C. 一次凭证、累计凭证和汇总凭证　D. 通用凭证和专用凭证

30. 原始凭证审核的内容不包括（　　）。
A. 经济业务内容是否真实　B. 经济业务的发生时间是否合理
C. 经济业务是否有违法乱纪行为　D. 应借应贷方向是否正确

31. 原始凭证不得涂改，对于金额有错误的原始凭证，正确的处理方法是（　　）。
A. 由出具单位重开
B. 由出具单位在凭证上更正并由经办人员签名
C. 由出具单位在凭证上更正并由出具单位负责人签名
D. 由出具单位在凭证上更正并加盖出具单位印章

32. 将现金送存银行，应填制的记账凭证是（　　）。
A. 现金收款凭证　B. 现金付款凭证
C. 银行存款收款凭证　D. 银行存款付款凭证

33. 某会计人员在审核记账凭证时，发现误将 1 000 元写成 100 元，尚未入账，一般应（　　）改正。
A. 重新编制记账凭证　　B. 红字更正法
C. 补充登记法　　D. 划线更正法

34. 不符合记账凭证的基本要求的是（　　）。
A. 由会计人员根据审核无误的原始凭证编制，以保证其真实
B. 内容要准确、手续要完备，以保证其正确、完整
C. 编制要及时，以保证及时提供会计信息
D. 所有记账凭证后都附原始凭证

35. 企业购进原材料 10 000 元，款未付。该笔业务应编制的记账凭证是（　　）。
A. 收款凭证　　B. 付款凭证　　C. 转账凭证　　D. 以上均可

36. 销售商品一批，价格为 20 000 元，增值税 3 400 元，收到购货方开具的一张支票解交银行，应编制（　　）。
A. 现金收款凭证　　B. 银行存款收款凭证
C. 现金付款凭证　　D. 转账凭证

37. 下列（　　）账簿不可以采用三栏式账页登记。
A. 原材料明细账　　B. 应收账款总账
C. 应付账款总账　　D. 银行存款日记账

38. 库存现金日记账的账簿形式应该是（　　）。
A. 三栏式活页账簿　　B. 多栏式活页账簿
C. 两栏式订本序时账簿　　D. 三栏式订本序时账簿

39. 下列说法错误的是（　　）。
A. 银行存款日记账采用三栏式账簿　　B. 产成品明细账采用数量金额式账簿
C. 生产成本明细账采用三栏式账簿　　D. 管理费用明细账采用多栏式账簿

40. 在登记账簿过程中，每一账页的最后一行及下一页第一行都要办理转页手续，是为了（　　）。
A. 便于查账　　B. 防止遗漏
C. 防止隔页　　D. 保持记录的连续性

41. 登记账簿时，正确的做法是（　　）。
A. 文字或数字的书写一般占格距的 1/2
B. 书写可以使用蓝黑墨水、圆珠笔或铅笔
C. 现金日记账和银行存款日记账不用逐日结出余额
D. 发生的空行、空页一定要补充书写

42. 对账时，账实核对不包括（　　）。
A. 总账各账户的余额核对
B. 库存现金日记账账面余额与库存现金实际库存数的核对
C. 财产物资明细账账面余额与财产物资实存数的核对
D. 银行存款日记账账面余额与银行对账单的核对

43. 对账的内容不包括（　　）。
A. 证证核对　　B. 账证核对　　C. 账账核对　　D. 账实核对

44. 结账时，应当划通栏双红线的情形是（　　）。
A. 12 月末结出全年累计发生额后　　B. 各月末结出本年累计发生额后
C. 结出本季累计发生额后　　D. 结出当月发生额后

45. 采用划线更正法，是因为（　　），导致账簿记录错误。
A. 记账凭证上会计科目或记账方向错误

B. 记账凭证正确，在记账时发生错误
C. 记账凭证上会计科目或记账方向正确，所记金额大于应记金额
D. 记账凭证上会计科目或记账方向正确，所记金额小于应记金额

46. 红字更正法的适用范围是（　　）。
A. 记账凭证中会计科目或借贷方向正确，所记金额小于应记金额，导致账簿记录错误
B. 记账凭证中会计科目或借贷方向正确，所记金额大于应记金额，尚未登记入账
C. 记账凭证中会计科目或借贷方向错误，导致账簿记录错误
D. 记账凭证正确，登记账簿时发生文字或数字错误

47. 采用补充登记法，是因为（　　），导致账簿记录错误。
A. 记账凭证上会计科目错误或者借贷方向错误
B. 记账凭证正确但在登记账簿时发生文字或数字错误
C. 记账凭证上会计科目或记账方向正确，所记金额大于应记金额
D. 记账凭证上会计科目或记账方向正确，所记金额小于应记金额

二、多选题

1. 谨慎性原则要求会计人员在选择会计处理方法时（　　）。
A. 不高估资产　　B. 不低估负债
C. 预计任何可能的收益　　D. 确认一切可能发生的损失

2. 下列各项符合谨慎性要求的有（　　）。
A. 设置各种秘密准备　　B. 固定资产采用加速折旧法
C. 对存货计提存货跌价准备　　D. 对应收账款计提坏账准备

3. 下列各项关于会计核算和会计监督之间的关系说法正确的有（　　）。
A. 两者之间存在着相辅相成、辩证统一的关系
B. 会计核算是会计监督的基础
C. 会计监督是会计核算的保障
D. 会计核算和会计监督没有什么必然的联系

4. 下列各项中不属于会计基本职能的有（　　）。
A. 会计核算与会计预测　　B. 会计预算与会计决算
C. 会计核算与会计监督　　D. 会计分析与会计决策

5. 下列属于资产类科目的有（　　）。
A. 原材料　　B. 存货跌价准备
C. 预付账款　　D. 固定资产清理

6. 下列属于负债类科目的有（　　）。
A. 预收账款　　B. 应交税费
C. 交易性金融资产　　D. 资本公积

7. 科目按经济内容分类，属于所有者权益类科目的有（　　）。
A. 生产成本　　B. 未分配利润
C. 盈余公积　　D. 公允价值变动损益

8. 下列属于损益类科目的有（　　）。
A. 主营业务收入　　B. 本年利润　　C. 所得税费用　　D. 管理费用

9. 下列项目中，属于成本类科目的有（　　）。
A. 生产成本　　B. 其他业务成本　　C. 制造费用　　D. 累计折旧

10. 下列属于损益类科目的有（　　）。
A. 生产成本　　B. 主营业务成本　　C. 主营业务收入　　D. 营业外收入

11. 企业基本生产车间的一台大型设备出租给他人使用，对该设备计提折旧应记入的科目有（　　）。
A. 制造费用　　B. 累计折旧
C. 生产成本　　D. 其他业务成本
12. 会计账户反映的内容包括（　　）。
A. 会计要素的增加额　　B. 会计要素的减少额
C. 会计要素的期初余额　　D. 会计要素的期末余额
13. 账户中各项金额的关系可用（　　）表示。
A. 本期期初余额 = 上期期末余额
B. 本期期末余额 = 上期期初余额
C. 本期期末余额 = 本期增加发生额 + 本期减少发生额
D. 本期期末余额 = 期初余额 + 本期增加发生额 − 本期减少发生额
14. 下列符合借贷记账法记账规则的有（　　）。
A. 资产类账户增加记贷方，减少记借方
B. 负债类账户增加记贷方，减少记借方
C. 收入类账户增加记贷方，减少记借方
D. 费用类账户增加记贷方，减少记借方
15. 期末，余额在借方的账户有（　　）。
A. “生产成本”账户　　B. “盈余公积”账户
C. “长期待摊费用”账户　　D. “固定资产”账户
16. 下列账户中，期末余额应在贷方的有（　　）。
A. 预收账款　　B. 预付账款　　C. 应收账款　　D. 应付账款
17. 采用借贷记账法，账户的借方应登记（　　）。
A. 资产增加，负债减少　　B. 资产减少，负债增加
C. 收入的增加，费用的减少　　D. 收入的减少，费用的增加
18. 应在账户贷方核算的有（　　）。
A. 负债的增加额　　B. 所有者权益的增加额
C. 收入的增加额　　D. 资产的增加额
19. 在借贷记账法下，账户的结构特点有（　　）。
A. 资产借方记增加，贷方记减少，余额在借方
B. 负债贷方记增加，借方记减少，余额在贷方
C. 收入借方记增加，贷方记减少，一般无余额
D. 费用贷方记增加，借方记减少，一般无余额
20. 期末，余额在贷方的账户有（　　）。
A. “生产成本”账户　　B. “盈余公积”账户
C. “预收账款”账户　　D. “营业外收入”账户
21. 负债类账户的记账规则有（　　）。
A. 增加记借方　　B. 增加记贷方　　C. 减少记贷方　　D. 减少记借方
22. 下列符合借贷记账规则的有（　　）。
A. 资产类账户增加记贷方，减少记借方
B. 负债类账户增加记贷方，减少记借方
C. 收入类账户增加记贷方，减少记借方
D. 费用类账户增加记借方，减少记贷方
23. 期末一般有余额的账户有（　　）。

A. 资产类账户　　B. 成本类账户　　C. 损益类账户　　D. 负债类账户

24. 一个完整的会计分录应包括（　　）。

A. 账户名称　　B. 记账符号　　C. 记账方向的符号　　D. 记账的金额

25. 关于会计分录，下列说法中正确的有（　　）。

A. 会计分录主要包括三个要素：会计科目、记账方向的符号、金额

B. 一借一贷的会计分录为简单会计分录

C. 一借多贷、多借一贷、多借多贷的会计分录为复合会计分录

D. 可以把反映不同类型经济业务的不相关联的简单会计分录合并而编制多借多贷的复合分录

26. 下列属于试算平衡公式的有（　　）。

A. 全部账户本期借方发生额合计 = 全部账户本期贷方发生额合计

B. 借方期初余额 + 借方本期发生额 - 贷方本期发生额 = 借方期末余额

C. 贷方期初余额 + 贷方本期发生额 - 借方本期发生额 = 贷方期末余额

D. 全部账户借方期末余额合计 = 全部账户贷方期末余额合计

27. 关于试算平衡法的下列说法正确的有（　　）。

A. 包括发生额试算平衡法和余额试算平衡法

B. 试算不平衡，表明账户记录肯定有错误

C. 试算平衡了，说明账户记录一定正确

D. 理论依据是“有借必有贷、借贷必相等”

28. 下列错误不会影响借贷双方的平衡关系的有（　　）。

A. 漏记整笔经济业务　　B. 重记整笔经济业务

C. 相互记串借贷方向　　D. 借贷错误巧合，正好抵销

29. 某企业 5 月末编制的试算平衡表如下：

单位：元

账户名称	期初余额		本期发生额		期末余额	
	借方	贷方	借方	贷方	借方	贷方
银行存款	20 000		50 000		70 000	
固定资产	80 000		①		②	
原材料	50 000		40 000		90 000	
应付账款				40 000		40 000
实收资本		150 000		80 000		230 000
合计	150 000	150 000		120 000		270 000

资料来源：笔者根据相关资料编制。

则下列计算正确的有（　　）。

A. ① = 120 000 - 50 000 - 40 000 = 30 000

B. ① = 150 000 - 120 000 = 30 000

C. ② = 80 000 + 30 000 - 0 = 110 000

D. ② = 270 000 - 70 000 - 90 000 = 110 000

30. 下列各项中，以“资产 = 负债 + 所有者权益”这一会计恒等式为理论依据的有（　　）。

A. 平行登记　　B. 复式记账

C. 编制资产负债表　　　　　　　　　　D. 成本计算

31. 下列经济业务中（　　）的发生不会使“资产 = 负债 + 所有者权益”这一会计等式左右双方的总额发生变动。

A. 用资本公积转增实收资本　　　　　B. 从银行提取现金

C. 赊购固定资产　　　　　　　　　　D. 用银行存款归还短期借款

32. 对原始凭证审核的内容包括（　　）。

A. 审核真实性　　B. 审核合理性　　C. 审核正确性　　D. 审核完整性

33. 下列经济业务中，应填制付款凭证的有（　　）。

A. 提现金备用　　　　　　　　　　　B. 购买材料预付定金

C. 购买材料未付款　　　　　　　　　D. 以存款支付前欠某单位账款

34. 下列账簿中不能采用卡片式账簿的有（　　）。

A. 现金日记账　　B. 固定资产账　　C. 总分类账　　D. 明细分类账

35. 可以用三栏式明细分类核算的有（　　）。

A. 管理费用　　B. 预收账款　　C. 应收账款　　D. 主营业务收入

36. 可以用多栏式明细分类核算的有（　　）。

A. 管理费用　　B. 实收资本　　C. 生产成本　　D. 原材料

37. 在会计账簿登记中，可以用红色墨水记账的有（　　）。

A. 更正会计科目和金额同时错误的记账凭证

B. 登记减少数

C. 未印有余额方向的，在余额栏内登记相反方向数额

D. 更正会计科目正确但金额多记的记账凭证

三、判断题

1. 会计是以人民币为唯一计量单位，核算和监督一个单位经济活动的经济管理工作。（　　）

2. 会计主体一定是法律主体，法律主体一定是会计主体。（　　）

3. 根据权责发生制会计基础的要求，收入的归属期间应是收到收入的会计期间，费用的归属期间应是支付费用的会计期间。（　　）

4. 会计要素为企业财务会计报表构筑了基本框架，因而会计要素也可以成为会计报表要素。（　　）

5. 会计核算的可比性要求是指会计核算方法前后各期应当保持一致，不得随意变更。（　　）

6. 管理费用和制造费用一样，都属于成本类科目。（　　）

7. 会计账户的各项金额的关系可用“本期期末余额 = 本期期初余额 + 本期借方发生额 − 本期贷方发生额”表示。（　　）

8. 在我国，会计科目的名称、编号及其使用说明，主要是通过国家统一会计制度来进行规范的。（　　）

9. 账户的基本结构是由会计要素的数量变化情况决定的，从数量上看不外乎增加和减少两种情况。（　　）

10. 会计科目是设置会计账户依据，是会计账户的名称。因此，会计科目与会计账户一样具有一定的结构，用于反映会计要素的增减变动情况和结果。（　　）

11. 由于会计账户是根据会计科目设置的，会计科目就是账户的名称，因此，会计科目和账户在数量、名称、结构上是完全一致的。（　　）

12. 为了满足管理的需要，企业会计账户的设置越细越好。（　　）

13. 会计科目是依据账户设置的，因而反映的经济业务是相同的。（　　）

14. 期末，期间费用的各账户期末结转入“本年利润”账户后应无余额。（　　）

15. 负债类账户进行期末试算平衡时，全部负债类账户的本期借方发生额合计必须等于其本期贷方发

生额合计。 ( )

16. “收入－费用＝利润”这一会计等式，是复式记账法的理论基础，也是编制资产负债表的依据。 ( )

17. 采用累计原始凭证可以减少凭证的数量和记账的次数。 ( )

18. 转账凭证只登记与货币资金收付无关的经济业务。 ( )

19. 任何会计凭证都必须经过有关人员的严格审核，确认无误后，才能作为记账的依据。 ( )

20. 原始凭证和记账凭证都是具有法律效力的证明文件。 ( )

21. 每年装订成册的会计凭证，在年度终了时可暂由单位会计机构保管一年，期满后应当移交本单位档案机构统一保管。 ( )

22. 会计凭证应定期装订成册，加具封面，归档保管。 ( )

23. 备查账也称辅助账，与其他账簿之间不存在相互依存和钩稽关系。 ( )

24. 出纳人员在办理收款或付款业务后，应在凭证上加盖“收讫”或“付讫”的戳记。 ( )

25. 为便于管理，“应收账款”“应付账款”的明细账必须采取多栏式明细分类账。 ( )

26. 总分类账必须采用订本式的三栏式账户。 ( )

27. 一般情况下，不允许编制多借多贷会计分录。 ( )

参考答案及解析

一、单选题

1. **【答案】** A

【解析】 考查会计核算的信息质量要求。

2. **【答案】** B

3. **【答案】** C

【解析】 谨慎性要求的应用：企业定期或至少于年度终了对可能发生的各项资产的损失计提减值准备；企业对固定资产采用加速折旧法。

4. **【答案】** C

5. **【答案】** B

【解析】 审核属于会计监督。

6. **【答案】** D

【解析】 考查会计科目的定义。会计科目是对会计要素的具体内容进行分类核算的项目、标志或名称。

7. **【答案】** D

【解析】 损益类科目包括收入和费用类科目，所得税费用属于损益类科目，生产成本属于成本类科目，未分配利润、盈余公积属于所有者权益类科目。

8. **【答案】** C

【解析】 本题考核会计科目的明细核算。

9. **【答案】** C

【解析】 A 选项是“应收账款”科目核算内容的简要概括；B 选项是“应付账款”科目核算内容的简要概括；D 选项是“实收资本”或“长期股权投资”等的简要概括。

10. **【答案】** C

【解析】 账户的左右两方，一方登记增加，一方登记减少。期初与期末余额的方向相反，账户的性质必定已发生了变化。借贷记账法下，余额从贷方变到借方，自然是从负债变到了资产，这种情况在有些账户中是完全可能出现的。

11. **【答案】** D

【解析】 会计科目和账户口径一致、内容相同，所不同之处在于账户有结构和格式，而会计科目没有。

因此，D 选项正确。

12. 【答案】A

【解析】资产的记账规则：借加，贷减，余额在借方。

13. 【答案】A

【解析】本题考核账户的内容。费用（成本）类账户借方登记增加发生额、贷方登记减少发生额。

14. 【答案】B

【解析】本题考核账户的核算内容。“预付账款”账户的期末余额 = 初期余额 + 借方发生额—贷方发生额。

15. 【答案】D

【解析】资产的记账规则：借加，贷减，余额在借方。负债的记账规则：贷加，借减，余额在贷方。

16. 【答案】D

【解析】应在账户借方核算的有：资产的增加、负债的减少、所有者权益的减少、收入的减少、费用的增加。

17. 【答案】A

【解析】应在账户借方核算的有：资产的增加、负债的减少、所有者权益的减少、收入的减少、费用的增加。

18. 【答案】C

【解析】预收账款属于负债，贷方发生额是增加，借方发生额是减少，所以预收账款的期末余额（贷方）= 18 000 + 16 000 − 24 000 = 10 000（元）。

19. 【答案】B

20. 【答案】A

21. 【答案】C

【解析】借贷记账法的记账原则：有借必有贷，借贷必相等。

22. 【答案】A

【解析】选项 D，属于期末余额的试算平衡公式。

23. 【答案】B

【解析】第一会计等式是静态等式。

24. 【答案】A

【解析】收入会导致所有者权益增加，费用会导致所有者权益减少。4 月底所有者权益总额 = (150 000 − 50 000) + (60 000 − 40 000) = 120 000（元）。

25. 【答案】C

【解析】根据资产 = 负债 + 所有者权益，期末资产 = 100 000 + (30 000 − 10 000) = 120 000（元）。

26. 【答案】A

【解析】权益包括债权人权益和所有者权益，而且有如下关系：资产总额 = 权益总额。所以可得，150 + 10 − 15 = 145（万元）。

27. 【答案】D

【解析】向银行借款 100 万元，使企业资产和负债同时增加 100 万元。将借入款项用于偿还前欠外单位货款，使企业资产与负债同时减少 100 万元。这里要注意这两个行为的连带关系。二者结合起来看，该业务使企业资产总额没有变化，负债总额也没变化，变化的仅是债权人，由外单位变成了银行。

28. 【答案】B

【解析】短期借款属于负债，对公司投资属于所有者权益。因此，银行将短期借款转为对公司的投资，必然使公司的负债减少，同时使所有者权益增加。

29. 【答案】C

【解析】原始凭证按照不同的标准可以进行不同的分类，按照填制手续及内容的不同可以分为一次凭证、累计凭证和汇总凭证。

30. 【答案】D

【解析】原始凭证审核的内容包括：真实性的审查、合法性的审查、合理性的审查、完整性的审查、正确性的审查。

31. 【答案】A

【解析】原始凭证记载的各项内容均不得涂改。对金额有错误的原始凭证应当由出具单位重开，不得在原始凭证上更正。

32. 【答案】B

【解析】对于涉及“现金”和“银行存款”之间的经济业务，如将现金存入银行或从银行提取现金，为了避免重复记账，一般只编制付款凭证，不编制收款凭证。

33. 【答案】A

【解析】由于尚未入账，所以只需重新编制记账凭证。选项 B、C、D 均属于因多种原因发生账簿记录错误时的更正方法。

34. 【答案】D

【解析】结账和更正错误的记账凭证可以不附原始凭证，其他记账凭证必须附有原始凭证。

35. 【答案】C

【解析】由于购进材料未发生付款业务，显然应该编制转账凭证。

36. 【答案】B

【解析】销售商品取得收入，而且将支票解交银行，所以应编制银行存款收款凭证。

37. 【答案】A

38. 【答案】D

【解析】库存现金日记账和银行存款日记账为序时账簿。

39. 【答案】C

【解析】生产成本明细账应采用多栏式账簿。

40. 【答案】D

【解析】这样做是为了保持记录的连续性，避免意外及人为因素使账务资料不全。

41. 【答案】A

【解析】登记账簿要求：使用蓝黑墨水或者碳素墨水书写，不得使用圆珠笔或铅笔书写；现金日记账和银行存款日记账必须逐日结出余额，如果发现空行、空页划线注销或者注明“此行空白”“此页空白”字样，并由记账人员签名或者盖章。

42. 【答案】A

【解析】账实核对包括库存现金日记账账面余额与库存现金实际库存数的核对、财产物资明细账账面余额与财产物资实存数的核对、银行存款日记账账面余额与银行对账单的核对、有关债权债务明细账账面余额与对方单位账面记录的核对。

43. 【答案】A

【解析】对账的内容包括账证核对、账账核对和账实核对。

44. 【答案】A

【解析】结账时全年累计发生额下面应当通栏划双红线。

45. 【答案】B

【解析】划线更正法的适用范围：结账前发现的账簿记录有误。即记账凭证正确，但在登记账簿时发生文字或数字错误。

46. 【答案】C

【解析】红字更正法适用于记账后在当年内发现记账凭证所记的会计科目错误，或者会计科目无误而所记金额大于应记金额，从而引起的记账错误。

47. 【答案】D

二、多选题

1. 【答案】AB

【解析】谨慎性也称稳健性或审慎性，是指企业在进行会计核算时，应当保持必要的谨慎，不得多计资产或收益、少计负债或费用，但不得计提秘密准备。

2. 【答案】BCD

【解析】谨慎性要求的应用：企业定期或至少于年度终了对可能发生的各项资产损失计提减值准备；企业对固定资产采用加速折旧法。

3. 【答案】ABC

【解析】两者关系：

对经济业务活动进行监督的前提是正确地进行会计核算，相关而可靠的会计资料是会计监督的依据；同时，也只有搞好会计监督，保证经济业务按规定进行、达到预期的目的，才能真正发挥会计参与管理的作用。

4. 【答案】ABD

【解析】会计基本职能包括会计核算与会计监督。

5. 【答案】ABCD

6. 【答案】AB

7. 【答案】BC

8. 【答案】ACD

【解析】损益类科目包括收入和费用类科目，不包括利润科目，利润科目属于所有者权益类科目。

9. 【答案】AC

10. 【答案】BCD

【解析】损益类科目是用来反映企业收入和费用的科目。如“主营业务收入”“主营业务成本”“其他业务收入”“其他业务成本”“营业外收入”“营业外支出”。

11. 【答案】BD

【解析】本题考核计提折旧核算。设备出租给他人使用，计提折旧应计入其他业务成本科目和累计折旧科目。

12. 【答案】ABCD

【解析】账户是根据会计科目设置的、具有一定格式和结构、用以分类反映会计要素增减变动情况及其结果的载体，因此账户必然包括会计要素的期初余额、会计要素的增加额、会计要素的减少额和会计要素的期末余额。

13. 【答案】AD

14. 【答案】BC

【解析】资产的记账规则：借加，贷减，余额在借方。负债的记账规则：贷加，借减，余额在贷方。收入的记账规则：贷加，借减，期末无余额。费用的记账规则：借加，贷减，期末无余额。

15. 【答案】ACD

【解析】期末，余额在借方的账户有资产和成本类账户。固定资产、长期待摊费用属于资产类账户，生产成本属于成本类账户。

16. 【答案】AD

【解析】期末余额应在贷方的是负债和所有者权益。预收账款、应付账款属于负债，期末余额在贷方。预付账款、应收账款属于资产，期末余额在借方。

17.【答案】AD

18.【答案】ABC

19.【答案】AB

20.【答案】BC

21.【答案】BD

【解析】在负债类账户中，负债的增加记录在账户的贷方，负债的减少记录在账户的借方。

22.【答案】BCD

【解析】资产类账户增加记借方，减少记贷方。

23.【答案】ABD

24.【答案】ACD

【解析】记账符号是记账凭证中的一个标记。

25.【答案】ABC

26.【答案】AD

27.【答案】ABD

28.【答案】ABCD

29.【答案】ACD

【解析】考查会计账户四个金额要素的关系式及试平衡法的计算公式。

（1）期末余额 = 期初余额 + 本期增加发生额 − 本期减少发生额

（2）全部账户本期借方发生额合计 = 全部账户本期贷方发生额合计

（3）全部账户的借方期初余额合计 = 全部账户的贷方期初余额合计

（4）全部账户的借方期末余额合计 = 全部账户的贷方期末余额合计

30.【答案】BC

31.【答案】AB

【解析】要满足"资产 = 负债 + 所有者权益"这一会计等式左右双方的总额保持不变，必须是左方或右方内部一增一减。符合这一要求的只有 A、B 两项。

32.【答案】ABCD

33.【答案】ABD

【解析】付款凭证是指用于记录现金和银行存款付款业务的记账凭证。题中选项 C 未发生付款业务，选项 A、B、D 均发生了付款业务。

34.【答案】ACD

【解析】卡片账是一种活页账，在我国，企业一般只对固定资产的核算采用卡片账形式。

35.【答案】BC

【解析】三栏式明细分类账格式适合于那些只需要进行金额核算的债权债务类账户的明细核算。

36.【答案】AC

【解析】可以用多栏式明细分类核算的是：生产成本、管理费用、营业外收入、利润分配。

37.【答案】ACD

【解析】红色墨水记账在会计有特定的含义，一般只有用红字更正错账时使用，以及在未印有余额方向的账簿中在余额栏内登记相反方向数额时使用。

三、判断题

1.【答案】×

【解析】会计是以货币为主要计量单位，反映和监督一个单位经济活动的一种经济管理工作。货币是主要计量单位，不是唯一的计量单位，而且人民币不是唯一的货币计量单位。

2.【答案】×

3. 【答案】 ×

4. 【答案】 √

5. 【答案】 √

6. 【答案】 ×

【解析】管理费用不能对象化，只能按一定比例在各部门之间进行分配，因此不能直接计入成本，也就不属于成本类科目，只能作为期间费用处理。

7. 【答案】 ×

8. 【答案】 √

【解析】题中表述正确。同时也要知道，随着社会经济环境的不断变化，会计主体业务的不断发展，在保证提供统一核算指标，满足国家宏观管理要求的前提下，会计主体可以根据实际情况，灵活地对已制定和使用的会计科目及其内容做必要的修改、兼并和增补。

9. 【答案】 √

【解析】表述正确。因为账户反映的是会计要素的增减变动，因此从数量上看，不是增加就是减少。

10. 【答案】 ×

【解析】账户有自己的格式或结构，可用来连续、系统、全面地记录反映某种经济业务的增减变化及其结果。会计科目仅仅是账户的名称，不存在结构。

11. 【答案】 ×

【解析】会计科目和账户是两个不同的概念。会计科目仅仅是账户的名称，用以标明该科目所核算的经济内容，不存在结构；而账户则具有一定的记录格式和结构，能够对经济业务的发生情况进行完整、连续的记录。

12. 【答案】 ×

【解析】会计科目的设置也应该考虑成本效益原则，如果企业会计账户的设置过细，则会带来较高的管理成本，因此，企业会计账户的性质和类型应根据具体情况来确定。

13. 【答案】 ×

【解析】会计科目是账户的名称，也是设置账户的依据。账户是科目的具体应用。题中的表述将二者关系颠倒了。

14. 【答案】 √

15. 【答案】 ×

16. 【答案】 ×

【解析】“资产 = 负债 + 所有者权益”这一会计恒等式，是复式记账法的理论基础，也是编制资产负债表的依据。

17. 【答案】 ×

【解析】累计凭证是指在一定时期内多次记录发生的同类型经济业务的原始凭证。可见累计凭证是多次有效的原始凭证。它可以减少原始凭证的数量。但使用累计原始凭证并不必然减少记账凭证的数量，而登账的依据一般情况下与记账凭证的关系更直接，所以累计凭证与记账的次数并无直接关系。

18. 【答案】 √

【解析】记录货币资金收付业务分别由收款凭证、付款凭证承担，转账凭证用于记录不涉及现金和银行存款的业务。这样划分，有利于区别不同经济业务进行分类管理，有利于紧急业务的检查。

19. 【答案】 √

20. 【答案】 √

【解析】原始凭证和记账凭证记录了企业或其他单位的经济业务发生和完成情况，因此具有法律效力。

21. 【答案】 √

22. 【答案】 √

【解析】 会计凭证装订成册，是为了防止散失；加具封面是为了便于查阅；归档保管是将其作为历史资料进行保管。

23. **【答案】** √

【解析】 备查账簿与序时账簿和分类账簿相比，存在两点不同之处：一是登记依据可能不需要记账凭证，甚至不需要一般意义上的原始凭证；二是账簿的格式和登记方法不同，备查账簿的主要栏不记录金额，它更注重用文字来表达某项经济业务的发生情况。

24. **【答案】** √

【解析】 这样做是为了避免重复收款或付款。

25. **【答案】** ×

【解析】 为便于管理，“应收账款”“应付账款”的明细账适合于三栏式明细分类账。

26. **【答案】** √

【解析】 总分类账因为总括地反映某一类经济业务的增减变动情况，因此需要用金额进行反映，必须采用订本式的三栏式账户。

27. **【答案】** ×

【解析】 允许存在复合会计分录。

第 2 章

税收基础知识

学习目标

◆ 了解和熟悉税收的基础知识

◆ 知道我国的税收法律关系和税法体系

◆ 掌握税收的 4 个基本原则和 6 个税法适用原则

◆ 熟悉税法包含的要素有哪些

本章思维导图

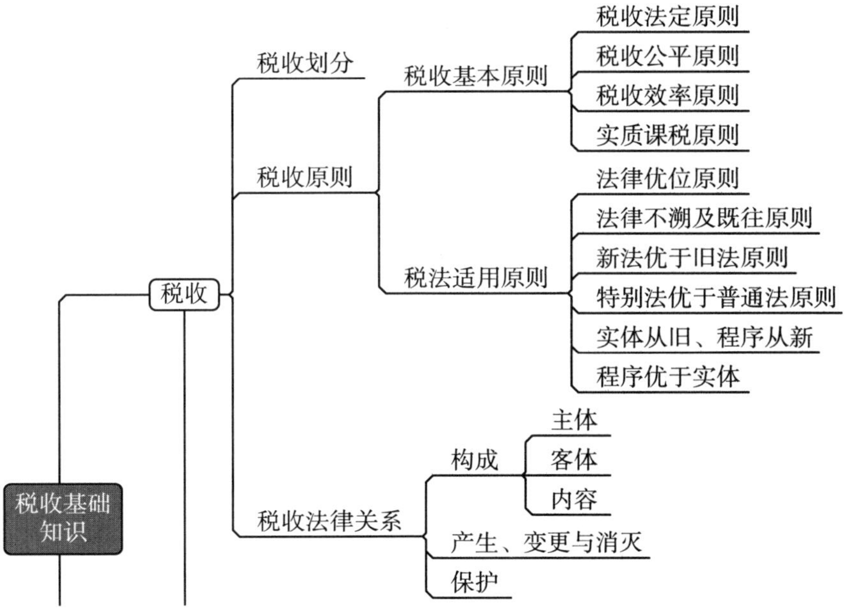

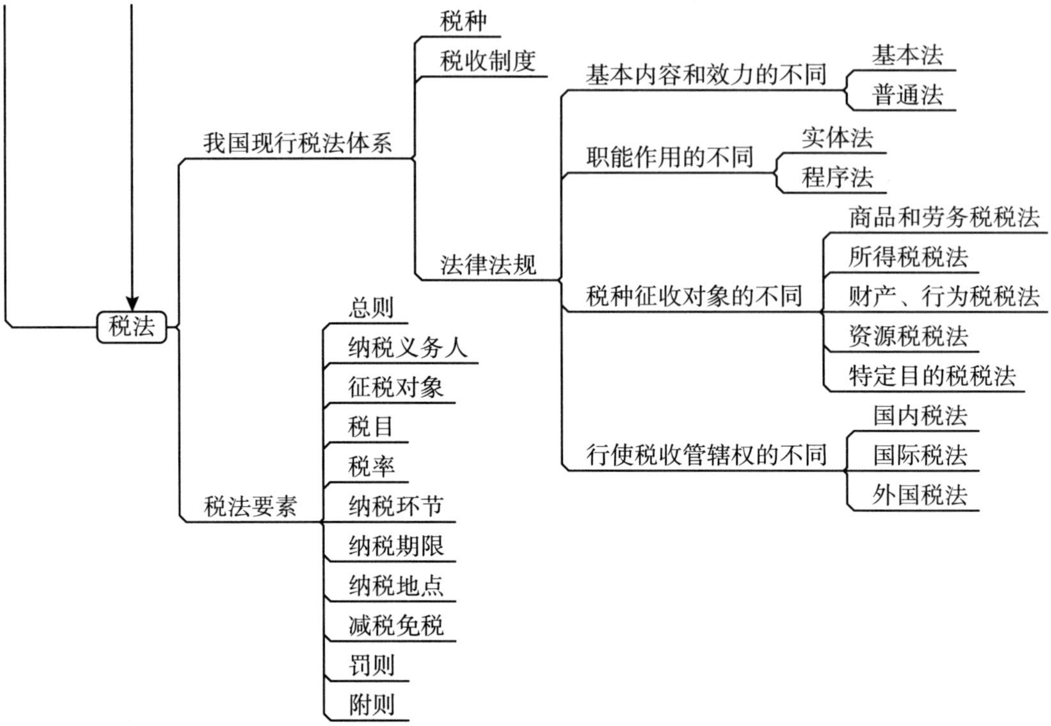

2.1 税法相关概念

2.1.1 税收与税法

税收是政府为了满足社会公共需要，凭借政治权力，强制、无偿地取得财政收入的一种形式。税收的特征在于：税收是国家取得财政收入的一种重要工具，其本质是一种分配关系；国家征税的依据是政治权力，它有别于按生产要素进行的分配；国家课征税款的目的是满足社会公共需要。

税法是国家制定的用以调整国家与纳税人之间在征纳税方面的权利及义务关系的法律规范的总称。税法构建了国家及纳税人依法征税、依法纳税的行为准则体系，其目的是保障国家利益和纳税人的合法权益，维护正常的税收秩序，保证国家的财政收入。

税法具有义务性法规和综合性法规的特点。首先，从法律性质上看，税法属于义务性法规，以规定纳税人的义务为主。税法属于义务性法规，并不是指税法没有规定纳税人的权利，而是指纳税人的权利是建立在其纳税义务的基础之上，处于从属地位。税法从属义务性法规的这一特点是由税收的无偿性和强制性特点所决定的。税法的义务性、强制性，不仅有国家权力作为后盾，而且有一系列的制度措施作保障；税法作为强制性规范，即对于一切满足税收要素的纳税人，均应根据税法缴纳税款，而不允许行政机关与纳税人之间达成默契变动法定纳税义务的内容。其次，税法的另一特点是具有综合性。它是由一系列单行税收法律法规及行政规章制度组成的体系，其内容涉及课税的基本原则、征纳双方的权利和义务、税收管理规则、法律责任、解决税务争议的法律规范等。税法的综合性特点是由税收制度所调整的税收分配关系和税收法律关系的复杂性所决定的。

税法体现为法律这一规范形式，是税收制度的核心内容。一国税收制度是在税收分配活动中税收征纳双方所应遵守的行为规范的总和。其内容主要包括各税种的法律法规以及为了保证这些税法得以实施的税收征管制度和税收管理体制。税法的本质是正确处理国家与纳税人之间因税收而产生的税收法律关系和社会关系，既要保证国家税收收入，也要保护纳税人的权利，两者缺一不可。

2.1.2 税收法律关系

税收法律关系是税法所确认和调整的国家与纳税人之间、国家与国家之间以及各级政府之间在税收分配过程中形成的权利与义务关系。国家征税与纳税人纳税形式上表现为利益分配的关系，但经过法律明确其双方的权利与义务后，这种关系实质上已上升为一种特定的法律关系。

2.1.2.1 税收法律关系的构成

税收法律关系在总体上与其他法律关系一样，都是由税收法律关系的主体、客体和内容三方面构成的，但在三方面的内涵上，税收法律关系又具有一定的特殊性。

1. 税收法律关系的主体

法律关系的主体是指法律关系的参加者。税收法律关系的主体即税收法律关系中享有权利和承担义务的当事人。在我国，税收法律关系的主体包括征纳双方，一方是代表国家行使征税职责的国家行政机关，包括国家各级税务机关、海关和财政机关；另一方是履行纳税义务的人，包括法人、自然人和其他组织，在华的外国企业、组织、外籍人、无国籍人，以及在华虽然没有机构、场所但有来源于中国境内所得的外国企业或组织。这种对税收法律关系中权利主体另一方的确定，在我国采取的是属地兼属人的原则。

2. 税收法律关系的客体

客体即税收法律关系主体的权利、义务所共同指向的对象，也就是征税对象。例如，所得税法律关系客体就是生产经营所得和其他所得，财产税法律关系客体即是财产，流转税法律关系客体就是货物销售收入或劳务收入。税收法律关系客体也是国家利用税收杠杆调整和控制的目标，国家在一定时期根据客观经济形势发展的需要，通过扩大或缩小征税范围调整征税对象，以达到限制或鼓励国民经济中某些产业、行业发展的目的。

3. 税收法律关系的内容

税收法律关系的内容就是主体所享有的权利和所应承担的义务，这是税收法律关系中最实质的东西，也是税法的灵魂。它规定权利主体可以有什么行为，不可以有什么行为，若违反了这些规定，须承担相应的法律责任。

税务机关的权利主要表现在依法进行征税、税务检查以及对违章者进行处罚，其义务主要是向纳税人宣传、咨询、辅导解读税法，及时把征收的税款解缴国库，依法受理纳税人对税收争议的申诉等。

纳税义务人的权力主要有多缴税款申请退还权、延期纳税权、依法申请减免税权、申请复议和提起诉讼权等，其义务主要是按税法规定办理税务登记、进行纳税申报、接受税务检查、依法缴纳税款等。

2.1.2.2 税收法律关系的产生、变更与消灭

税法是引起税收法律关系的前提条件，但税法本身并不能产生具体的税收法律关系。税

收法律关系的产生、变更与消灭必须有能够引起税收法律关系产生、变更或消灭的客观情况，也就是说，由税收法律事实来决定。税收法律事实可以分为税收法律事件和税收法律行为，税收法律事件是指不以税收法律关系权力主体的意志为转移的客观事件。例如，自然灾害可以导致税收减免，从而改变税收法律关系内容的变化。税收法律行为是指税收法律关系主体在正常意志支配下做出的活动。例如，纳税人开业经营即产生税收法律关系，纳税人转业或停业就会造成税收法律关系的变更或消灭。

2.1.2.3 税收法律关系的保护

税收法律关系是同国家利益及企业和个人的权益相联系的。保护税收法律关系，实质上就是保护国家正常的经济秩序、保障国家财政收入、维护纳税人的合法权益。税收法律关系的保护形式和方法是很多的，税法中关于限期纳税、征收滞纳金和罚款的规定，《中华人民共和国刑法》（以下简称《刑法》）对构成逃税、抗税罪给予刑罚的规定，以及税法中对纳税人不服税务机关征税处理决定，可以申请复议或提出诉讼的规定等都是对税收法律关系的直接保护。税收法律关系的保护对权利主体双方是平等的，不能只对一方保护，而对另一方不予保护。同时对其享有权利的保护，就是对其承担义务的制约。

2.1.3 我国现行税法体系

税法内容十分丰富，涉及范围也极为广泛，各单行税收法律法规结合起来，形成了完整配套的税法体系，共同规范和制约税收分配的全过程，是实现依法治税的前提和保证。从法律角度来讲，一个国家在一定时期内、一定体制下以法定形式规定的各种税收法律、法规的总和，被称为税法体系。但从税收工作的角度来讲，所谓税法体系往往被称为税收制度。一个国家的税收制度是指在既定的管理体制下设置的税种以及与这些税种的征收、管理有关的，具有法律效力的各级成文法律、行政法规、部门规章等的总和。换句话说，税法体系就是通常所说的税收制度（以下简称“税制”）。

一个国家的税收制度，可按照构成方法和形式分为简单型税制及复合型税制。

（1）简单税制主要是指税种单一、结构简单的税收制度。

（2）复合型税制主要是指由多个税种构成的税收制度。

在现代社会中，世界各国一般都采用多种税并存的复税制税收制度。一个国家为了有效取得财政收入或调节社会经济活动，必须设置一定数量的税种，并规定每种税的征收和缴纳办法，包括对什么征税、向谁征税、征多少税以及何时纳税、何地纳税、按什么手续纳税和不纳税如何处理等。

因此，税收制度的内容主要有三个层次。

（1）不同的要素构成税种。构成税种的要素主要包括纳税人、征税对象、税目、税率、纳税环节、纳税期限、减税免税等。

（2）不同的税种构成税收制度。构成税收制度的具体税种，国与国之间差异较大，但一般都包括所得税（直接税），如企业（法人）所得税、个人所得税，也包括商品课税（间接税），如增值税、消费税及其他一些税种，如财产税（房地产税、车船税）、关税、社会保障税等。

（3）规范税款征收程序的法律法规，如税收征收管理法等。

税种的设置及每种税的征税办法，一般是以法律形式确定的，这些法律就是税法。一个国家的税法一般包括税法通则、各税税法（条例）、实施细则、具体规定四个层次。其中，“税法通则”规定一个国家的税种设置和每个税种的立法精神，各个税种的“税法（条例）”分别规定每种税的征税办法，“实施细则”是对各税税法（条例）的详细说明和解释，“具体规定”则是根据不同地区、不同时期的具体情况制定的补充性法规。目前，世界上只有少数国家单独制定税法通则，大多数国家都把税法通则的有关内容包含在宪法和各税税法（条例）之中，我国的税法就属于这种情况。

税法体系中各税法按基本内容和效力、职能作用征收对象、权限范围的不同，可分为不同类型。

1. 按照税法的基本内容和效力的不同，可分为税收基本法和税收普通法

税收基本法也称税收通则，是税法体系的主体和核心，在税法体系中起着税收母法的作用。其基本内容一般包括税收制度的性质、税务管理机构、税收立法与管理权限、纳税人的基本权利与义务、征税机关的权利和义务、税种设置等。我国目前还没有制定统一的税收基本法，随着我国税收法治建设的发展和完善，将研究制定税收基本法。税收普通法是根据税收基本法的原则，对税收基本法规定的事项分别立法实施的法律。如个人所得税法、税收征收管理法等。

2. 按照税法的职能作用的不同，可分为税收实体法和税收程序法

税收实体法主要是指确定税种立法，具体规定各税种的征收对象、征收范围、税目、税率、纳税地点等，例如，《中华人民共和国企业所得税法》《中华人民共和国个人所得税法》就属于税收实体法。税收程序法是指税务管理方面的法律，主要包括税收管理法、纳税程序法、发票管理法、税务机关组织法、税务争议处理法等。《税收征收管理法》就属于税收程序法。

（1）税收实体法体系。我国的现行税制就其实体法而言，是新中国成立后经过几次较大的改革逐步演变而来的，主要是经1994年税制改革后形成的，按征税对象大致分为以下5类：

①商品（货物）和劳务税类。包括增值税、消费税和关税。主要在生产、流通或者服务业中发挥调节作用。

②所得税类。包括企业所得税、个人所得税。主要是在国民收入形成后，对生产经营者的利润和个人的纯收入发挥调节作用。

③财产和行为税类。包括房产税、车船税、印花税、契税，主要是对某些财产和行为发挥调节作用。

④资源税和环境保护税类。包括资源、环境保护税、土地增值税和城镇土地使用税。主要是对因开发和利用自然资源差异而形成的级差收入发挥调节作用。

⑤特定目的税类。包括城市维护建设税、车辆购置税、耕地占用税、船舶吨税和烟叶税，主要是为了达到特定目的，对特定对象和特定行为发挥调节作用。

现行税种中，除企业所得税、个人所得税、车船税、环境保护税是以国家法律的形式发布实施外，其他各税种都是经全国人民代表大会授权立法，由国务院以暂行条例的形式发布实施的。这些法律法规共同组成了我国的税收实体法体系。

（2）税收程序法体系。除税收实体法外，我国对税收征收管理适用的法律制度，是按照税收管理机关的不同而分别规定的：

①由税务机关负责征收的税种的征收管理，按照全国人大常委会发布实施的《税收征收管理法》及各实体税法中的征管规定执行。

②由海关机关负责征收的税种的征收管理，按照《海关法》及《进出口关税条例》等有关规定执行。

上述税收实体法和税收征收管理的程序法共同构成了我国现行税法体系。

3. 按照税法相关税种征收对象的不同，可分为5种类型的税法

（1）商品和劳务税税法。主要包括增值税、消费税等税法。这类税法的特点是与商品生产、流通、消费有密切联系。对什么商品征税，税率多高，对商品经济活动都有直接的影响，易于发挥对经济的宏观调控作用。

（2）所得税税法。主要包括企业所得税、个人所得税等税法。其特点是可以直接调节纳税人收入，发挥其公平税负、调整分配关系的作用。

（3）财产、行为税税法。主要是对财产价值或某种行为课税的法律规范。包括房产税、印花税等税法。

（4）资源税税法。主要是为保护和合理使用国家自然资源而制定的税法。我国现行的资源税、城镇土地使用税等税法均属于资源税法的范畴。

（5）特定目的税税法。包括城市维护建设税、烟叶税法等。其目的是对某些特定对象和特定行为发挥特定调节作用。

4. 按照主权国家行使税收管辖权的不同，可分为国内税法、国际税法、外国税法等

国内税法一般是按照属人或属地原则，规定一个国家的内部税收制度。国际税法是指国家间形成的税收制度，主要包括双边或多边国家间的税收协定、条约和国际惯例等，一般而言，其效力高于国内税法。外国税法是指外国各个国家制定的税收制度。

以上对于税法或税种的分类不具有法定性，但将各具体税种按一定方法分类，在税收理论研究和税制建设方面用途相当广泛，作用非常之大。例如，商品和劳务税也称间接税，是由于这些税种都是按照商品和劳务收入计算征收的，而这些税种虽然是由纳税人负责缴纳，但最终是由商品和劳务的购买者即消费者负担的，所以称为间接税；而所得税类税种的纳税人本身就是负税人，一般不存在税负转移或转嫁问题，所以称为直接税。

通常认为，在以间接税为主体的税制结构中，主要税种一般包括增值税、关税和消费税或销售税；在以直接税为主体的税制结构中，主要税种一般包括个人所得税和企业（法人）所得税。以个人所得税为主体税种的，多见于经济发达国家，而把企业（法人）所得税作为主体税种的国家很少。以某种直接税和间接税税种为“双主体”的税制，是作为一种过渡性税制类型存在的。在20世纪70年代以前，理论界一直认为以所得税为主体的税制结构最为理想。发达国家和一些发展较快的发展中国家在进行以商品和劳务税为主体向以收益所得税为主体税种的税制改革过程中，曾经出现过一些采用“双主体”税制的国家。我国目前税制基本上是以间接税和直接税为双主体的税制结构，间接税（增值税、消费税、关税）占全部税收收入比例的70%左右，直接税（企业所得税、个人所得税）占全部税收收入比例的25%左右，其他辅助税种数量较多，但收入比重不大。

国家税收制度的确立，要根据本国的具体政治经济条件。所以，各国的政治经济条件不同，税收制度也不尽相同，具体征税办法也各有千秋、千差万别。就一个国家而言，在不同的时期，由于政治经济条件和政治经济目标不同，税收制度也有着或大或小的差异。

2.1.4 税收收入划分

2.1.4.1 商品税、所得税和财产税

依据征税对象的不同，税收可以分为商品税、所得税和财产税，这通常被认为是税收的最重要、最基本的分类。由于征税对象可以分为商品（包括劳务）、所得和财产，因而税收也可以相应做出上述的基本分类。

2.1.4.2 直接税与间接税

依据税负能否转嫁，税收可以分为直接税和间接税。凡税负不能转嫁于他人，需由纳税人直接承担税负的税种，即为直接税，如各类所得税和一般财产税。凡税负可以转嫁于他人，纳税人只是间接承担税负的税种，即为间接税，如各类商品税。这种分类方法最早由法国重农学派的代表人物魁奈（F. Quesnay）提出，后由英国著名学者穆勒（James Mill）加以完善。

2.1.4.3 从量税与从价税

依据税收计征标准的不同，税收可分为从量税和从价税。凡以征税对象的数量、重量、容量等为标准从量计征的税种，为从量税，也称单位税或“从量计征”；凡以征税对象的价格为标准从价计征的税种，为从价税，也称“从价计征”。从量税不受征税对象价格变动的影响，计算简便，税负水平较为固定，如资源税。从价税直接受价格变动影响，有利于体现国家的经济政策，多数税种为从价税。

2.1.4.4 对人税和对物税

依据税收的侧重点或着眼点的不同，税收可以分为对人税和对物税。这是西方国家对税收的最早分类。凡主要着眼于人身因素而课征的税为对人税。早期的对人税一般按人口或按户征收，如人头税、人丁税、户捐等。凡着眼于物的因素而课征的税为对物税，如对商品、财产的征税。

在现代，由于人已成为税收主体而非客体，因而人头税等多被废除。一般认为以作为主体的“人”为基础并考虑个人具体情况而征收的税为对人税，如所得税；以作为客体的“物”为基础且不考虑个人具体情况而征收的税为对物税，如商品税。

2.1.4.5 中央税和地方税

依据税权归属的不同，税收可分为中央税和地方税。凡税收立法权、税收管理权和收入支配权归属于中央政府的税收，为中央税，或称国税；凡上述税权归属于地方政府的税收，为地方税，简称地税。在税收立法权高度上收中央政府的情况下，中央税和地方税的划分主要以税收征管权和税收收益权的归属为标准。此外，有时某些税种的税收收入由中央政府和地方政府按分成比例共同享有，这些税种便统称为中央与地方共享税（简称“共享税”）。

2.2 税收原则

2.2.1 税法基本原则

2.2.1.1 税收法定原则

党的十八届三中全会审议通过的《中共中央关于全面深化改革若干重大问题的决定》

中提出了“落实税收法定原则”。这是我国在党的文件中首次明确提出税法原则中这一最根本的原则。

税法基本原则是统领所有税收规范的根本准则，为包括税收立法、执法、司法在内的一切税收活动必须遵守。其中税收法定原则是税法基本原则中的核心。

税收法定原则又称为税收法定主义，是指税法主体的权利义务必须由法律加以规定，税法的各类构成要素皆必须且只能由法律予以明确。如果没有相应的法律做前提，国家则不能征税，公民也没有纳税的义务。税收法定主义贯穿税收立法和执法的全部领域，其内容包括税收要件法定原则和税务合法性原则。

税收要件法定原则是指有关纳税人、课税对象、课税标准等税收要件必须以法律形式做出规定，且有关课税要素的规定必须尽量明确。具体来说它要求：

（1）国家对其开征的任何税种都必须由法律对其进行专门确定才能实施。

（2）国家对任何税种征税要素的变动都应当按相关法律的规定进行。

（3）征税的各个要素不仅应当由法律作出专门的规定，这种规定还应当尽量明确。如果规定不明确则会产生漏洞或者歧义，在税收的立法过程中对税收的各要素加以规定之后还应当采用恰当准确的用语，使之明确化，尽量避免使用模糊性的文字。

税务合法性原则是指税务机关按法定程序依法征税，不得随意减征、停征或免征，无法律依据不征税。

（1）要求立法者在立法的过程中要对各个税种征收的法定程序加以明确规定，既可以使纳税得以程序化，提高工作效率，节约社会成本，又尊重并保护了税收债务人的程序性权利，促使其提高纳税的意识。

（2）要求征税机关及其工作人员在征税过程中，必须按照税收程序法和税收实体法律的规定来行使自己的职权，履行自己的职责，充分尊重纳税人的各项权利。

2.2.1.2 税收公平原则

一般认为税收公平原则包括税收横向公平和纵向公平，即税收负担必须根据纳税人的负担能力分配，负担能力相等，税负相同；负担能力不等，税负不同。税收公平原则源于法律上的平等性原则，所以许多国家的税法在贯彻税收公平原则时，都特别强调“禁止不平等对待”的法理，禁止对特定纳税人给予歧视性对待，也禁止在没有正当理由的情况下对特定纳税人给予特别优惠。

2.2.1.3 税收效率原则

税收效率原则包含两方面：一是经济效率；二是行政效率。前者要求税法的制定要有利于资源的有效配置和经济体制的有效运行；后者要求提高税收行政效率，节约税收征管成本。

2.2.1.4 实质课税原则

实质课税原则指应根据客观事实确定是否符合课税要件，并根据纳税人的真实负担能力决定纳税人的税负，而不能仅考虑相关外观和形式。

2.2.2 税法适用原则

税法适用原则是指税务行政机关和司法机关运用税收法律规范解决具体问题所必须遵循的准则。税法适用原则并不违背税法基本原则，而且在一定程度上体现着税法基本原则。但是与其相比，税法适用原则含有更多的法律技术性准则，更为具体化。

2.2.2.1 法律优位原则

法律优位原则的基本含义为法律的效力高于行政立法的效力。法律优位原则在税法中的作用主要体现在处理不同等级税法的关系上，其明确了税收法律的效力高于税收行政法规的效力，对此还可以进一步推论为税收行政法规的效力优于税收行政规章的效力。效力低的税法与效力高的税法发生冲突，效力低的税法是无效的。

2.2.2.2 法律不溯及既往原则

法律不溯及既往原则是绝大多数国家所遵循的法律程序技术原则。其基本含义为：一部新法实施后，对新法实施之前人们的行为不得适用新法，只能沿用旧法。在税法领域内坚持这一原则，目的在于维护税法的稳定性和可预测性，使纳税人能在知道纳税结果的前提下作出相应的经济决策，税收的调节作用才会较为有效。

2.2.2.3 新法优于旧法原则

新法优于旧法原则也称后法优于先法原则，其含义为：新法、旧法对同一事项有不同规定时，新法的效力优于旧法。其作用在于避免因法律修订带来新法、旧法对同一事项有不同的规定而引起法律适用的混乱，为法律的更新与完善提供法律适用上的保障。新法优于旧法原则在税法中普遍适用，但是当新税法与旧税法处于普通法与特别法的关系时，以及某些程序性税法引用“实体从旧、程序从新原则”时，可以例外。

2.2.2.4 特别法优于普通法的原则

其含义为对同一事项两部法律分别定有一般和特别规定时，特别规定的效力高于一般规定的效力。特别法优于普通法原则打破了税法效力等级的限制，即居于特别法地位的级别较低的税法，其效力可以高于作为普通法的级别较高的税法。

2.2.2.5 实体从旧、程序从新原则

这一原则的含义包括两个方面：一是实体税法不具备溯及力。即在纳税义务的确定上，以纳税义务发生时的税法规定为准，实体性的税法规则不具有向前的溯及力。二是程序性税法在特定条件下具备一定的溯及力。即对于新税法公布实施之前发生，却在新税法公布实施之后进入税款征收程序的纳税义务，原则上新税法具有约束力。

2.2.2.6 程序优于实体原则

程序优于实体原则是关于税收争讼法的原则，其基本含义为，在诉讼发生时税收程序法优于税收实体法。适用这一原则，是为了确保国家课税权的实现，不因争议的发生而影响税款及时、足额地入库。

2.3 税法要素

税法要素是指各种单行税法具有的共同的基本要素的总称。首先，税法要素既包括实体性的，也包括程序性的；其次，税法要素是所有完善的单行税法都共同具备的，仅为某一税法所单独具有而非普遍性的内容，不构成税法要素，如扣缴义务人。税法要素一般包括总则、纳税义务人、征税对象、税目、税率、纳税环节、纳税期限、纳税地点、减税免税、罚则、附则等项目。

2.3.1 总则

总则主要包括立法依据、立法目的、适用原则等。例如，《中华人民共和国耕地占用税法》第一条，“为了合理利用土地资源，加强土地管理，保护耕地，制定本法。”此条突出了该法制定的目的，即“立法目的”。

2.3.2 纳税义务人

纳税义务人或纳税人又叫纳税主体，是税法规定的直接负有纳税义务的单位和个人。任何一个税种首先要解决的就是国家对谁征税的问题，如我国个人所得税法、增值税、消费税、营业税、资源税以及印花税等暂行条例的第一条规定的都是该税种的纳税义务人。

纳税人有两种基本形式：自然人和法人。自然人和法人是两个相对称的法律概念。自然人是基于自然规律而出生的，有民事权利和义务的主体，既包括本国公民，也包括外国人和无国籍人。法人是自然人的对称，根据《民法典》第五十六条的规定，法人是具有民事权利能力和民事行为能力，依法独立享有民事权利和承担民事义务的组织。我国的法人主要有四种：机关法人、事业法人、企业法人和社团法人。

税法中规定的纳税人有自然人和法人两种最基本的形式。按照不同的目的和标准，还可以对自然人和法人进行多种详细的分类，这些分类对国家制定区别对待的税收政策，发挥税收的经济调节作用，具有重要的意义。如自然人可划分为居民纳税人和非居民纳税人，个体经营者和其他个人等；法人可划分为居民企业和非居民企业，还可按企业的不同所有制性质进行分类等。

与纳税人紧密联系的两个概念是代扣代缴义务人和代收代缴义务人。前者是指虽不承担纳税义务，但依照有关规定，在向纳税人支付收入、结算货款、收取费用时有义务代扣代缴其应纳税款的单位和个人，如出版社代扣作者稿酬所得的个人所得税等。如果代扣代缴义务人按规定履行了代扣代缴义务，税务机关将支付一定的手续费。反之，未按规定代扣代缴税款，造成应纳税款流失或将已扣缴的税款私自截留挪用、不按时缴入国库，一经税务机关发现，将要承担相应的法律责任。代收代缴义务人是指虽不承担纳税义务，但依照有关规定，在向纳税人收取商品或劳务收入时，有义务代收代缴其应纳税款的单位和个人。如消费税条例规定，委托加工的应税消费品，由受托方在向委托方交货时代收代缴委托方应该缴纳的消费税。

2.3.3 征税对象

征税对象又叫课税对象、征税客体，指税法规定对什么征税，是征纳税双方权利义务共同指向的客体或标的物，是区别一种税与另一种税的主要标志。如消费税的征税对象是消费税条例所列举的应税消费品，房产税的征税对象是房屋等。征税对象是税法最基本的要素，因为它体现着征税的最基本界限，决定着某一种税的基本征税范围，同时，征税对象也决定了各个不同税种的名称。如消费税、土地增值税、个人所得税等，这些税种因征税对象不同、性质不同，税名也就不同。征税对象按其性质的不同，通常可划分为流转额、所得额、财产、资源、特定行为五大类，通常也因此将税收分为相应的五大类即流转税或称商品和劳务税、所得税、财产税、资源税和特定行为税。

2.3.4　税基

税基又叫计税依据，是据以计算征税对象应纳税款的直接数量依据，它解决对征税对象课税的计算问题，是对课税对象的量的规定。如企业所得税应纳税额的基本计算方法是应纳税所得额乘以适用税率，其中，应纳税所得额是据以计算所得税应纳税额的数量基础，为所得税的税基。

计税依据按照计量单位的性质划分，有两种基本形态：价值形态和物理形态。价值形态包括应纳税所得额、销售收入、营业收入等；物理形态包括面积、体积、容积、重量等。以价值形态作为税基，又称为从价计征，即按征税对象的货币价值计算，如生产销售化妆品应纳消费税税额是由化妆品的销售收入乘以适用税率计算产生，其税基为销售收入，属于从价计征的方法。另一种是从量计征，即直接按征税对象的自然单位计算，如城镇土地使用税应纳税额是由占用土地面积乘以每单位面积应纳税额计算产生，其税基为占用土地的面积，属于从量计征的方法。

2.3.5　税目

税目是在税法中对征税对象分类规定的具体的征税项目，其反映具体的征税范围，是对课税对象质的界定。设置税目的目的首先是明确具体的征税范围，凡列入税目的即为应税项目，未列入税目的，则不属于应税项目。其次，划分税目也是贯彻国家税收调节政策的需要，国家可根据不同项目的利润水平以及国家经济政策等为依据制定高低不同的税率，以体现不同的税收政策。并非所有税种都需规定税目，有些税种不分课税对象的具体项目，一律按照课税对象的应税数额采用同一税率计征税款，因此一般无须设置税目，如企业所得税。有些税种具体课税对象比较复杂，需要规定税目，如消费税、营业税等，一般都规定有不同的税目。

2.3.6　税率

税率是指对征税对象的征收比例或征收额度。税率是计算税额的尺度，也是衡量税负轻重与否的主要标志。我国现行的税率主要有下述几类。

2.3.6.1　比例税率

即对同一征税对象，不分数额大小，规定相同的征收比例。我国的增值税、城市维护建设税、企业所得税等采用的是比例税率。比例税率在适用中又可分为三种具体形式：

（1）单一比例税率是指对同一征税对象的所有纳税人都适用同一比例税率。

（2）差别比例税率是指对同一征税对象的不同纳税人适用不同的比例征税。我国现行税法又分别按产品、行业和地区的不同将差别比例税率划分为以下三种类型：一是产品差别比例税率，即对不同产品分别适用不同的比例税率，同一产品采用同一比例税率，如消费税、关税等；二是行业差别比例税率，即对不同行业分别适用不同的比例税率，同一行业采用同一比例税率，如营业税等；三是地区差别比例税率，即区分不同的地区分别适用不同的比例税率，同一地区采用同一比例税率，如我国城市维护建设税等。

（3）幅度比例税率，是指对同一征税对象，税法只规定最低税率和最高税率，各地区在该幅度内确定具体的适用税率。

比例税率具有计算简单、税负透明度高、有利于保证财政收入、有利于纳税人公平竞争、不妨碍商品流转额或非商品营业额扩大等优点，符合税收效率原则。但比例税率不能针对不同的收入水平实施不同的税收负担，在调节纳税人的收入水平方面难以体现税收的公平原则。

2.3.6.2 超额累进税率

为解释超额累进税率，在此先说明累进税率和全额累进税率。累进税率是指随着征税对象数量增大而随之提高的税率，即按征税对象数额的大小划分为若干等级，不同等级的课税数额分别适用不同的税率，课税数额越大，适用税率越高。累进税率一般在所得课税中使用，可以充分体现对纳税人收入多的多征、收入少的少征、无收入的不征的税收原则，从而有效地调节纳税人的收入，正确处理税收负担的纵向公平问题。全额累进税率，是把征税对象的数额划分为若干等级，对每个等级分别规定相应税率，当税基超过某个级距时，课税对象的全部数额都按提高后级距的相应税率征税，如表 2 – 1 所示。

表 2 – 1　　某三级全额累进税率表

级数	全月应纳税所得额（元）	税率（%）
1	5 000（含）以下	10
2	5 001 ~ 20 000（含）	20
3	20 000 以上	30

资料来源：笔者根据相关资料编制。

运用全额累进税率的关键是查找每一纳税人应税收入在税率表中所属的级次，找到收入级次，与其对应的税率便是应纳税人所适用的税率，全部税基乘以适用税率即可计算出应缴税额。例如，某纳税人某月应纳税所得额为 6 000 元，按表 2 – 1 所列税率，适用第二级次，其应纳税额 = 6 000 × 20% = 1 200（元）。

全额累进税率计算方法简便，但税收负担不合理，特别是在划分级距的临界点附近，税负呈跳跃式递增，甚至会出现税额增加超过课税对象数额增加的不合理现象，不利于鼓励纳税人增加收入。

超额累进税率指把征税对象按数额的大小分成若干等级，每一等级规定一个税率，税率依次提高，但每一纳税人的征税对象则依所属等级同时使用几个税率分别计算，将计算结果相加后得到应纳税款。表 2 – 2 假定为某个人所得税所适用的三级超额累进税率表。

表 2 – 2　　个人所得税所适用的三级超额累进税率表

级数	全月应纳税所得额（元）	税率（%）	速算扣除数
1	5 000（含）以下	10	0
2	5 001 ~ 20 000（含）	20	500
3	20 000 以上	30	2 500

资料来源：笔者根据相关资料编制。

假如某人某月应纳税所得额为 6 000 元，根据表 2 – 2 所列税率，其应纳税额可以分步

计算:

第一级的5 000元适用10%的税率，应纳税额=5 000×10%=500（元）;

第二级的1 000元（6 000－5 000）适用20%的税率，应纳税额=1 000×20%=200（元）;

其该月应纳税额=5 000×10%+1 000×20%=700（元）。

目前我国采用这种税率的税种是个人所得税。

在级数较多的情况下，分级计算然后相加的方法比较烦琐。为了简化计算，也可采用速算法。速算法的原理是基于全额累进计算的方法比较简单，可将超额累进计算的方法转化为全额累进计算的方法。对于同样的课税对象数量，按全额累进方法计算出的税额比按超额累进方法计算出的税额多，即有重复计算的部分，这个多征的常数叫速算扣除数。用公式表示为:

速算扣除数=按全额累进方法计算的税额－按超额累进方法计算的税额

公式移项得:

按超额累进方法计算的税额=按全额累进方法计算的税额－速算扣除数

接上例，某人某月应纳税所得额为6 000元，如果直接用6 000元乘以所对应级次的税率20%则对于第一级次的5 000元应纳税所得额就出现了5 000×(20%－10%）的重复计算的部分。因为这5 000元仅适用10%的税率，而现在全部用了20%的税率来计算，故多算了10%，这就是应该扣除的所谓速算扣除数。如果用简化的方法计算，则6 000元月应纳税所得额=6 000×20%－500=700（元）。

2.3.6.3 定额税率

即按征税对象确定的计算单位，直接规定一个固定的税额。目前采用定额税率的有城镇土地使用税和车船税等。

2.3.6.4 超率累进税率

即以征税对象数额的相对率划分若干级距，分别规定相应的差别税率，相对率每超过一个级距的，对超过的部分就按高一级的税率计算征税。目前我国税收体系中采用这种税率的是土地增值税。

2.3.7 纳税环节

纳税环节主要指税法规定的征税对象在从生产到消费的流转过程中应当缴纳税款的环节。如流转税在生产和流通环节纳税、所得税在分配环节纳税等。纳税环节有广义和狭义之分。广义的纳税环节指全部课税对象在再生产中的分布情况。如资源税分布在资源生产环节，商品税分布在生产或流通环节，所得税分布在分配环节等。

狭义的纳税环节特指应税商品在流转过程中应纳税的环节。商品从生产到消费要经历诸多流转环节，各环节都存在销售额，都可能成为纳税环节。但考虑到税收经济的影响、财政收入的需要以及税收征管的能力等因素，国家常常对在商品流转过程中所征税种规定不同的纳税环节。按照某种税征税环节的多少，可以将税种划分为一次课征制或多次课征制。

合理选择纳税环节，对加强税收征管、有效控制税源、保证国家财政收入的及时、稳定、可靠，方便纳税人生产经营活动和财务核算，灵活机动地发挥税收调节经济的作用，具有十分重要的理论和实践意义。

2.3.8 纳税期限

纳税期限是指税法规定的关于税款缴纳时间即纳税时限方面的限定。税法关于纳税时限的规定，有三个相关概念：

（1）纳税义务发生时间，是指应税行为发生的时间。如增值税条例规定采取预收货款方式销售货物的，其纳税义务发生时间为货物发出的当天。

（2）纳税期限，纳税人每次发生纳税义务后，不可能马上去缴纳税款。税法规定了每种税的纳税期限，即每隔固定时间汇总一次纳税义务的时间。如增值税条例规定，增值税的具体纳税期限分别为1日、3日、5日、10日、15日、1个月或者1个季度。纳税人的具体纳税期限，由主管税务机关根据纳税人应纳税额的大小分别核定；不能按照固定期限纳税的，可以按次纳税。

（3）缴库期限，即税法规定的纳税期满后，纳税人将应纳税款缴入国库的期限。如增值税暂行条例规定，纳税人以1个月或者1个季度为1个纳税期的，自期满之日起15日内申报纳税；以1日、3日、5日、10日或者15日为1个纳税期的，自期满之日起5日内预缴税款，于次月1日起15日内申报纳税并结清上月应纳税款。

2.3.9 纳税地点

纳税地点主要是指根据各个税种纳税对象的纳税环节和有利于对税款的源泉控制而规定的纳税人（包括代征、代扣、代缴义务人）的具体申报缴纳税费的地方。

2.3.10 减税免税

减税免税主要是对某些纳税人和征税对象采取减少征税或者免予征税的特殊规定。

2.3.11 罚则

罚则主要是指对纳税人违反税法的行为采取的处置措施。

2.3.12 附则

附则一般都规定与该法紧密相关的内容，例如，税法的解释权、生效时间等。

本章小结

1. 税收是政府强制、无偿取得财政收入的一种形式；

2. 税法具有义务性、强制性和综合性的特点；

3. 税收法律关系的主体是包括征税、纳税双方，税收法律关系的客体是征税对象；

4. 税收收入有不同的划分标准，分别为可分为商品税、财产税和所得税；直接税与间接税；从量税与从价税；对人税和对物税；中央税和地方税；

5. 税法的基本原则：税收法定、税收公平、税收效率和实质课税原则；

6. 税法要素一般包括总则、纳税义务人、征税对象、税目、税率、纳税环节、纳税期限、纳税地点、减税免税、罚则、附则等项目。

同步强化练习

一、单选题

1. 下列税法要素中，区别不同税种的主要标志是（　　）。

A. 纳税人　　B. 征税对象　　C. 税率　　D. 税目

2. 负有代扣代缴义务的单位、个人是（　　）。

A. 实际负税人　　B. 扣缴义务人　　C. 纳税义务人　　D. 税务机关

3. 在征税对象的全部数额中，免予征税的数额称为（　　）。

A. 免征额　　B. 起征点　　C. 免予额　　D. 减税额

二、多选题

1. 税收的三大基本要素有（　　）。

A. 纳税人　　B. 纳税环节　　C. 税率　　D. 征税对象

2. 按计税依据分类，可分为（　　）。

A. 从价税　　B. 从量税　　C. 直接税　　D. 间接税

参考答案及解析

一、单选题

1. **【答案】** B

【解析】 征税对象又叫课税对象、征税客体，指税法规定对什么征税，是征纳税双方权利义务共同指向的客体或标的物，是区别一种税与另一种税的主要标志。

2. **【答案】** B

3. **【答案】** A

二、多选题

1. **【答案】** ACD

【解析】 税法要素一般包括总则、纳税义务人、征税对象、税目、税率、纳税环节、纳税期限、纳税地点、减税免税、罚则、附则等项目。但是三大基本要素一般为纳税人、税率和征税对象。

2. **【答案】** AB

第2篇
开立企业基本事项

第3章

企业成立的涉税管理及程序

学习目标

◆ 了解新成立企业涉及税务登记的相关程序及管理内容

◆ 重点熟悉企业的税务登记管理、账簿凭证管理、发票管理、纳税申报管理及后续的税款缴纳、检查等工作

◆ 理解企业新成立过程中需要面临的财税基础活动

本章思维导图

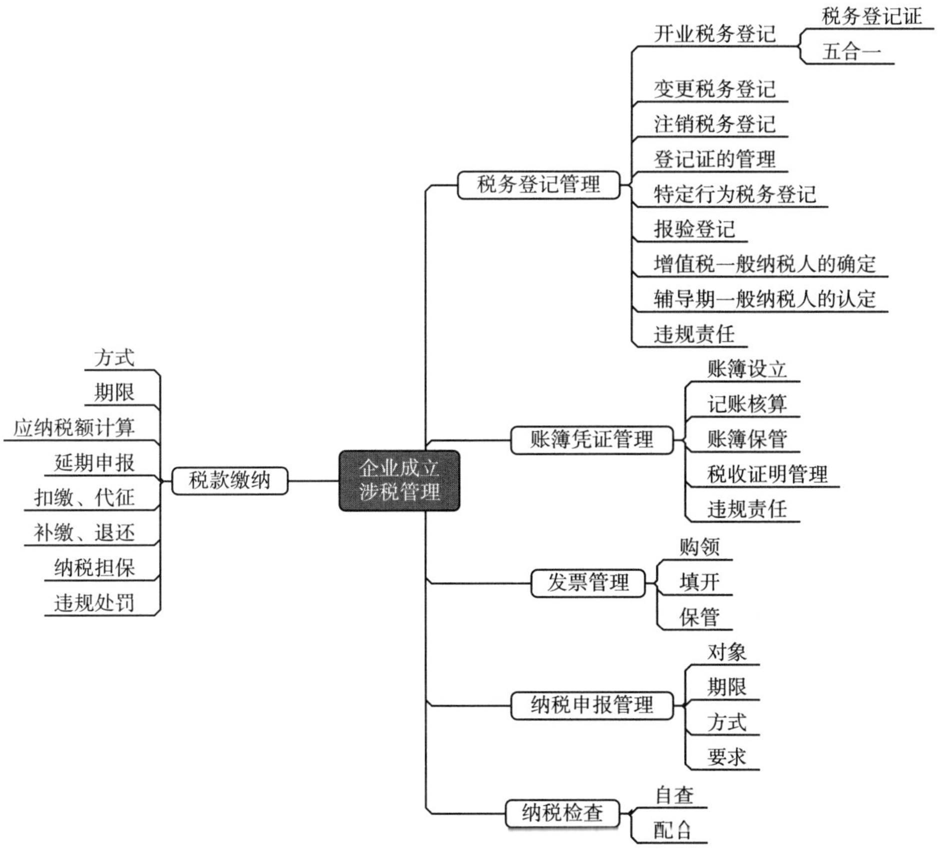

3.1 税务登记管理

3.1.1 办理税务登记的对象

3.1.1.1 可申报办理税务登记的纳税人

下列纳税人应当向国家税务机关申报办理税务登记：

（1）领取法人营业执照或者营业执照（以下统称“营业执照”），有缴纳增值税、消费税义务的国有企业、集体企业、私营企业、股份制企业、联营企业、外商投资企业、外国企业以及上述企业在外地设立的分支机构和从事生产、经营的场所。

（2）领取营业执照，有缴纳增值税、消费税义务的个体工商户。

（3）经有权机关批准从事生产、经营，有缴纳增值税、消费税义务的机关、团体、部队、学校以及其他事业单位。

（4）从事生产经营，按照有关规定不需要领取营业执照，有缴纳增值税、消费税义务的纳税人。

（5）实行承包、承租经营，有缴纳增值税、消费税义务的纳税人。

（6）有缴纳由国家税务机关负责征收管理的企业所得税、外商投资企业和外国企业所得税义务的纳税人。

3.1.1.2 可以不申报办理税务登记的纳税人

下列纳税人可以不申报办理税务登记：

（1）偶尔取得应当缴纳增值税、消费税收入的纳税人。

（2）自产自销免税农、林、牧、水产品的农业生产者。

（3）县级以上国家税务机关规定不需要办理税务登记的其他纳税人。

3.1.2 开业税务登记

3.1.2.1 办理开业登记的时间

从事生产、经营的纳税人应当自领取营业执照之日起 30 日内，主动依法向国家税务机关申报办理登记。

按照规定不需要领取营业执照的纳税人，应当自有关部门批准之日起 30 日内或者自发生纳税义务之日起 30 日内，主动依法向主管国家税务机关申报办理税务登记。

3.1.2.2 办理开业登记的地点

纳税企业和事业单位向当地主管国家税务机关申报办理税务登记。

纳税企业和事业单位跨县（市）、区设立的分支机构和从事生产经营的场所，除总机构向当地主管国家税务机关申报办理税务登记外，分支机构还应当向其所在地主管国家税务机关申报办理税务登记。

有固定生产经营场所的个体工商户向经营地主管国家税务机关申报办理税务登记；流动经营的个体工商户，向户籍所在地主管国家税务机关申报办理税务登记。

对未领取营业执照从事承包、租赁经营的纳税人，向经营地主管国家税务机关申报办理税务登记。

3.1.2.3 办理开业登记的手续

1. 提出书面申请

纳税人必须提出书面申请报告，并提供下列有关证件、资料：

（1）营业执照。

（2）有关章程、合同、协议书。

（3）银行账号证明。

（4）法定代表人或业主居民身份证、护照或者回乡证等其他合法证件。

（5）总机构所在地国家税务机关证明。

（6）国家税务机关要求提供的其他有关证件、资料。

2. 填报税务登记表

纳税人领取税务登记表或者注册税务登记表后，应当按照规定内容逐项如实填写，并加盖企业印章，经法定代表人签字或业主签字后，将税务登记表或者注册税务登记表报送主管国家税务机关。

企业在外地设立的分支机构或者从事生产、经营的场所，还应当按照规定内容逐项如实填报总机构名称、地址、法定代表人、主要业务范围、财务负责人等。

3. 领取税务登记证件

纳税人报送的税务登记表或者注册税务登记表和提供的有关证件、资料，经主管国家税务机关审核后，报有权国家税务机关批准予以登记的，应当按照规定的期限到主管国家税务机关领取税务登记证或者注册税务登记证及其副本，并按规定缴付工本管理费。

3.1.3 变更税务登记

3.1.3.1 可变更登记的范围及程序

纳税人改变名称、法定代表人或者业主姓名、经济类型、经济性质、住所或者经营地点（指不涉及改变主管国家税务机关）、生产经营范围、经营方式、开户银行及账号等内容的，纳税人应当自工商行政管理机关办理变更登记之日起30日内，持有关证件向原主管国家税务机关提出变更登记书面申请报告。

（1）营业执照。

（2）变更登记的有关证明文件。

（3）国家税务机关发放的原税务登记证件（包括税务登记证及其副本、税务登记表等）。

（4）其他有关证件。

纳税人按照规定不需要在工商行政管理机关办理注册登记的，应当自有关机关批准或者宣布变更之日起30日内，持有关证件向原主管国家税务机关提出变更登记书面申请报告。

3.1.3.2 变更注意事项

纳税人办理变更登记时，应当向主管国家税务机关领取变更税务登记表，一式三份，按照表式内容逐项如实填写，加盖企业或业主印章后，于领取变更税务登记表之日起10日内报送主管国家税务机关，经主管国家税务机关核准后，报有权国家税务机关批准予以变更的，应当按照规定的期限到主管国家税务机关领取填发的税务登记证等有关证件，并按规定缴付工本管理费。

3.1.4 注销税务登记

3.1.4.1 注销登记的对象和时间

纳税人发生破产、解散、撤销以及其他依法应当终止履行纳税义务的，应当在向工商行政管理机关办理注销登记前，持有关证件向原主管国家税务机关提出注销税务登记书面申请报告；未办理工商登记的应当自有权机关批准或者宣布终止之日起15日内，持有关证件向原主管国家税务机关提出注销税务登记书面申请报告。

纳税人因变动经营地点、住所而涉及改变主管国家税务机关的，应当在向工商行政机关申报办理变更或者注销工商登记前，或者在经营地点、住所变动之前申报办理注销税务登记，同时纳税人应当自迁达地工商行政管理机关办理工商登记之日起15日内或者在迁达地成为纳税人之日起15日内重新办理税务登记。其程序和手续比照开业登记办理。

纳税人被工商行政管理机关吊销营业执照的，应当自营业执照被吊销之日起15日内，向原主管国家税务机关提出注销税务登记书面申报报告。

3.1.4.2 注销登记的要求

纳税人在办理注销税务登记前，应当向原主管国家税务机关缴清应纳税款、滞纳金、罚款，缴销原主管国家税务机关核发的税务登记证及其副本、注册税务登记证及其副本、未使用的发票、发票领购簿、发票专用章以及税收缴款书和国家税务机关核发的其他证件。

3.1.4.3 注销登记的手续

纳税人办理注销税务登记时，应当向主管国家税务机关领取注销税务登记表，一式三份，并根据表内的内容逐项如实填写，加盖企业印章后，于领取注销税务登记表之日起十日内报送主管国家税务机关，经主管国家税务机关核准后，报有权国家税务机关批准予以注销。

3.1.5 税务登记证的使用、管理

3.1.5.1 税务登记证的使用

纳税人领取税务登记证或者注册税务登记证后，应当在其生产、经营场所内明显易见的地方张挂，亮证经营。出县（市）经营的纳税人必须持有所在地国家税务机关填发的《外出经营活动税收管理证明》、税务登记证或者注册税务登记证的副本，向经营地国家税务机关报验登记，接受税务管理。

3.1.5.2 必须持证的事项

纳税人办理下列事项时必须持税务登记证副本或者注册税务登记证副本：

（1）申请减税、免税、退税、先征税后返还。

（2）申请领购发票。

（3）申请办理《外出经营活动税收管理证明》。

（4）其他有关税务事项。

3.1.5.3 使用限制

税务登记证件只限纳税人自己使用，不得转借、涂改、损毁、买卖或者伪造。

3.1.5.4 税务登记证的补发

纳税人税务登记证件要妥善保管，如有遗失，应当在登报声明作废的同时，及时书面报

告主管国家税务机关，经国家税务机关审查处理后，可申请补发新证，并按规定缴付工本管理费。

3.1.5.5 验证或者换证

纳税人应当根据国家税务机关的验证或者换证通知，在规定的期限内，持有关证件到主管国家税务机关申请办理验证或者换证手续。

3.1.6 特定经营行为的税务登记

3.1.6.1 申请

举办各类订货会、展销会等活动的单位或者个人，应当在开幕前的10日内，持有关证件向举办地主管国家税务机关申报办理税务登记。

3.1.6.2 填表

举办单位或个人应当向举办地主管国家税务机关领取《注册税务登记表》一式两份，如实填制，在规定期限内报送，并按举办地主管国家税务机关的要求提供有关证件资料。

3.1.6.3 登记注册

纳税人填报的《注册税务登记表》及提供的有关证件资料，经举办地主管国家税务机关审查核准，在《注册税务登记表》上签注意见、加盖印章后，予以登记注册，领取一份登记表，以备查核。

3.1.7 报验登记

从事生产经营的纳税人临时到外县（市）从事生产经营活动的，必须持所在地主管国家税务机关填发的《外出经营活动税收管理证明》向经营地税务机关办理报验登记，并接受经营地税务机关的依法管理。

3.1.8 增值税一般纳税人的认定

3.1.8.1 办理增值税一般纳税人认定的条件

已办理税务登记，年应纳增值税销售额达到下列标准的企业，应当向主管国家税务机关申请办理增值税一般纳税人的认定手续。

（1）从事货物生产或者提供加工、修理修配（以下简称“应税劳务”）的纳税人，以及从事货物生产或提供应税劳务为主，并兼营货物批发或零售的纳税人，年应税销售额在100万元以上的。

（2）从事货物批发或零售的纳税人，年应税销售额在180万元以上的。

已办理税务登记，年应纳增值税销售额未达到前项规定的定量标准的小规模企业，会计核算健全，能够按照会计制度和税务机关的要求准确核算销项税额、进项税额和应纳税额的，可以向主管国家税务机关申请办理增值税一般纳税人认定手续。

已办理税务登记，年应纳增值税销售额达到规定标准的个体经营者，能够按照会计制度和税务机关的要求准确核算销项税额、进项税额和应纳税额，可向主管国家税务机关申请办理一般纳税人认定手续。

纳税人总分支机构实行统一核算，其总机构年应税销售额达到定量标准，但分支机构年应税销售额未达到定量标准的，其分支机构可以申请办理增值税一般纳税人认定手续。

新开业的从事货物生产或者提供应税劳务的企业注册资金在40万元以上，从事货物批发或零售的企业注册资金在60万元以上的纳税人，应当在办理税务登记的同时申请办理一般纳税人认定手续，待实际生产经营满一年后，视实际情况按规定办理。

3.1.8.2　申请办理一般纳税人的程序

（1）申请。纳税人应当向主管国家税务机关提出书面申请报告，并提供合格办税人员证书，年度销售（营业）额等有关证件、资料，分支机构还应提供总机构的有关证件或复印件，领取《增值税一般纳税人申请认定表》，一式三份。

（2）填表。纳税人应当按照《增值税一般纳税人申请认定表》所列项目，逐项如实填写，于十日内将《增值税一般纳税人申请认定表》报送主管国家税务机关。

（3）报批。纳税人报送的《增值税一般纳税人申请认定表》和提供的有关证件、资料，经主管国家税务机关审核、报有权国家税务机关批准后，在其《税务登记证》副本首页加盖“增值税一般纳税人”确认专章。纳税人按照规定的期限到主管国家税务机关领取一般纳税人税务登记证副本。

3.1.8.3　一般纳税人的年检

一般纳税人必须按照国家税务机关的要求准确核算进销项税额，提供纳税资料，及时足额缴纳应纳税款，依法使用增值税专用发票，并接受国家税务机关组织的每年一次的一般纳税人资格查验和管理。

（1）一般纳税人有下列情况之一的，应当按照国家税务机关的要求定期整改，并在6个月内不得抵扣进项税额，不得领购专用发票：

①年销售额未达到规定标准的一般纳税人和认定为一般纳税人的个体经营者，会计核算不健全或者不能够向国家税务机关提供准确纳税资料的。

②未按《增值税专用发票使用规定》领购、开具和保管增值税专用发票的。

③拖欠税款严重，不积极采取措施缴纳税款，经国家税务机关屡催无效的。

（2）一般纳税人有下列情况之一，凡年销售额未达到规定标准的企业以及年销售额达到规定标准的个体经营者，取消一般纳税人资格，按小规模纳税人办理；年销售额达到规定标准的企业，不得抵扣进项税额，按销售额依照增值税税率计算缴纳税款，不得领购专用发票，并缴清结存的专用发票：

①有虚开专用发票的违法犯罪行为。

②有偷税、骗取出口退税违法犯罪行为。

③年销售额未达到规定标准的一般纳税人和认定为一般纳税人的个体经营者超过规定期限仍然不能健全会计核算，或者不能够向国家税务机关提供准确纳税资料的。

④年销售额达到规定标准被认定为一般纳税人的企业，会计核算不健全，或者不能够向国家税务机关提供准确纳税资料的。

⑤无固定生产经营场所的。

3.1.9　辅导期一般纳税人的管理

辅导期一般纳税人指的是实行纳税辅导期管理制度的一般纳税人。新认定为一般纳税人的小型商贸批发企业实行纳税辅导期管理的期限为3个月；其他一般纳税人实行纳税辅导期管理的期限为6个月。

3.1.9.1　辅导期一般纳税人的认定

小型商贸批发企业，是指注册资金在80万元（含80万元）以下、职工人数在10人（含10人）以下的批发企业。只从事出口贸易，不需要使用增值税专用发票的企业除外。

其他一般纳税人，是指具有下列情形之一的一般纳税人：

（1）增值税偷税数额占应纳税额的10%以上并且偷税数额在10万元以上的。

（2）骗取出口退税的。

（3）虚开增值税扣税凭证的。

（4）国家税务总局规定的其他情形。

3.1.9.2　纳税辅导期管理的期限

根据《增值税一般纳税人资格认定管理办法》，一般纳税人的小型商贸批发企业实行纳税辅导期管理的期限为3个月；其他一般纳税人实行纳税辅导期管理的期限为6个月。

对新办小型商贸批发企业，纳税辅导期自主管税务机关制作《税务事项通知书》的当月起执行；对其他一般纳税人，主管税务机关应自稽查部门作出《税务稽查处理决定书》后40个工作日内，制作、送达《税务事项通知书》告知纳税人对其实行纳税辅导期管理，纳税辅导期自主管税务机关制作《税务事项通知书》的次月起执行。

3.1.9.3　申报方式

辅导期一般纳税人一律采用手工申报方式进行增值税纳税申报。

3.1.9.4　抵扣限制

辅导期一般纳税人取得的增值税专用发票抵扣联、海关进口增值税专用缴款书、废旧物资普通发票、货物运输发票以及税务机关代开增值税专用发票要在交叉稽核比对无误后，方可予以抵扣。

辅导期一般纳税人在辅导期内，本期认证通过的进项税额本期不能抵扣，需通过比对后才能抵扣。纳税辅导期达到6个月后，主管税务机关应对商贸企业进行全面审查，对同时符合以下条件的，可认定为正式一般纳税人。

3.1.9.5　发票使用限制

主管税务机关对辅导期纳税人实行限量限额发售专用发票。

（1）实行纳税辅导期管理的小型商贸批发企业，领购专用发票的最高开票限额不得超过10万元；其他一般纳税人专用发票最高开票限额应根据企业实际经营情况重新核定。

（2）辅导期纳税人专用发票的领购实行按次限量控制，主管税务机关可根据纳税人的经营情况核定每次专用发票的供应数量，但每次发售专用发票数量不得超过25份。辅导期纳税人领购的专用发票未使用完而再次领购的，主管税务机关发售专用发票的份数不得超过核定的每次领购专用发票份数与未使用完的专用发票份数的差额。

（3）辅导期纳税人一个月内多次领购专用发票的，应从当月第二次领购专用发票起，按照上一次已领购并开具的专用发票销售额的3%预缴增值税，未预缴增值税的，主管税务机关不得向其发售专用发票。

预缴增值税时，纳税人应提供已领购并开具的专用发票记账联，主管税务机关根据其提供的专用发票记账联计算应预缴的增值税。

3.1.10 违反税务登记规定的法律责任

纳税人未按照规定申报办理开业税务登记、注册税务登记、变更或者注销税务登记，以及未按规定申报办理税务登记验证、换证的，应当依照主管国家税务机关通知按期改正。逾期不改正的，由国家税务机关处以2 000元以下的罚款；情节严重的处以2 000元以上1万元以下的罚款。

纳税人未按规定使用税务登记证件或者转借、涂改、损毁、买卖、伪造税务登记证件的，由国家税务机关处以2 000元以下的罚款；情节严重的处以2 000元以上1万元以下的罚款。

3.2 “五证合一”登记

3.2.1 税务登记证

税务登记证，是从事生产、经营的纳税人向生产、经营地或者纳税义务发生地的主管税务机关申报办理税务登记时，所颁发的登记凭证。除按照规定不需要发给税务登记证件的外，纳税人办理开立银行账户、申请减税、免税、退税等事项时，必须持税务登记证件。纳税人应将税务登记证件正本在其生产、经营场所或者办公场所公开悬挂，接受税务机关检查。

《中华人民共和国税收征收管理法》第十五条规定：企业，企业在外地设立的分支机构和从事生产、经营的场所，个体工商户和从事生产、经营的事业单位（以下统称从事生产、经营的纳税人）自领取营业执照之日起30日内，持有关证件，向税务机关申报办理税务登记。税务机关应当于收到申报的当日办理登记并发给税务登记证件。也就是说，企业在办理营业执照之后，应在30日内到税务机关办理税务登记。

然而，2015年10月1日以后，随着国务院简称放权、“三证合一”新政的施行，税务登记证逐渐淡出了人们的视野。即在2015年10月1日以后，就无须再单独办理税务登记证。

3.2.2 五证合一

在实行“三证合一”“五证合一”之前，一般的企业都需要单独办理营业执照、组织机构代码证、税务登记证、统计登记证、社保登记证等证照。以上证照合称“五证”。2015年10月1日起实行“三证合一”，统一的是营业执照、组织机构代码证、税务登记证这3个证；2016年10月1日起实行“五证合一”，统一了前面的三证和统计登记证、社保登记证。

所谓的“五证合一”，是指营业执照、组织机构代码证、税务登记证、统计登记证、社保登记证5个证照合而为一，企业只需办理一个“营业执照”，营业执照上加载18位编码的“统一社会信用代码”，由上述5个部门共享登记信息。实际上，税务登记证分国税和地税，过去是分别发证的，所以“五证合一”实质上是“六证合一”。现在“五证合一”措施又将人民银行发的“信用代码证”整合，综合在一起也可以说是“七证合一”。

“五证合一”之后，从形式上来说，已经不存在“税务登记证”这么一个证件，从法律上来说，“税务登记”仍然是法律所要求的，也就是说，法律上还存在“税务登记”的程序。

3.3　账簿、凭证与发票管理

3.3.1　账簿管理

3.3.1.1　账簿设立

从事生产、经营的纳税人应当在领取营业执照之日起 15 日内按照规定设置总账、明细账、日记账以及其他辅助性账簿，其中总账、日记账必须采用订本式。

生产经营规模小又确无建账能力的个体工商户，可以聘请注册会计师或者经主管国家税务机关认可的财会人员代为建账和办理账务；聘请注册会计师或者经主管国家税务机关认可的财会人员有实际困难的，经县（市）以上国家税务总局批准，可以按照国家税务机关的规定，建立收支凭证粘贴簿、进货销货登记簿等扣缴义务人应当自税收法律、行政法规规定的扣缴义务发生之日起十日内，按照所代扣、代收的税种，分别设置代扣代缴、代收代缴税款账簿。

纳税人、扣缴义务人采用电子计算机记账的，对于会计制度健全，能够通过电子计算机正确、完整计算其收入、所得的，其电子计算机储存和输出的会计记录，可视同会计账簿，但应按期打印成书面记录并完整保存；对于会计制度不健全，不能通过电子计算机正确、完整反映其收入、所得的，应当建立总账和与纳税或者代扣代缴、代收代缴税款有关的其他账簿。

从事生产、经营的纳税人应当自领取税务登记证件之日起 15 日内，将其财务、会计制度或者财务、会计处理办法报送主管国家税务机关备案。纳税人、扣缴义务人采用计算机记账的，应当在使用前将其记账软件、程序和使用说明书及有关资料报送主管国家税务机关备案。

3.3.1.2　记账核算

纳税人、扣缴义务人必须根据合法、有效凭证进行记账核算。

纳税人、扣缴义务人应当按照报送主管国家税务机关备案的财务、会计制度或财务、会计处理办法，真实、序时逐笔记账核算；纳税人所使用的财务、会计制度和具体的财务、会计处理办法与有关税收方面的规定不一致时，纳税人可以继续使用原有的财务、会计制度和具体的财务、会计处理办法，进行会计核算，但在计算应纳税额时，必须按照税收法规的规定计算纳税。

3.3.1.3　账簿保管

会计人员在年度结束后，应将各种账簿、凭证和有关资料按顺序装订成册，统一编号、归档保管。

纳税人的账簿（包括收支凭证粘贴簿、进销货登记簿）、会计凭证、报表和完税凭证及其他有关纳税资料，除另有规定者外，保存 10 年，保存期满需要销毁时，应编制销毁清册，经主管国家税务机关批准后方可销毁。

账簿、记账凭证、完税凭证及其他有关资料不得伪造、变造或者擅自损毁。

3.3.1.4　税收证明管理

实行查账征收方式缴纳税款的纳税人到外地从事生产、经营、提供劳务的，应当向机构所在地主管国家税务机关提出书面申请报告，写明外出经营的理由、外销商品的名称、数量、所需时间，并提供税务登记证或副本，由主管国家税务机关审查核准后签发《外出经营活动税收管理证明》。申请人应当按规定提供纳税担保或缴纳相当于应纳税款的纳税保证金。纳税人到外县（市）从事生产、经营活动，必须持《外出经营活动税收管理证明》，向经营地国家税务机关报验登记，接受税务管理，外出经营活动结束后，应当按规定的缴销期限，到主管国家税务机关缴销《外出经营活动税收管理证明》，办理退保手续。

乡、镇、村集体和其他单位及农民个人在本县（市、区）内（含邻县的毗邻乡、镇）集贸市场出售自产自销农、林、牧、水产品需要《自产自销证明》的，应持基层行政单位（村委会）出具的证明，到主管国家税务机关申请办理。

纳税人销售货物向购买方开具发票后，发生退货或销售折让，如果购货方已付购货款或者货款未付但已作财务处理，发票联及抵扣联无法收回的，纳税人应回购货方索取其机构所在地主管国家税务机关开具的进货退出或者索取折让证明，作为开具红字专用发票的合法依据。

3.3.1.5 违反账簿、凭证管理的法律责任

纳税人有下列行为之一，经主管国家税务机关责令限期改正，逾期不改正的，由国家税务机关处以2 000元以下的罚款；情节严重的，处以2 000元以上1万元以下的罚款：

（1）未按规定设置、保管账簿或者保管记账凭证和有关资料的；

（2）未按规定将财务、会计制度或者财务会计处理办法报送国家税务机关备查的。

扣缴义务人未按照规定设置、保管代扣代缴、代收代缴税款账簿或者保管代扣代缴、代收代缴税款记账凭证及有关资料的，经主管国家税务机关责令限期改正，逾期不改正的，由国家税务机关处以2 000元以下的罚款；情节严重的，处以2 000元以上5 000元以下的罚款。

3.3.2 发票管理

3.3.2.1 发票的购领

已办理税务登记的单位和个人，可以按下列规定向主管国家税务机关申请购领发票。

（1）提出购票申请。单位或个人在申请购票时，必须提出购票申请报告，在报告中载明单位和个人的名称，所属行业、经济类型、需要发票的种类、名称、数量等内容，并加盖单位公章和经办人印章。

（2）提供有关证件。购领发票的单位或者个人必须提供税务登记证件，购买专用发票的，应当提供盖有“增值税一般纳税人”确认专章的税务登记证件，经办人身份证明和其他有关证明，提供财务印章或发票专用章的印模。

（3）持簿购买发票。购票申请报告经有权国家税务机关审查批准后，购票者应当领取国家税务机关核发的《发票领购簿》或者《增值税专用发票购领簿》，根据核定的发票种类、数量以及购票方式，到指定的国家税务机关购领发票。单位或个人购买专用发票的，还应当场在发票联和抵扣联上加盖发票专用章或财务印章等章戳。有固定生产经营场所、财务和发票管理制度健全，发票使用量较大的单位，可以申请印有本单位名称的普通发票；如普通发票式样不能满足业务需要，也可以自行设计本单位的普通发票样式，报省辖市国家税务局批准，按规定数量、时间到指定印刷厂印制。自行印制的发票应当交主管国家税务机关保

管，并按前款规定办理领购手续。

固定业户到外县（市）销售货物的应当凭机构所在地国家税务机关填发的《外出经营活动税收管理证明》向经营地国家税务机关申请购领或者填开经营地的普通发票。申请购领发票时，应当提供保证人或者根据所领购发票的票面限额及数量交纳不超过1万元的发票保证金，并限期缴销发票。按期缴销发票的，解除保证人的担保义务或者退还保证金，未按期缴销发票的，由保证人承担法律责任或者收缴保证金。

依法不需要办理税务登记的纳税人以及其他未领取税务登记证的纳税人不得领购发票，需用发票时，可向经营地主管国家税务机关申请填开。申请填开时，应提供足以证明发生购销业务或者提供劳务服务以及其他经营业务活动方面的证明，对税法规定应当缴纳税款的，应当先缴税后开票。

3.3.2.2　发票的填开

发票填开的基本规定如下。

（1）发票只限于用票单位和个人自己填开使用，不得转借、转让、代开发票；未经国家税务机关批准不提拆本使用发票。

（2）单位和个人只能按照国家税务机关批准印制或购买的发票使用，不得用“白条”和其他票据代替发票使用，也不得自行扩大专业发票的使用范围。

（3）发票只准在购领发票所在地填开，不准携带到外县（市）使用。到外县（市）从事经营活动，需要填开普通发票，按规定可到经营地国家税务机关申请购买发票或者申请填开。

（4）凡销售商品，提供服务以及从事其他经营业务活动的单位和个人，对外发生经营业务收取款项，收款方应如实向付款方填开发票；但对收购单位和扣缴义务人支付个人款项时，可按规定由付款单位向收款个人填开发票；对向消费者个人零售小额商品或提供零星劳务服务，可以免予逐笔填开发票，但应逐日记账。

（5）使用发票的单位和个人必须在实现经营收入或者发生纳税义务时填开发票，未发生经营业务一律不准填开发票。

（6）单位和个人填开发票时，必须按照规定的时限、号码顺序填开，填写时必需项目齐全、内容真实、字迹清楚，全份一次复写，各联内容完全一致，并加盖单位财务印章或者发票专用章。填开发票应使用中文，也可以使用中外两种文字。对于填开发票后，发生销货退回或者折价的，在收回原发票或取得对方国家税务机关的有效证明后，方可填开红字发票，用票单位和个人填错发票，应书写或加盖“作废”字样，完整保存各联备查。用票单位和个人丢失发票应及时报告主管国家税务机关，并在报刊、电视等新闻媒介上公开声明作废，同时接受国家税务机关的处理。

增值税一般纳税人填开专用发票，除按上述规定填开外，还应执行下列规定。

（1）一般纳税人销售货物、应税劳务必须向购买方开具专用发票，但下列情况不得开具专用发票：向消费者销售应税项目；销售免税项目；销售报关出口的货物、在境外销售应税劳务；将货物用于非应税项目；将货物用于集体福利或个人消费；将货物无偿赠送他人；提供应税劳务（应当征收增值税的除外）、转让无形资产或销售不动产；商业企业零售的烟、食品、服装、鞋帽（不包括劳保福利用品）、化妆品等消费品，生产、经营机电、机车、汽车、轮船等大型机械、电子设备的工商企业，凡直接销售给使用单位的；向小规模纳税人销售应税项目可以不开具专用发票。

（2）一般纳税人必须按规定的时限开具专用发票。采用预收货款、托收承付、委托银行收款结算方式的，为货物发出的当天。采用交款提货结算方式的，为收到货款的当天。采用赊销、分期付款结算方式的，为合同约定的收款日期的当天。设有两个以上机构并实行统一核算的纳税人，将货物从一个机构移送其他机构用于销售，按规定应当征收增值税的，为货物移送的当天。将货物交付他人代销的，为收到受托人送交的代销清单的当天。将货物作为投资提供给其他单位或个体经营者，为货物移送的当天。将货物分配给股东，为货物移送的当天。

（3）一般纳税人经国家税务机关批准采用汇总方式填开增值税专用发票的，应当附有国家税务机关统一印制的销货清单。

（4）销售货物并向购买方开具专用发票后，如发生退货或销售折让，应视不同情况分别按以下规定办理：购买方在未付货款并且未做账务处理的情况下，须将原专用发票的发票联和抵扣联主动退还销售方。销售方收到后，应在该发票联和抵扣联及有关的存根联、记账联上注明“作废”字样，整套保存，并重新填开退货后或销售折让后所需的专用发票。在购买方已付货款，或者货款未付但已做账务处理，专用发票的发票联及抵扣联无法退还的情况下，购买方必须取得当地主管国家税务机关开具的进货退出或索取折让证明单（以下简称“证明单”）送交销售方，作为销售方开具红字专用发票的合法依据。销售方在未收到证明以前，不得开具红字专用发票；收到证明单后，根据退回货物的数量、价款或折让金额向购买方开具红字专用发票。红字专用发票的存根联、记账联作为销售方扣减当期销项税额的凭证，其发票联和抵扣联作为购买方扣减进项税额的凭证。购买方收到红字专用发票后，应将红字专用发票所注明的增值税额从当期进项税额中扣减。如果不扣减，造成不纳税或少纳税的，属于偷税行为。

（5）凡具备使用电子计算机开具专用发票条件的一般纳税人，可以向主管国家税务机关提交申请报告以及按照专用发票（机外发票）格式用电子计算机制作的模拟样张，根据会计操作程序用电子计算机制作的最近月份的进货、销货及库存清单及电子计算机设备的配置情况，有关专用发票电子计算机技术人员、操作人员的情况等，经主管国家税务机关批准，购领由国家税务机关监制的机外发票填开使用。

小规模纳税人申请代开专用发票的规定如下：

（1）向主管国家税务机关提出书面申请，报县（市）国家税务机关批准后，领取《**省国家税务局代开增值税专用发票许可证》。

（2）持《许可证》、供货合同、进货凭证等向主管国家税务机关提出申请，填写《填开增值税专用发票申请单》，经审核无误后，才能开具专用发票。

3.3.2.3 发票的保管

单位和个人应当建立发票使用登记制度，设置发票登记簿，并定期向主管国家税务机关报告发票使用情况。必须按规定的时限、顺序、逐栏、全部联次一次性如实开具，并加盖发票专用章。发票不得拆本使用；不得携带外地使用，不得虚开、代开。

增值税专用发票必须在规定期限（领购之日起两个月）内使用，限期内未用完的应到主管国税机关注销作废；单位和个人应当在办理变更或者注销税务登记的同时，办理发票和发票领购簿的变更、缴销手续。

使用发票的单位和个人应当妥善保管发票，不得丢失。发票丢失，应当于丢失当日书面报告主管国家税务机关，并在报刊和电视等传播媒介上公开声明作废，并接受国家税务机关的处罚。

开具发票的单位和个人应当按照国家税务机关的规定存放和保管发票，不得擅自损毁。已经开具的发票存根联和发票登记簿，应当保存五年。保存期满，报经主管国家税务机关查验后销毁。

3.3.2.4　违反发票管理的法律责任

违反发票管理法规的具体行为：

1. 未按规定印制发票

（1）未经省国家税务局批准，而私自印制发票。

（2）伪造、私刻发票监制章，伪造、变造发票防伪专用品。

（3）印制发票的企业未按《发票印制通知书》印制发票，转借、转让发票监制章和发票防伪专用品。

（4）印制发票的企业未按规定保管发票成品、发票防伪专用品、发票监制章，以及未按规定销毁废品而造成流失。

（5）用票单位私自印制发票。

（6）未按国家税务机关的规定制定印制发票管理制度。

（7）其他未按规定印制发票的行为。

2. 未按规定购领发票

（1）向国家税务机关或国家税务机关委托单位以外的单位和个人取得发票。

（2）私售、倒买倒卖发票。

（3）贩卖、窝藏假发票。

（4）借用他人发票。

（5）盗取（用）发票。

（6）私自向未经国家税务机关批准的单位和个人提供发票。

（7）其他未按规定取得发票的行为。

3. 未按规定填开发票

（1）单联填开或上下联金额、内容不一致。

（2）填写项目不齐全。

（3）涂改、伪造、变造发票。

（4）转借、转让、代开发票。

（5）未经批准拆本使用发票。

（6）虚构经济业务活动，虚填发票。

（7）填开票物不符发票。

（8）填开作废发票。

（9）未经批准，跨县（市）填开发票。

（10）以其他票据或白条代替发票填开。

（11）扩大专用发票填开范围。

（12）未按规定填报《发票购领用存申报表》。

（13）未按规定设置发票购领用存登记簿。

（14）其他未按规定填开发票的行为。

4. 未按规定取得发票

（1）应取得而未取得发票。

（2）取得不符合规定的发票。

（3）专用发票只取得记账联或只取得抵扣联的。

（4）取得发票时，要求开票方或自行变更品名、金额或增值税税款。

（5）擅自填开发票入账。

（6）其他未按规定取得发票的行为。

5. 未按规定保管发票

（1）丢失发票。

（2）损（撕）毁发票。

（3）丢失或擅自销毁发票存根联。

（4）未按规定缴销发票。

（5）印制发票的企业丢失发票或发票监制章及发票防伪专用品等。

（6）未按规定建立发票管理制度。

（7）未按国家税务机关规定设专人保管专用发票。

（8）未按国家税务机关规定设置专门存放专用发票的场所。

（9）未经国家税务机关查验擅自销毁专用发票的基本联次。

（10）其他未按规定保管发票的行为。

6. 未接受税务机关检查

（1）拒绝检查、隐瞒真实情况。

（2）刁难、阻挠税务人员进行检查。

（3）拒绝接受《发票换票证》。

（4）其他未按规定接受国家税务机关检查的行为。

有上述所列行为之一的单位和个人，由国家税务机关责令限期改正，没收非法所得，并处一万元以下的罚款。有所列两种或者两种以上行为的，可以分别处罚。

非法携带、邮寄、运输或者存放空白发票的，由国家税务机关收缴发票，没收非法所得，并处1万元以下的罚款。

私自印制、伪造变造、倒买倒卖发票，私自制作发票监制章，发票防伪专用品的，由国家税务机关依法查封、扣押或者销毁，没收非法所得和作案工具，并处1万元以上5万元以下的罚款，构成犯罪的，由司法机关依法追究刑事责任。

违反发票管理法规，导致纳税人、扣缴义务人以及其他单位或个人未缴、少缴或者骗取税款的，由国家税务机关没收非法所得，并处未缴、少缴或者骗取税款一倍以下的罚款外，还对纳税人、扣缴义务人以及其他单位或者个人进行依法查处。

7. 应当承担刑事责任的行为

单位或者个人有下列行为之一的，应当承担刑事责任：

（1）虚开增值税专用发票的（虚开是指为他人虚开、为自己虚开、让他人自己虚开、介绍他人虚开增值税专用发票行为之一的，下同）。

（2）伪造或出售伪造的增值税专用发票的。

（3）非法出售增值税专用发票的。

（4）非法购买增值税专用发票或者购买伪造的增值税专用发票的。

（5）虚开用于骗取出口退税、抵扣税款的其他发票的。

（6）伪造、擅自制造或者出售伪造、擅自制造的可以用于骗取出口退税、抵扣税款的其他发票的，以及以营利为目的，伪造、擅自制造或者出售伪造、擅自制造的上述规定以外的其他发票的。

（7）非法出售可以用于骗取出口退税、抵扣税款的其他发票的，以及以营利为目的，非法出售上述规定以外的其他发票的。

（8）盗窃增值税专用发票或者其他发票的。

3.4　纳税申报管理

3.4.1　纳税申报的对象

下列纳税人或者扣缴义务人、代征人应当按期向主管国家税务机关办理纳税申报或者代扣代缴、代收代缴税款报告、委托代征税款报告：

（1）依法已向国家税务机关办理税务登记的纳税人，包括：

①各项收入均应当纳税的纳税人。

②全部或部分产品、项目或者税种享受减税、免税照顾的纳税人。

③当期营业额未达起征点或没有营业收入的纳税人。

④实行定期定额纳税的纳税人。

⑤应当向国家税务机关缴纳企业所得税以及其他税种的纳税人。

（2）按规定不需向国家税务机关办理税务登记，以及应当办理而未办理税务登记的纳税人。

（3）扣缴义务人和国家税务机关确定的委托代征人。

3.4.2　纳税申报的期限

3.4.2.1　各税种的申报期限

缴纳增值税、消费税的纳税人，以 1 个月为一期纳税的，于期满后 10 日内申报，以 1 天、3 天、5 天、10 天、15 天为一期纳税的，自期满之日起 5 日内预缴税款，于次月 1 日起 10 日内申报并结算上月应纳税款。

缴纳企业所得税的纳税人应当在月份或者季度终了后 15 日内，向其所在地主管国家税务机关办理预缴所得税申报；内资企业在年度终了后 45 日内、外商投资企业和外国企业在年度终了后 4 个月内向其所在地主管国家税务机关办理所得税申报。

其他税种，税法已明确规定纳税申报期限的，按税法规定的期限申报。

税法未明确规定纳税申报期限的，按主管国家税务机关根据具体情况确定的期限申报。

3.4.2.2　申报期限的顺延

纳税人办理纳税申报的期限最后 1 日，如遇公休、节假日的，可以顺延。

3.4.2.3 延期办理纳税申报

纳税人、扣缴义务人、代征人按照规定的期限办理纳税申报或者报送代扣代缴、代收代缴税款报告表、委托代征税款报告表确有困难，需要延期的，应当在规定的申报期限内向主管国家税务机关提出书面延期申请，经主管国家税务机关核准，在核准的期限内办理。纳税人、扣缴义务人、代征人因不可抗力情形，不能按期办理纳税申报或者报送代扣代缴、代收代缴税款或委托代征税款报告的，可以延期办理。但是，应当在不可抗力情形消除后立即向主管国家税务机关报告。

3.4.3 纳税申报方式

3.4.3.1 上门申报

纳税人、扣缴义务人、代征人应当在纳税申报期限内到主管国家税务机关办理纳税申报、代扣代缴、代收代缴税款或委托代征税款报告。

3.4.3.2 邮寄申报

纳税人到主管国家税务机关办理纳税申报有困难的，经主管国家税务机关批准，也可以采取邮寄申报，以邮出地的邮戳日期为实际申报日期。

3.4.3.3 电传申报

实行自核自缴，且有电传条件的纳税人，经主管国家税务机关批准，可以采取电传申报。

3.4.3.4 现场申报

对临时取得应税收入以及在市场内从事经营的纳税个人，经主管国家税务机关批准，可以在经营现场口头向主管国家税务机关（人员）申报。

3.4.4 纳税申报的要求

纳税人、扣缴义务人、代征人应当到当地国家税务机关购领纳税申报表或者代扣代缴、代收代缴税款报告表、委托代征税款报告表，按照表式内容全面、如实填写，并按规定加盖印章。

纳税人办理纳税申报时，应根据不同情况提供下列有关资料和证件：

（1）财务、会计报表及其说明材料。

（2）增值税专用发票领、用、存月报表，增值税销项税额和进项税额明细表。

（3）增值税纳税人先征税后返还申请表。

（4）外商投资企业超税负返还申请表。

（5）与纳税有关的经济合同、协议书、联营企业利润转移单。

（6）未建账的个体工商户，应当提供收支凭证粘贴簿、进货销货登记簿。

（7）外出经营活动税收管理证明。

（8）境内或者境外公证机构出具的有关证明文件。

（9）国家税务机关规定应当报送的其他证件、资料。

扣缴义务人或者代征人应当按照规定报送代扣代缴，代收代缴税款的报告表或者委托代征税款报告表，代扣代缴、代收代缴税款或者委托代征税款的合法凭证，与代扣代缴、代收代缴税款或者委托代征税款有关的经济合同、协议书。

3.4.5　违反纳税申报规定的法律责任

纳税人未按照规定的期限办理纳税申报的，或者扣缴义务人、代征人未按照规定的期限向国家税务机关报送代扣代缴、代收代缴税款报告表的，由国家税务机关责令限期改正，可以处以 2 000 元以下的罚款；逾期不改正的，可以处以 2 000 元以上 1 万元以下的罚款；

一般纳税人不按规定申报并核算进项税额、销项税额和应纳税额的，除按前款规定处罚外，在一定期限内取消进项税额抵扣资格和专用发票使用权，其应纳增值税，一律按销售额和规定的税计算征税。

3.5　税款缴纳

3.5.1　税款缴纳的方式

纳税人应当按照主管国家税务机关确定的征收方式缴纳税款。

3.5.1.1　自核自缴

生产经营规模较大，财务制度健全，会计核算准确，一贯依法纳税的企业，经主管国家税务机关批准，企业依照税法规定，自行计算应纳税款，自行填写、审核纳税申报表，自行填写税收缴款书，到开户银行解缴应纳税款，并按规定向主管国家税务机关办理纳税申报并报送纳税资料和财务会计报表。

3.5.1.2　申报核实缴纳

生产经营正常，财务制度基本健全，账册、凭证完整，会计核算较准确的企业依照税法规定计算应纳税款，自行填写纳税申报表，按照规定向主管国家税务机关办理纳税申报，并报送纳税资料和财务会计报表。经主管国家税务机关审核，并填开税收缴款书，纳税人按规定期限到开户银行缴纳税款。

3.5.1.3　申报查定缴纳

即财务制度不够健全、账簿凭证不完备的固定业户，应当如实向主管国家税务机关办理纳税申报并提供其生产能力、原材料、能源消耗情况及生产经营情况等，经主管国家税务机关审查测定或实地查验后，填开税收缴款书或者完税证，纳税人按规定期限到开户银行或者税务机关缴纳税款。

3.5.1.4　定额申报缴纳

生产经营规模较小，确无建账能力或者账证不健全，不能提供准确纳税资料的固定业户，按照国家税务机关核定的营业（销售）额和征收率，按规定期限向主管国家税务机关申报缴纳税款。纳税人实际营业（销售）额与核定额相比升降幅度在 20% 以内的，仍按核定营业（销售）额计算申报缴纳税款；对当期实际营业（销售）额上升幅度超过 20% 的，按当期实际营业（销售）额计算申报缴纳税款；当期实际营业（销售）额下降幅度超过 20% 的，当期仍按核定营业（销售）额计算申报缴纳税款，经主管国家税务机关调查核实后，其多缴税款可在下期应纳税款中予以抵扣。需要调整定额的，向主管国家税务机关申请调升或调降定额。但是对定额的调整规定不适用实行起点定额或保本定额缴纳税款的个体工商户。

3.5.2 纳税期限

增值税、消费税1个月为一期纳税的，纳税人应自期满后10日内缴纳税款；以1日、3日、5日、10日、15日为一期纳税的，纳税人应自期满后5日内预缴税款，于次月1日起10日内申报纳税并结清上月应纳税款。

企业所得税，按年计算，分月或者分季预缴。纳税人应于月份或者季度终了后15日内预缴，年度终了后内资企业在4个月内汇算清缴，多退少补，外商投资企业和外国企业在5个月内汇算清缴，多退少补。

按照规定不需要办理税务登记的纳税人，凡经营应纳税商品、货物的，应于发生纳税义务的当日向经营地主管国家税务机关申报纳税。

其他税种，税法明确规定纳税期限的，按税法规定期限缴纳税款。

税法未明确规定纳税期限的，按主管国家税务机关规定的期限缴纳税款。

3.5.3 核定应纳税额

纳税人有下列情形之一的，应当依照主管国家税务机关核定的应纳税额缴纳税款：

（1）经县（市）国家税务机关批准，不设置账簿的。

（2）应当设置但未设置账簿的。

（3）虽设置账簿，但账目混乱或者成本资料、收入凭证、费用凭证残缺不全，难以查核的。

（4）发生纳税义务，未按规定期限办理纳税申报，经主管国家税务机关责令限期申报，逾期仍不申报的。

（5）未取得营业执照从事经营的纳税人和跨县（市）经营的纳税人，逾期未进行纳税清算的。

（6）合资企业的合作者采取产品分成方式分得产品的。

（7）企业取得的收入为非货币资产或者为某项权益的。

（8）应缴税的外国企业常驻代表机构，不能提供准确的证明文件和正确的申报收入额，或者不能提供准确的成本、费用凭证的，应当按主管国家税务机关的审查意见，依照核定的收入额或者费用发生额核算应税收入计算纳税。

（9）外商承包工程作业或对有关工程项目提供劳务服务所取得的业务收入，如不能提供准确的成本、费用凭证，不能正确计算应纳税所得额的，应当按主管国家税务机关核定的利润率计算应纳税所得额并缴纳应纳税款。

（10）企业或者外国企业在中国境内设立的从事生产、经营的机构、场所与其关联企业之间的业务往来，未按照独立企业之间的业务往来收取或者支付价款、费用而减少应纳税额的，应当按照主管国家税务机关合理调整后的应纳税收入或者所得额缴纳税款。

3.5.4 延期缴纳

纳税人未按规定期限缴纳税款的，扣缴义务人、代征人未按规定期限解缴税款的，除按税务机关确定的期限缴纳或者解缴税款外，还应从滞纳款之日起，按日计算缴纳滞纳税款2‰的滞纳金。

在国家税务机关办理税务登记的纳税人因有特殊困难，不能按期缴纳税款的，可以向主管国家税务机关申请延期缴纳税款，但最长不得超过3个月。纳税人申请延期缴纳税款，必须在规定的纳税期限之前，向主管国家税务机关提出书面申请，领取延期纳税审批表，说明原因，经主管国家税务机关报县以上税务局核准后，在批准的延期内缓缴税款；未经核准的，仍应在规定的纳税期限内缴纳税款。

3.5.5　扣缴、代征税款

除税法规定的扣缴义务人外，有关单位或者个人对国家税务机关委托代征零星分散的税收，应当予以配合，并接受国家税务机关核发的委托代征证书。

扣缴义务人、代征人必须依照税法或者委托代征证书的要求扣缴或者代征税款。

扣缴义务人扣缴税款或者代征人代征税款时，纳税人拒绝缴纳税款的，或者因故不能扣缴、代征税款的，应当及时报告主管国家税务机关处理。

扣缴义务人或者代征人的手续费由主管国家税务机关按规定比例提取发给，不得从代扣代收或者代征税款中坐支。

3.5.6　税款补缴与退还

纳税人、扣缴义务人计算错误等失误，未缴或者少缴税款，数额在10万元以内的，自税款所属期起3年内发现的，应当立即向主管国家税务机关补缴税款；数额在10万元以上的，自税款所属期起在10年内发现的，应当立即向主管国家税务机关补缴税款。因国家税务机关责任致使纳税人、扣缴义务人未缴或者少缴税款，自税款所属期起3年内发现的，应当立即向主管国家税务机关补缴税款，但不缴滞纳金。

纳税人超过应纳税额向国家税务机关缴纳的税款，自结算缴纳税款之日起3年内发现的，可以向主管国家税务机关提出退还税款书面申请报告，经国家税务机关核实后，予以退还。

纳税人享受出口退税及其他退税优惠政策的，应当按照规定向主管国家税务机关申请办理退税。

3.5.7　纳税担保

3.5.7.1　必须提供担保的纳税人

下列纳税人必须依法向主管国家税务机关提供纳税担保：

（1）未领取营业执照从事生产、经营的纳税人，应当依法向主管国家税务机关提供纳税担保人或者预缴税保证金，按期进行纳税清算。

（2）跨县（市）经营的纳税人，应当依法向经营地主管国家税务机关提供纳税担保人或者预缴纳税保证金，按期进行纳税清算。

（3）欠缴税款的纳税人，应当依法向经营地主管国家税务机关提供纳税担保人或者预缴纳税保证金，按期进行纳税清算。

（4）国家税务机关要求提供纳税担保的其他纳税人。

3.5.7.2　纳税担保的形式

纳税人提供的并经主管国家税务机关认可的纳税担保人作纳税担保，纳税担保人必须是经主管国家税务机关认可的，在中国境内具有纳税担保能力的公民、法人或者其他经济组织。国家机关不能作为纳税担保人；纳税人以其所拥有的未设置抵押权的财产作纳税担保；纳税人预缴纳保证金。

3.5.7.3 纳税担保书

纳税担保人同意为纳税人提供纳税担保的，应当到主管国家税务机关领取纳税担保书，按照纳税担保书的内容，写出担保对象、担保范围、担保期限和担保责任以及其他有关事项。经纳税人、纳税担保人分别签字盖章，报主管国家税务机关审核同意后，方可作为纳税担保人。

3.5.7.4 以未设置抵押权的财产作担保

纳税人以其所拥有的未设置抵押权的财产作为纳税担保的，应当填写作为纳税担保的财产清单，并写明担保财产的价值以及其他有关事项。纳税担保财产清单须经纳税人和国家税务机关签字后方为有效。

3.5.7.5 未按照规定缴纳税款

纳税人未按照规定缴纳税款的，由其纳税担保人负责缴纳，或者以其纳税保证金抵缴税款，或者由国家税务机关拍卖其未设置抵押权的财产缴纳税款。

3.5.8 违反税款缴纳规定的法律责任

3.5.8.1 欠税及其处罚

纳税人、扣缴义务人在规定的期限不缴或者少缴应纳或应解缴的税款，主管国家税务机关应当责令其限期缴纳，逾期仍未缴纳的，国家税务机关除按照《税收征管法》第二十七条规定采取强制执行措施追缴其不缴或者少缴的税款外，并处以不缴或者少缴税款5倍以下的罚款。

纳税人欠缴应纳税款，采取转移或者隐匿财产的手段，致使国家税务机关无法追缴其欠缴的税款，数额在1万元以上的，除由国家税务机关追缴其欠缴的税款外，依照关于惩治偷税、抗税犯罪的补充规定第二条的规定处罚；数额不满1万元的，由国家税务机关追缴其欠缴的税款，并处以欠缴税款5倍以下的罚款。

代征人不缴或者少缴已代征税款，由国家税务机关追缴其不缴或者少缴的税款，并可以处以不缴或者少缴税款5倍以下的罚款。

3.5.8.2 未按规定扣缴、代征税款及其处罚

扣缴义务人应扣未扣、应收未收税款的，由扣缴义务人缴纳应扣未扣、应收未收的税款。但是，扣缴义务人已将纳税人拒绝代扣、代收的情况及时报告税务机关的除外。

代征人未按照委托代征证书的要求征收税款的，由代征人缴纳应征而未征或者少征的税款。受托代征人已将纳税人拒绝缴纳的情况或者其因故不能代征税款的情况及时报告税务机关的除外。

3.5.8.3 偷税及其处罚

偷税是指纳税人采取伪造、变造、隐匿、擅自销毁账簿、记账凭证，在账簿上多列支出或者不列、少列收入或者进行虚假的纳税申报的手段，不缴或者少缴应纳税款的行为。偷税数额不满1万元或者偷税数额占应纳税额不到10%的，由国家税务机关追缴所偷税款，并

处以所偷税款 5 倍以下的罚款。偷税数额在 1 万元以上并且偷税额占应纳税额的 10% 以上的，以及因偷税被税务机关给予二次行政处罚又偷税的，除应依法补缴所偷税款外，由司法机关依法处罚。

扣缴义务人采取前项所列手段，不缴或者少缴已扣、已收税款，数额占应缴税额的 10% 以上并且数额在 1 万元以上的，除依法追缴税款外，由司法机关依法处罚；数额不满 1 万元或者数额占应纳税额不到 10% 的，由国家税务机关依法追缴其不缴或者少缴税款，并处以 5 倍以下的罚款。

3.5.8.4　骗税及其处罚

骗税是指企业事业单位采取对所生产或者经营的商品假报出口等欺骗手段，骗取国家出口退税款的行为。骗税数额在 1 万元以下的，由国家税务机关追缴其骗取的出口退税款，并处以所骗税款 5 倍以下的罚款。数额在 1 万元以上的，除由国家税务机关追缴其骗取的出口退税款外，由司法机关依法处罚。

企业事业单位以外的单位或个人骗取国家出口退税款的，除由税务机关追缴其骗取的退税款外，由司法机关依法处罚；数额较小，未构成犯罪的，由国家税务机关追缴其骗取的退税款，并处以骗取税款 5 倍以下的罚款。

3.5.8.5　抗税及其处罚

抗税是指以暴力、威胁方法拒不缴纳税款的行为。抗税情节轻微，未构成犯罪的，由国家税务机关追缴其拒缴的税款，处以拒缴税款五倍以下的罚款。构成犯罪的，由司法机关依法处罚。

以暴力方法抗税致人重伤或者死亡的，由司法机关按照伤害罪、杀人罪从重处罚，并依照前项规定处以罚金。

3.6　纳税检查

3.6.1　组织纳税自查

纳税人、扣缴义务人应当建立自查制度，结合财务核算过程和生产经营的实际情况，对照现行税收法律、法规检查有无漏报应税收入、多列支出、虚增抵扣税额、漏报或错报代扣（收）税项目、错用税率或计算错误等情况。

对于国家税务机关组织的各类纳税检查，应当按照国家税务机关通知的内容、要求、时间等，组织力量认真开展自查。纳税人、扣缴义务人日常自查中，发现纳税错误，应当自行纠正；对于在国家税务机关组织的自查中发现的纳税错误，除主动改正存在的问题，自觉补缴税款和调整有关账务外，还要如实填报自查情况报告表。如自查无问题，则应按规定填表上报。

3.6.2　配合税收检查

纳税人、扣缴义务人对国家税务机关布置的各类税务检查活动，应当积极配合。对主管部门或按行业组织的联查、互查，要有专人参加，协助开展工作，主动提供账证资料和情况。检查结束要协助检查人员核实问题。对国家税务机关检查后作出的处理决定，应当立即执行，按规定限期补缴税款、滞纳金和罚款；进行账务调整，建立健全相应的制度，以免今后发生类似问题。

国家税务机关需要对纳税人或其他单位、个人的纳税情况采用录音、录像、照相、复印等方式进行调查取证时，有关人员应如实提供情况，出具证据，予以配合，不得拒绝或者隐瞒。

纳税人、扣缴义务人及其他公民对于不按规定履行纳税义务和违反税法的行为，有权向国家税务机关检举揭发，为税务检查提供线索，由国家税务机关按规定给予奖励并为其保密。

纳税人外出经营应当自觉服从所在地国家税务机关的管理，及时办理有关手续，按规定申报纳税。

纳税人在车站、码头、机场、邮政企业及其分支机构托运、邮寄应纳税商品、货物或者其他财产，应当配合国家税务机关检查，如实提供其单据、凭证和有关资料。

本章小结

1. 了解企业成立过程中的税务登记和办理程序；
2. 熟悉纳税申报过程；
3. 掌握账簿、凭证、发票的管理，以及税款缴纳的注意事项；
4. 明确一般纳税人的资格认定和辅导纳税人的特殊性；
5. 掌握税款缴纳的多种方式以及违反缴纳规定的法律责任。

同步强化练习

1. 新公司如何办理税务登记？需要准备哪些材料？
2. 新办企业如何进行发票领购？

参考答案及解析

1. **【答案】**从事生产、经营的纳税人应当自领取营业执照之日起三十日内，主动依法向国家税务机关申报办理登记。主要步骤包括：（1）提出书面申请。纳税人必须提出书面申请报告，并提供下列有关证件、资料：营业执照；有关章程、合同、协议书；银行账号证明；法定代表人或业主居民身份证、护照或者回乡证等其他合法证件；总机构所在地国家税务机关证明；国家税务机关要求提供的其他有关证件、资料。（2）填报税务登记表。（3）领取税务登记证件。

2. **【答案】**已办理税务登记的新办企业首先需提出购票申请，同时提供有关证件持簿购买发票。

第4章

税种认定及税额的计算

学习目标

◆ 了解我国税收的分类及税种的认定登记程序

◆ 熟悉增值税、企业所得税、消费税等税收的征收范围、税率和应纳税额的计算

◆ 补充契税、印花税、城建税及教育费附加、车辆购置税等税种的知识，完善企业经营过程中税务的基础知识

◆ 知道基于2019年1月1日新施行的个人所得税法，采用最新税率及抵扣项规则计算个人所得税

本章思维导图

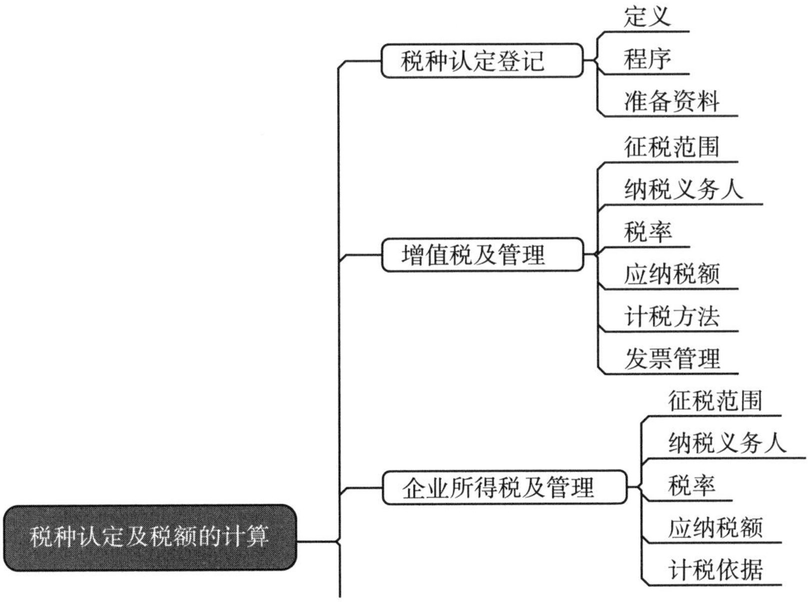

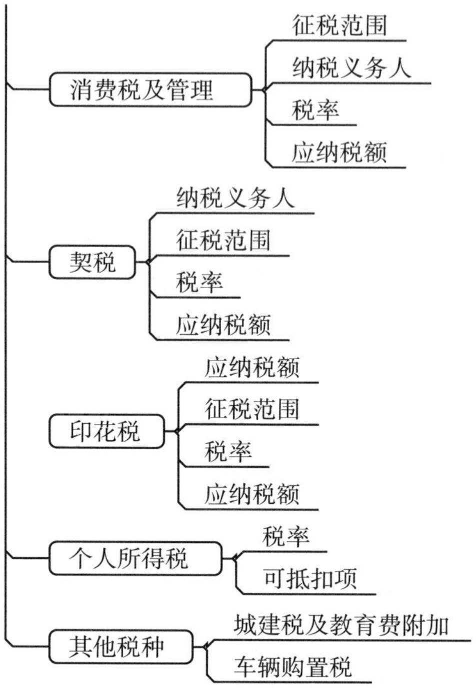

4.1 税种认定登记

4.1.1 税种

4.1.1.1 税种的含义

税种是“税收种类”的简称，构成一个税种的主要因素有征税对象、纳税人、税目、税率、纳税环节、纳税期限、缴纳方法、减税、免税及违章处理等。不同的征税对象和纳税人是一个税种区别于另一个税种的主要标志，也往往是税种名称的由来。同时，每个税种都有其特定的功能和作用，其存在依赖于一定的客观经济条件。目前我国税收分为流转税、所得税、资源税、财产税、行为税五大类，共 18 多种。

4.1.1.2 税收的分类

目前我国共 18 个税种：增值税、消费税、企业所得税、个人所得税、资源税、城镇土地使用税、土地增值税、房产税、城市维护建设税、车辆购置税、车船税、印花税、契税、耕地占用税、烟叶税、关税、船舶吨税、固定资产投资方向调节税。

按课税对象为标准，可进行如下分类：

（1）流转税：以商品生产流转额和非生产流转额为课税对象征收的一类税（我国税制结构中的主体税类，包括增值税、消费税、营业税和关税等）。

（2）所得税：又称收益税，是指以各种所得额为课税对象的一类税（我国税制结构中的主体税类，包括企业所得税、个人所得税等税种）。

(3) 财产税：是指以纳税人所拥有或支配的财产为课税对象的按课税对象分类的一类税（包括遗产税、房产税、契税、车辆购置税和车船税等）。

(4) 行为税：是指以纳税人的某些特定行为为课税对象的一类税（诸如城市维护建设税、固定资产投资方向调节税、印花税、屠宰税和筵席税等）。

(5) 资源税：是指对在我国境内从事资源开发的单位和个人征收的一类税（如资源税、土地增值税、耕地占用税和城镇土地使用税等）。

4.1.2　税种认定

税（费）种认定是指税务机关根据纳税人、扣缴义务人或受托代征方等课征主体办理税务登记、扣缴税款登记或签订委托协议（时所申报的行业、经营范围和应税行为（财产）等信息，以及在税收征管工作中依法取得的其他相关信息，对纳税人具有申报纳税（扣缴或代征）义务的税（费）种进行认定的工作。税务机关根据纳税人税（费）种登记申请信息，结合税务登记、相关认定管理、税收优惠管理等信息，通过调查核实后，对纳税人应纳税的税（费）种、税（费）目、税（费）率、征期类型、申报期限、纳税期限、征收方式、预算科目、预算级次、金库名称进行认定及变更，为税款征收提供信息。税种认定工作是把税收政策法规贯彻落实到每个纳税人的具体形式。

4.1.3　税种认定的登记程序

由纳税义务人，代征、代扣、代缴义务人填写税种认定申报表，向税务机关申请办理税种认定。主管税务机关在全面调查了解纳税人的生产经营活动和财务情况的基础上，以税收法规为依据，对照纳税鉴定申报的内容进行审核，继而确定其适用的税种、税目、税率（或单位税额）和纳税环节、计税依据、纳税期限、征收方式等，并发给纳税鉴定书。

税务机关税种认定后，应向纳税人发放《税务事项通知书》，以此明确纳税人纳税义务所涉及的征收项目、征收品目、认定有效期起止、申报期限、征收方式、税率或单位税额、预算科目、预算级次、预算级次分配比例等征收入库必备信息，核心征管系统据此生成纳税人应申报记录。

4.1.4　税种认定需准备的资料

新公司核定税种所需要携带的资料：

(1) 法人、实际经营者、财务人员的联系方式。

(2) 账册（需要贴好印花税票并划销）。

(3) 银行账号、开户银行许可证。

(4) 经营地租赁协议（需贴印花税），房产证，房租发票，房租营业税税单。

(5) 印花税购票凭证。

(6) 财务人员录用合同、会计上岗证。

(7) 工商、税务、企业代码证副本复印件。

4.2 增值税及处理

4.2.1 征税范围与纳税义务人

4.2.1.1 纳税义务人

增值税是以商品（含应税劳务、应税行为）在流转过程中实现的增值额作为计税依据而征收的一种流转税。按照我国现行增值税制度的规定，在我国境内销售货物、加工修理修配劳务、服务、无形资产和不动产以及进口货物的企业、单位和个人为增值税的纳税人。

根据经营规模大小及会计核算水平的健全程度，增值税纳税人分为一般纳税人和小规模纳税人（见图4-1）。

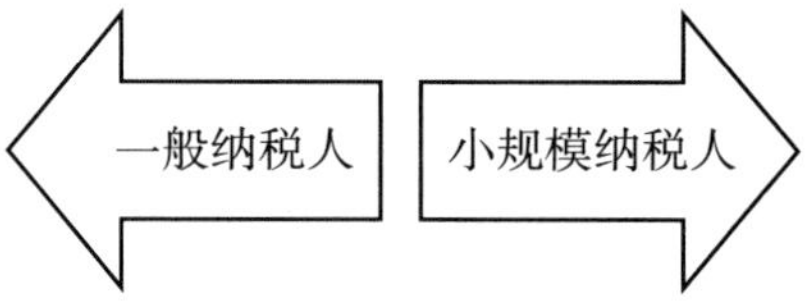

图4-1 增值税纳税人的两种分类

资料来源：笔者根据相关资料编制。

1. 一般纳税人

（1）生产货物或者提供应税劳务的纳税人，以及以生产货物或者提供应税劳务为主（即纳税人的货物生产或者提供应税劳务的年销售额占应税销售额的比重在50%以上）并兼营货物批发或者零售的纳税人，年应税销售额超过50万的。

（2）从事货物批发或者零售经营，年应税销售额超过80万元的。

2. 小规模纳税人

（1）从事货物生产或者提供应税劳务的纳税人，以及从事货物生产或者提供应税劳务为主（即纳税人的货物生产或者提供劳务的年销售额占年应税销售额的比重在50%以上），并兼营货物批发或者零售的纳税人，年应征增值税销售额（简称应税销售额）在50万元以下（含本数）的。

（2）除上述规定以外的纳税人，年应税销售额在80万元以下（含本数）。

4.2.1.2 征税范围

（1）销售货物。是指有偿转让货物的所有权。“货物”是指除土地、房屋和其他建筑物等一切不动产之外的有形动产，包括电力、热力和气体在内。

（2）提供加工和修理修配劳务。

（3）进口货物。

（4）视同销售行为。

①将货物交付其他单位或者个人代销。

②销售代销货物。

③设有两个以上机构并实行统一核算的纳税人，将货物从一个机构移送至其他机构用于

销售，但相关机构设在同一县（市）的除外。

④将自产或委托加工的货物用于非增值税应税项目。

⑤将自产、委托加工的货物用于集体福利或个人消费。

⑥将自产、委托加工或购进的货物作为投资，提供给其他单位或个体工商户。

⑦将自产、委托加工或购进的货物分配给股东或投资者。

⑧将自产、委托加工或购进的货物无偿赠送给其他单位或者个人。

（5）混合销售行为。是指销售行为同时涉及货物和非增值税应税劳务（指属于营业税征税范围的劳务活动），即同一项销售行为中既涉及货物又涉及非增值税应税劳务。《增值税暂行条例实施细则》规定：除另外规定外，对于从事货物的生产、批发或零售的企业、企业性单位及个体工商户的混合销售行为，均视为销售货物，缴纳增值税；对于其他单位和个人的混合销售行为，视为销售非增值税应税劳务，不缴纳增值税。

（6）兼营非应税项目。是指纳税人的经营范围既包括销售货物和应税劳务，又包括提供非应税项目。销售货物或应税劳务不同时发生在同一购买者身上，即不发生在同一项销售行为中。《增值税暂行条例实施细则》规定：纳税人兼营非增值税应税项目的，应分别核算货物或应税劳务和非应税项目的销售额。未分别核算的，由主管税务机关核定货物或应税劳务的销售额。

（7）特别规定：以下销售行为须缴纳增值税。

①货物期货（包括商品期货和贵金属期货）。

②银行销售金银的业务。

③典当业销售的死当物品，寄售商店代销的寄售物品。

④基本建设单位和从事建筑安装业务的企业附设的工厂、车间生产的水泥预制构件、其他构件或建筑材料，凡用于本单位或本企业的建筑工程的，应视同对外销售。

⑤集邮商品的生产、调拨，以及邮政部门以外的其他单位与个人销售集邮商品，应征收增值税。

⑥对经营单位购入拍卖物品再销售的，应照章征收增值税。国家指定销售单位将罚没物品纳入正常销售渠道销售的，应照章征收增值税。

⑦电力公司向发电企业收取的过网费。

⑧印刷企业接受出版单位委托，自行购买纸张，印刷有统一刊号（CN）以及采用国际标准书号编序的图书、报纸和杂志。

⑨缝纫。

4.2.2　税率与征收率

我国现行增值税属于比例税率，根据应税行为一共分为 13%、9%、6% 三档税率及 5%、3% 两档征收率。

4.2.2.1　基本税率

纳税人销售或者进口货物，提供加工、修理修配劳务的，提供有形动产租赁服务，税率均为 13%。

4.2.2.2　9% 税率

提供交通运输业服务（包括陆路运输、水路运输、航空运输、管道运输），纳税人销售或者进口下列货物，税率为9%：农产品（含粮食）、自来水、暖气、石油液化气、天然气、食用植物油、冷气、热水、煤气、居民用煤炭制品、食用盐、农机、饲料、农药、农膜、化肥、沼气、二甲醚、图书、报纸、杂志、音像制品、电子出版物，以及国务院规定的其他货物。

4.2.2.3　6%税率

提供现代服务业服务（包括研发和技术服务、信息技术服务、文化创意服务、物流辅助服务、鉴证咨询服务，有形动产租赁服务除外），适用6%税率。

4.2.2.4　0%税率

纳税人出口货物，税率为零。但是，国务院另有规定的除外。

4.2.2.5　其他规定

纳税人兼营不同税率的货物或者应税劳务，应当分别核算不同税率货物或者应税劳务的销售额；未分别核算销售额的，从高适用税率。

纳税人销售不同税率货物或应税劳务，并兼营应属一并征收增值税的非应税劳务的，其非应税劳务应从高适用税率。

4.2.2.6　征收率

小规模纳税人适用征收率，征收率为3%。小规模纳税人按照其销售额与规定的征收率3%计算缴纳增值税，不准许抵扣进项税额，也不允许使用增值税专用发票。

特殊规定：

（1）一般纳税人销售自己使用过的属于《中华人民共和国增值税暂行条例》第十条规定不得抵扣且未抵扣进项税额的固定资产，按照简易办法依照3%征收率减按2%征收增值税。

（2）小规模纳税人销售自己使用过的固定资产，减按2%征收率征收增值税。

（3）一般纳税人销售自产的下列货物，可选择按照简易办法依照3%征收率计算缴纳增值税：

①县级及县级以下小型水力发电单位生产的电力。小型水力发电单位，是指各类投资主体建设的装机容量为5万千瓦以下（含5万千瓦）的小型水力发电单位。

②建筑用和生产建筑材料所用的砂、土、石料。

③以自己采掘的砂、土、石料或其他矿物连续生产的砖、瓦、石灰（不含黏土实心砖、瓦）。

④用微生物、微生物代谢产物、动物毒素、人或动物的血液或组织制成的生物制品。

⑤自来水。

⑥商品混凝土（仅限于以水泥为原料生产的水泥混凝土）。

一般纳税人选择简易办法计算缴纳增值税后，36个月内不得变更。

（4）一般纳税人销售以下物品，暂按简易办法依照3%征收率计算缴纳增值税：

①寄售商店代销寄售物品（包括居民个人寄售的物品在内）。

②典当业销售死当物品。

③经国务院或国务院授权机关批准的免税商店零售的免税品。

4.2.3　应纳税额的计算

4.2.3.1　一般纳税人

计算公式为：

应纳税额 = 当期销项税额 - 当期进项税额

销项税额 = 销售额 × 税率

销售额 = 含税销售额 ÷ (1 + 税率)

销项税额：是指纳税人提供应税服务按照销售额和增值税税率计算的增值税额。其中，销售额是指纳税人销售货物、加工修理修配劳务、服务、无形资产和不动产向购买方收取的全部价款和价外费用，但是不包括收取的销项税额。

进项税额：是指纳税人购进货物或者接受加工修理修配劳务和应税服务，支付或者负担的增值税税额。

下列进项税额准予从销项税额中抵扣：

（1）从销售方取得的增值税专用发票（含税控机动车销售统一发票，下同）上注明的增值税税额。

（2）从海关进口增值税专用缴款书上注明的增值税税额。

（3）购进农产品，除取得增值税专用发票或者海关进口增值税专用缴款书外，如用于生产税率为 9% 的产品，按照农产品收购发票或者销售发票上注明的农产品买价和 10% 的扣除率计算的进项税额；如用于生产税率为 13% 的产品，按照农产品收购发票或者销售发票上注明的农产品买价和 10% 的扣除率计算的进项税额。

（4）从境外单位或者个人购进服务、无形资产或者不动产，自税务机关或者扣缴义务人取得的解缴税款的完税凭证上注明的增值税额。

（5）一般纳税人支付的道路、桥、闸通行费，凭取得的通行费发票上注明的收费金额和规定的方法计算的可抵扣的增值税进项税额。

【例 4－1】 A 公司 4 月购买甲产品支付货款 10 000 元，增值税进项税额 1 300 元，取得增值税专用发票。销售甲产品含税销售额为 22 600 元。

进项税额 = 1 300 元

销项税额 = 22 600/(1 + 13%) × 13% = 2 600（元）

应纳税额 = 2 600 − 1 300 = 1 300（元）

4.2.3.2　小规模纳税人

应纳税额 = 销售额 × 征收率

销售额 = 含税销售额 ÷ (1 + 征收率)

应纳税额 = 当期销项税额—当期进项税额

上述公式中的“当期销项税额”是指纳税人当期销售货物、加工修理修配劳务、服务、无形资产和不动产时按照销售额和增值税税率计算并收取的增值税税额。

公式中的“当期进项税额”是指纳税人购进货物、加工修理修配劳务、应税服务、无形资产或者不动产，支付或者负担的增值税税额。小规模纳税人与一般纳税人在税额计算和进项抵扣等方面的规定是不同的（见表 4－1）。

表 4-1　小规模纳税人与一般纳税人的区别

纳税人	一般纳税人	小规模纳税人
销项税额	按 13% 的税率确认增值税销项税额	按 3% 的征收率确认增值税应纳税额
进项抵扣	购入货物取得的增值税专用发票上注明的增值税可以从销项税额中抵扣	购入货物，无论是否取得增值税专用发票，其支付的增值税均不可以抵扣，应计入存货的成本

资料来源：笔者根据相关资料编制。

4.2.4 增值税的计税方法

计算增值税的方法分为一般计税方法和简易计税方法。

4.2.4.1 一般计税方法

增值税的一般计税方法，是先按当期销售额和适用的税率计算出销项税额，然后以该销项税额对当期购进项目支付的税款（即进项税额）进行抵扣，从而间接算出当期的应纳税额。增值税一般纳税人计算增值税大多采用一般计税方法。

4.2.4.2 简易计税方法

一般纳税人销售服务、无形资产或者不动产，符合规定的，可以采用简易计税方法。采用简易计税方法的增值税征收率为3%，财政部和国家税务总局另有规定的除外。

小规模纳税人一般采用简易计税方法：即购进货物、应税劳务或应税行为，取得增值税专用发票上注明的增值税，一律不予抵扣，直接计入相关成本费用或资产。

小规模纳税人销售货物、应税劳务或应税行为时，按照不含税的销售额和规定的增值税征收率计算应交纳的增值税（即应纳税额），但不得开具增值税专用发票。

一般来说，小规模纳税人采用销售额和应纳税额合并定价的方法并向客户结算款项，销售货物、应税劳务或应税行为后，应进行价税分离，确定不含税的销售额。

不含税的销售额计算公式：

$$不含税销售额 = 含税销售额 \div (1 + 征收率)$$

$$应纳税额 = 不含税销售额 \times 征收率$$

小规模纳税人进行账务处理时，只需在“应交税费”科目下设置“应交增值税”明细科目，该明细科目不再设置增值税专栏。

4.2.5 增值税专用发票的使用及管理

增值税专用发票是由国家税务总局监制设计印制的，只限于增值税一般纳税人领购使用的，既作为纳税人反映经济活动中的重要会计凭证又是兼记销货方纳税义务和购货方进项税额的合法证明；是增值税计算和管理中重要的决定性的合法的专用发票。

4.2.5.1 发票的构成

增值税普通发票由基本联次或者基本联次附加其他联次构成，基本联次为两联：发票联和记账联。

增值税专用发票由基本联次或者基本联次附加其他联次构成，基本联次为三联：

（1）记账联，是销货方发票联，是销货方的记账凭证（即是销货方作为销售货物的原始凭证，在票面上的“税额”指的是“销项税额”，“金额”指的是销售货物的“不含税金额价格”发票三联是具有复写功能的，一次开具，三联的内容一致）。

（2）抵扣联（购货方用来扣税）。

（3）发票联（购货方用来记账）。

现行各种发票的联次的具体规定如下（见表 4－2）：

表 4－2　现行各种发票的联次的具体规定

发票名称	联次分类	联次用途
增值税专用发票	包括三联和六联两种	三联：第一联为记账联；第二联为抵扣联；第三联为发票联 六联：第一联为记账联；第二联为抵扣联；第三联为发票联；第四联、第五联、第六联为副联
增值税普通发票	包括二联和五联两种	二联：第一联为记账联；第二联为发票联 五联：第一联为记账联；第二联为发票联；第三联、第四联、第五联为副联

资料来源：笔者根据相关资料编制。

4.2.5.2　发票的领购

一般情况下，企业刚开始领用的发票数量是 25 张，若不够用，可申请增量或增版。

（1）增量：适用于金额不高，但是开票量大的公司，如小商铺。

（2）增版：适用于客单价高的企业，这类企业的特点是金额大，但开票量相对较小。

一般纳税人有下列情形之一者，不得领购使用专用发票：

（1）会计核算不健全，即不能按会计制度和税务机关的要求准确核算增值税的销项税额、进项税额和应纳税额者。

（2）不能向税务机关准确提供增值税销项税额、进项税额、应纳税额数据及其他有关增值税税务资料者。上述其他有关增值税税务资料的内容，由国家税务总局直属分局确定。

（3）有以下行为，经税务机关责令限期改正而仍未改正者：

①私自印制专用发票。

②向个人或税务机关以外的单位买取专用发票。

③借用他人专用发票。

④向他人提供虚开的专用发票。

⑤未按本规定第五条的要求开具专用发票。

⑥未按规定保管专用发票。

⑦未按《增值税专用发票使用规定》第十六条的规定申报专用发票的购、用、存情况。

⑧未按规定接受税务机关检查。

（4）销售的货物全部属于免税项目者。

有上列情形的一般纳税人如已领购使用专用发票，税务机关应收缴其结存的专用发票。

4.2.5.3　开具发票的标准

（1）字迹清楚。

（2）不得涂改。

（3）项目填写齐全。
（4）票、物相符，票面金额与实际收取的金额相符。
（5）各项目内容正确无误。
（6）全部联次一次填开，上、下联的内容和金额一致。
（7）发票联和抵扣联加盖发票专用章。
（8）按照规定的时限开具专用发票。
（9）不得开具伪造的专用发票。
（10）不得拆本使用专用发票。
（11）不得开具票样与国家税务总局统一制定的票样不相符合的专用发票。
开具的专用发票有不符合上列要求者，不得作为扣税凭证，购买方有权拒收。

4.2.5.4 发票开具的时限

（1）采用预收货款、托收承付、委托银行收款结算方式的，为货物发出的当天。
（2）采用交款提货结算方式的，为收到货款的当天。
（3）采用赊销、分期付款结算方式的，为合同约定的收款日期的当天。
（4）将货物交付他人代销，为收到受托人送交的代销清单的当天。
（5）设有两个以上机构并实行统一核算的纳税人，将货物从一个机构移送其他机构用于销售，按规定应当征收增值税的，为货物移送的当天。
（6）将货物作为投资提供给其他单位或个体经营者，为货物移送的当天。
（7）将货物分配给股东，为货物移送的当天。
（8）在货物送出时确定已交现金或已有发票为证的相关手续。

4.3 企业所得税及处理

企业所得税是指对中华人民共和国境内的企业（居民企业及非居民企业）和其他取得收入的组织以其生产经营所得为课税对象所征收的一种所得税。

4.3.1 纳税义务人

企业所得税纳税人，即所有实行独立经济核算的中华人民共和国境内的内资企业或其他组织，包括以下6类：国有企业、集体企业、私营企业、联营企业、股份制企业、有生产经营所得和其他所得的其他组织。

作为企业所得税纳税人，应依照《中华人民共和国企业所得税法》缴纳企业所得税。但个人独资企业及合伙企业除外。

纳税人分为居民企业和非居民企业。居民企业，是指依法在中国境内成立，或者依照外国（地区）法律成立但实际管理机构在中国境内的企业。非居民企业，是指依照外国（地区）法律成立且实际管理机构不在中国境内，但在中国境内设立机构、场所的，或者在中国境内未设立机构、场所，但有来源于中国境内所得的企业。

居民企业应当就其来源于中国境内、境外的所得缴纳企业所得税。

非居民企业在中国境内设立机构、场所的，应当就其所设机构、场所取得的来源于中国境内的所得，以及发生在中国境外但与其所设机构、场所有实际联系的所得，缴纳企业所得税。非居民企业在中国境内未设立机构、场所的，或者虽设立机构、场所但取得的所得与其所设机构、场所没有实际联系的，应当就其来源于中国境内的所得缴纳企业所得税。

4.3.2 征税对象

企业所得税的征税对象是纳税人取得的所得。包括销售货物所得、提供劳务所得、转让财产所得、股息红利所得、利息所得、租金所得、特许权使用费所得、接受捐赠所得和其他所得。

4.3.3 税率

企业所得税实行25%的比例税率。同时，符合条件的小型微利企业，减按20%的税率征收企业所得税。国家需要重点扶持的高新技术企业，减按15%的税率征收企业所得税。

4.3.4 计税依据

企业所得税的计税依据为应纳税所得额，即纳税人每一纳税年度内的收入总额减除准予扣除的成本、费用、税金和损失等项目后的余额。

4.3.4.1 收入项目

包括现金、存款、应收账款、应收票据、准备持有至到期的债券投资以及债务的豁免等。

4.3.4.2 扣除项目

指与取得收入直接相关的支出。

下列项目在计算应纳税所得额时，不得扣除：

（1）向投资者支付的股息、红利等权益性投资收益款项。

（2）企业所得税税款。

（3）税收滞纳金。

（4）罚金、罚款和被没收财物的损失。

（5）本法第九条规定以外的捐赠支出。

（6）赞助支出。

（7）未经核定的准备金支出。

（8）与取得收入无关的其他支出。

下列项目允许扣除或部分扣除：

（1）计入当期损益或者有关资产成本的必要和正常的支出。

（2）企业发生的合理的工资薪金，准予扣除。

（3）企业按照国务院有关主管部门或者省级人民政府规定的范围和标准，为职工缴纳的基本养老保险费、基本医疗保险费、失业保险费、工伤保险费、生育保险费等基本社会保险费和住房公积金，准予扣除。

（4）利息支出不超过按照金融企业同期同类贷款利率计算的数额的部分允许扣除。

（5）企业发生的职工福利费支出，不超过工资薪金总额14%的部分，准予扣除。企业拨缴的职工工会经费支出，不超过工资薪金总额2%的部分，准予扣除。企业发生的职工教育经费支出，不超过工资薪金总额2.5%的部分，准予扣除。

（6）企业发生的与生产经营活动有关的业务招待费，按照发生额的60%扣除，但最高不得超过当年销售（营业）收入的5‰。

（7）企业每一纳税年度发生的符合条件的广告费和业务宣传费，除国务院、财政、税务主管部门另有规定外，不超过当年销售（营业）收入15%的部分，准予扣除；超过部分，准予在以后纳税年度结转扣除。

（8）企业发生的公益性捐赠支出，不超过年度会计利润总额12%的部分，准予扣除。

4.3.5 计税方法及应纳税额

企业所得税有查账征收和核定征收两种征收方式。

4.3.5.1 查账征收

查账征收方式下应纳税额的计算如下所示。

1. 季度预缴税额的计算

依照税法规定，企业分月（季）预缴所得税时，应当按季度的实际利润计算应纳税额预缴；按季度实际利润额计算应纳税额预缴有困难的，可以按上一年度应纳税所得额的1/4计算应纳税额预缴或者经主管国税机关认可的其他方法（如按年度计划利润额）计算应纳税额预缴。计算公式为：

季度预缴企业所得税税额 = 月（季）应纳税所得额 × 适用税率或者

季度预缴企业所得税税额 = 上一年度应纳税所得额 × 1/12（或1/4）× 适用税率

2. 年度所得税额的计算

年度应缴纳的企业所得税和地方所得税都应当在分月（季）度预缴的基础上，于年度终了后进行清算，多退少补。其税额的计算公式为：

全年应纳企业所得税额 = 全年应纳税所得额 × 适用税率

汇算清缴应补（退）企业所得税税额 = 全年应纳企业所得税额 − 月（季）已预缴企业所得税税额

3. 应纳税所得额的计算

税法规定，应纳税所得额的基本计算公式为：

应纳税所得额 = 收入总额 − 准予扣除项目金额

在所得税的实际征管工作及企业的纳税申报中，应纳税所得额的计算，一般是以企业的会计利润总额为基础，通过纳税调整来确定的，即：

应纳税所得额 = 利润总额 + 纳税调整增加额 − 纳税调整减少额 − 以前年度亏损 − 免税所得

4.3.5.2 核定征收

核定征收方式下应纳税额的计算如下所示：

1. 定额征收方式下应纳税额的计算

税务机关按照一定的标准、程序和方法，直接核定纳税人年度应纳企业所得税额，由纳税人按规定进行申报缴纳。

2. 核定应税所得率征收方式下应纳税额的计算

应纳所得税额 = 应纳税所得额 × 适用税率

应纳税所得额 = 收入总额 × 应纳税所得率

= 成本费用支出额 ÷（1 − 应纳税所得率）× 应纳税所得率

4.4　消费税及处理

4.4.1　纳税义务人

消费税是指在我国境内生产、委托加工和进口应税消费品的单位和个人，按其流转额交纳的一种税。消费税是在对货物普遍征收增值税的基础上，选择少数消费品再征收的一个税种，主要是为了调节产品结构，引导消费方向，保证国家财政收入。

消费税实行价内税，只在应税消费品的生产、委托加工和进口环节缴纳，在以后的批发、零售等环节，因为价款中已包含消费税，因此不用再缴纳消费税，税款最终由消费者承担。

消费税的纳税人为在中国境内生产销售、委托加工和进口应税消费品的各类企业、单位和个人。

4.4.2　税目与税率

消费税共设有 14 个税目，分别采用比例税率和固定税额标准。具体税率如下：

（1）烟。卷烟定额税率为每标准箱（50 000 支）150 元，即 0.003 元/支。比例税率为：每标准条（200 支），对外调拨价格在 50 元以上（含 50 元）的，税率为 45%，50 元以下的，税率为 30%。雪茄烟，税率 25%。烟丝，税率 30%。

（2）酒和酒精。粮食白酒，定额税率 0.5 元/500 克，比例税率 20%。薯类白酒，定额税率 0.5 元/500 克，比例税率 20%。黄酒，税额 240 元/吨。啤酒，每吨出厂价格在 3 000 元及以上的，税额 250 元/吨；每吨出厂价格在 3 000 元以下的，税额 220 元/吨；娱乐业、饮食业自制啤酒，单位税额 250 元/吨。其他酒，税率 10%。酒精，税率 5%。

（3）成品油。石脑油，单位税额为 0.2 元/升。溶剂油，单位税额为 0.2 元/升。润滑油，单位税额为 0.2 元/升。燃料油，单位税额为 0.1 元/升。航空煤油，单位税额为 0.1 元/升。

石脑油、溶剂油、润滑油、燃料油暂按应纳税额的 30% 征收消费税；航空煤油暂缓征收消费税。

（4）化妆品，税率 30%。

（5）贵重首饰和珠宝玉石，税率 10%。

（6）鞭炮、焰火，税率 15%。

（7）汽车轮胎，税率 3%。子午线轮胎免税。

（8）摩托车。气缸容量在 250 毫升（含）以下的，税率为 3%；气缸容量在 250 毫升以上的，税率为 10%。

（9）小汽车。乘用车，气缸容量（排气量，下同）在 1.5 升（含）以下的，税率为 3%；气缸容量在 1.5 升以上至 2.0 升（含）的，税率为 5%；气缸容量在 2.0 升以上至 2.5 升（含）的，税率为 9%；气缸容量在 2.5 升以上至 3.0 升（含）的，税率为 12%；气缸容量在 3.0 升以上至 4.0 升（含）的，税率为 15%；气缸容量在 4.0 升以上的，税率为 20%。中轻型商用客车，税率为 5%。

（10）高尔夫球及球具，税率为10%。
（11）高档手表，税率为20%。
（12）游艇，税率为10%。
（13）木制一次性筷子，税率为5%。
（14）实木地板，税率为5%。

4.4.3 应纳税额的计算

消费税实行从价定率、从量定额以及从价定率与从量定额相结合三种计税方法，具体计算公式如下：

4.4.3.1 销售应税消费品

计税公式：

从价计征的应纳税额 = 应税消费品销售额 × 适用税率

从量计征的应纳税额 = 应税消费品销售数量 × 适用税额标准

4.4.3.2 委托加工应税消费品

计税公式：

从价计税征的应纳税额 = 同类消费品的销售价格或组成计税价格 × 适用税率

其中：组成计税价格 =（材料成本 + 加工费）÷（1 − 消费税税率）

从量计征的应纳税额 = 收回的应税消费品数量 × 适用税额标准

4.4.3.3 进口应税消费品

计税公式：

从价计征的应纳税额 = 进口应税消费品的组成计税价格 × 适用税率

从量计征的应纳税额 = 进口应税消费品的数量 × 适用税额标准

卷烟等复合计税的卷烟、粮食白酒、薯类白酒采取从量定额与从价定率相结合的复合计税方法，其计税公式：

应纳税额 = 销售数量 × 定额税率 + 销售额 × 比例税率

4.5 契税及处理

4.5.1 纳税义务人和征税范围

4.5.1.1 纳税人

在中华人民共和国境内转移土地、房屋权属，承受的单位和个人为契税的纳税人。

4.5.1.2 征税范围

契税的征税对象为发生土地使用权和房屋所有权权属转移的土地和房屋。

（1）国有土地使用权出让，不得因减免土地出让金而减免契税。（重要）

（2）土地使用权转让，包括出售、赠与和交换（征收土地增值税），不包括农村集体土地承包经营权的转移。

（3）房屋买卖和视同买卖房屋。

①以房产抵债或实物交换房屋。

房产抵债：折价的，以折价款缴纳契税；补价的，以债款加补价缴纳契税。

②以房产作投资或入股。办理了产权变更登记手续，视同房屋买卖。

以自有房产作股投入本人独资经营企业，免纳契税。

③买房拆料或翻建新房应照章征收契税。

（4）房屋赠与。

①法定继承免税：配偶、子女、父母、兄弟姐妹、祖父母、外祖父母。

②非法定继承人根据遗嘱承受继承死者生前的土地、房屋权属，需办理过户，应征收契税。

（5）房屋交换。

注意：单位之间互换房屋，需要缴纳土地增值税。

（6）其他房屋转移行为。

①以获奖方式承受土地、房屋权属的行为，应缴纳契税。

②以预购方式或者预付集资建房款方式承受土地、房屋权属，应缴纳契税。

4.5.2　税率、计税依据和应纳税额的计算

4.5.2.1　税率

契税实行 3% ~5% 的幅度比例税率。

4.5.2.2　计税依据

土地使用权出让、出售、房屋买卖，计税依据为成交价格。

土地使用权赠与、房屋赠与，计税依据由征收机关参照土地使用权出售、房屋买卖市场价格核定。

土地使用权交换、房屋交换，计税依据是所交换的土地使用权、房屋的价格差额。

以划拨方式取得土地使用权，经批准改为出让的，计税依据为应补缴的土地出让金或者土地收益。

房屋附属设施征收契税依据：

（1）不涉及土地使用权、房屋产权变动的不缴契税。

（2）采取分期付款方式购买，按总价款计税（房款可以分期，契税不能分期）。

（3）承受的房屋附属设施权属如果是单独计价的，按照当地适用的税率征收契税。如果是与房屋统一计价的，适用与房屋相同的税率。

4.5.3　税收优惠

4.5.3.1　契税优惠的基本规定

国家机关、事业单位、社会团体、军事单位承受土地、房屋权属用于办公、教学、医疗、科研、军事设施的，免征契税。

城镇职工按规定第一次购买公有住房，免征契税。

因不可抗力丧失住房而重新购买住房的，酌情准予减征或者免征契税（例如地震新建房）。

土地、房屋被县级以上人民政府征用后，重新承受土地、房屋权属的，省级政府确定是否减免。

承受四荒土地使用权（荒山、荒沟、荒丘、荒滩），并用于农、林、牧、渔业生产的，免征契税。

应当予以免税的驻华使领馆、驻华机构及其外交代表、人员承受土地、房屋权属的，免征契税。

公租房经营单位购买住房作为公租房，免征契税。

个人购买住房的契税优惠：

（1）90 平方米及以下，唯一住房或改善性住房，减按 1% 的申税率征收契税。

（2）90 平方米以上，唯一住房，减按 1.5% 的契税征收契税率。

（3）90 平方米以上，改善性住房，减按 2% 的税率征收契税。

4.5.3.2　契税优惠的特殊规定

（1）企业改制：原企业投资主体存续并在改制后企业中持股权（股份）比例超过 75%，免征契税。

（2）事业单位改制：原投资主体存续并在改制后企业中出资比例超过 50% 的，免征契税。

（3）依法律、合同规定的公司合并和分立，免征契税。

（4）企业破产（重要）：企业实施破产后，债权人承受破产企业土地、房屋权属以抵偿债务的，免征契税；对非债权人承受破产企业土地、房屋权属，妥善安置全部职工，与原企业 30% 以上职工签订服务年限不少于 3 年劳动用工合同的，对其承受所购企业的土地、房屋权属，减半征收契税；与原企业全部职工签订服务年限不少于 3 年的劳动用工合同的，免征契税。

（5）资产划转：对承受县级以上人民政府或国有资产管理部门按规定进行行政性调整、划转的，免征契税。

同一投资主体内部所属企业之间土地、房屋权属的划转，包括母公司与其全资子公司之间，同一公司所属全资子公司之间，同一自然人与其设立的个人独资企业、一人有限公司之间土地、房屋权属的划转，免征契税。

（6）债权转股权：经国务院批准实施债权转股权的企业，对债权转股权后新设立的公司承受原企业的土地、房屋权属，免征契税。

（7）划拨用地出让或作价出资：以出让方式或国家作价出资（入股）方式承受原改制重组企业、事业单位划拨用地的，不属上述规定的免税范围，对承受方应按规定征收契税。

（8）公司股权（股份）转让，未发生实际变更，不征收。

4.5.4　契税征收管理

（1）纳税义务发生时间：纳税人签订土地、房屋权属转移合同的当天，或者纳税人取得其他具有土地、房屋权属转移合同性质凭证的当天。

（2）纳税期限：纳税义务发生之日起 10 日内。

（3）纳税地点：契税在土地、房屋所在地的征收机关缴纳。

（4）征收管理：对已缴纳契税的购房单位和个人，在未办理房屋权属变更登记前退房的，退还已纳契税；在办理房屋权属变更登记后退房的，不予退还。

** **解释** ** 契税管理，实行“先税后证”，意味着取得证书后再退房的，不可能再退契税。

4.6　印花税及处理

印花税是对经济活动和经济交往中书立、领受具有法律效力的凭证的行为所征收的一种税。因采用在应税凭证上粘贴印花税票作为完税的标志而得名。

印花税具有如下特点：

（1）兼有凭证税和行为税性质。

（2）征税范围广泛。

（3）税率低、税负轻。

（4）由纳税人自行完成纳税义务，自行计算税额、自行购买印花税票、自行粘贴并画销或注销。

4.6.1　纳税义务人

印花税的纳税人包括在中国境内设立、领受规定的经济凭证的企业、行政单位、事业单位、军事单位、社会团体、其他单位、个体工商户和其他个人。分为：立合同人、立据人、立账簿人、领受人、使用人和各类电子应税凭证的签订人（见表 4－3）。

表 4－3　　印花税的各责任人及具体情况

纳税人	具体情况	注意问题
立合同人	各类合同的当事人，即对凭证有直接权利义务关系的单位和个人，但不包括合同的担保人、证人、鉴定人 当事人的代理人有代理纳税的义务，与纳税人负有同等的税收法律义务和责任	（1）凡由两方或两方以上当事人共同书立的应税凭证，其当事人各方都是印花税的纳税人，应各就其所持凭证的计税金额履行纳税义务； （2）纳税人以电子形式签订的各类应税凭证应按规定征收印花税
立据人	订立产权转移书据的单位和个人【商品房销售】	
立账簿人	设立并使用营业账簿的单位和个人	
领受人	领取或接受并持有权利、许可证照的单位和个人	
使用人	在国外书立、领受，在国内使用应税凭证的单位和个人	
电子凭证	各类电子应税凭证的签订人	

资料来源：笔者根据相关资料编制。

4.6.2　税目与税率

4.6.2.1　税目

（1）购销合同。

①出版单位与发行单位之间订立的书刊、音像制品的应税凭证如订购单、订数单等属于购销合同。

②购销合同包括发电厂与电网之间、电网与电网之间（国家电网、南方电网系统内部

各级电网互供电量除外）签订的购售电合同。电网与用户之间签订的供用电合同，不征收印花税。

（2）加工承揽合同，包括加工、定做、修缮、印刷、广告、测绘、测试等合同（结合增值税、消费税）。

（3）建设工程勘察设计合同，包括勘察、设计合同的总包合同、分包合同和转包合同。

（4）建筑安装工程承包合同，包括建筑、安装工程承包合同的总包合同、分包合同和转包合同。

（5）财产租赁合同。

（6）货物运输合同。

（7）仓储保管合同。

（8）借款合同，包括融资租赁合同。不包括银行同业拆借。

（9）财产保险合同。“家庭财产两全保险”属于家庭财产保险性质，照章纳税。

（10）技术合同。包括技术开发、转让、咨询、服务等合同。

一般的法律、会计、审计等方面的咨询不属于技术咨询，其所书立合同不贴印花。技术转让合同包括专利申请权转让、非专利技术转让所书立的合同。【无主、保密】不包括专利权转让、专利实施许可所书立的合同。（两者适用于产权转移书据）。

（11）产权转移书据。

包括财产所有权、版权、商标专用权、专利权、专有技术使用权共5项产权的转移书据。

土地使用权出让合同、土地使用权转让合同、商品房销售合同按照产权转移书据征收印花税。

专利权、专有技术转让、专利实施许可所书立的合同按产权转移书据征收印花税。【公开、有主】

“财产所有权”转移书据的征税范围是指经政府管理机关登记注册的动产和不动产所有权转移所立的书据，以及企业股权转让所立的书据、个人无偿赠送不动产所签订的“个人无偿赠与不动产登记表”。

（12）营业账簿。

①资金账簿：记载“实收资本”和“资本公积”资本金数额增减变化的账簿。

②其他营业账簿：包括日记账簿和各明细分类账簿。

银行根据业务管理需要设置的各种登记簿，其记载的内容与资金活动无关，仅用于内部备查，属于非营业账簿，均不贴花。如空白重要凭证登记簿、有价单证登记簿、现金收付登记簿等。

车间、门市部、仓库设置的不记载金额的登记簿、统计簿、台账等，不贴印花。

（13）权利、许可证照，包括营业执照、房产证、土地证、商标注册证、专利证。

4.6.2.2 税率

印花税分为四档比例税率（见表4－4）。

表 4-4　　印花税税率档次及应税凭证

税率档次		应税凭证
比例税率（四档）	0.05‰	借款合同
	0.3‰	购销合同、建筑安装工程承包合同、技术合同【大金额及技术】
	0.5‰	加工承揽合同、建筑工程勘察设计合同、货物运输合同、产权转移书据、营业账簿中记载资金的账簿
	1‰	财产租赁合同、仓储保管合同、财产保险合同、股市
每件 5 元		权利、许可证照和营业账簿中的其他账簿

资料来源：根据相关资料编制。

证券交易印花税的规定：

（1）股票（含继承、赠与、优先股），由出让方按 1‰的税率计算缴纳证券交易印花税，单边征收；

（2）香港投资者交易 A 股，按内地规定缴纳印花税；内地投资者交易港股，按香港规定缴纳印花税。

4.6.3　应纳税额的计算

应纳税额 = 计税金额 × 比例税率

应纳税额 = 凭证件数 × 固定税额（5 元）

4.6.3.1　计税依据的一般规定

（1）购销合同的计税依据。

购销合同的计税依据为购销金额，不得作任何扣除，调剂合同和易货合同，均应包括全额。

以货换货的合同，按合同所载的购、销合计金额计税贴花。

（2）加工承揽合同的计税依据。

①受托方提供原材料的加工定作合同，原材料和加工费分别注明的，原材料按购销合同计税贴花，加工费按加工承揽合同计税贴花。未分别记载的，就全部金额按加工承揽合同计税贴花。

②委托方提供原材料，受托方收取加工费及辅料，就加工费及辅料按加工承揽合同计算贴花。

（3）建设工程勘察设计合同的计税依据为勘察、设计收取的费用（即勘察、设计收入）。

（4）建筑安装工程承包合同的计税依据为承包金额，不得剔除任何费用。项目再分包或转包的，其所签订的分包或转包合同，另行贴花。

（5）财产租赁合同的计税依据：租赁金额（即租金收入）。

①税额超过 1 角不足 1 元的按照 1 元贴花。

②财产租赁合同只是规定月（天）租金标准，而不确定租期的，先定额 5 元贴花，结算时按实际金额计税，补贴印花。

（6）货物运输合同的计税依据为取得的运输费金额，不包括所运货物的金额、装卸费和保险费等。

（7）仓储保管合同的计税依据为仓储保管的费用（即保管费收入）

（8）借款合同的计税依据为借款金额。

一项信贷业务既签订借款合同，又填开借据的，以借款合同所载金额为依据计税贴花。

流动资金周转性借款合同，一般按年（期）签订，规定最高限额，随借随还，以其规定的最高限额为依据，在签订时贴花一次；在规定期限及限额内随借随不签订新合同的，不再另贴印花。

借款方因无力偿还借款而将抵押财产转移给贷款方时，按产权转移书据计税贴花。银团贷款，各自贴花。

（9）财产保险合同的计税依据为支付（收取）的保险费金额，不包括所保财产的金额。

（10）技术合同计税依据为合同所载的价款、报酬或使用费。

对技术开发合同，只就合同所载的报酬金额计税，研究开发经费不作为计税依据。

（11）产权转移书据，计税依据为书据中所载的金额。

（12）营业账簿。

①记载资金的营业账簿，以实收资本和资本公积的两项合计金额为计税依据。年度的实收资本和资本公积未增加的，不再计算贴花。

②其他营业账簿，计税依据为应税凭证件数。

③跨区域经营的分支机构与上级单位对记载资金的账簿不必重复贴花。

4.6.3.2 计税依据的特殊规定

以“金额”“收入”“费用”作为计税依据的，应当全额计税，不得作任何扣除。

同一凭证，载有两个或两个以上经济事项而适用不同税目税率，分别记载金额的，分别计算，未分别记载金额的，按税率高的计税。

按金额比例贴花的应税凭证，未标明金额的，应按照凭证所载数量及国家牌价计算金额；没有国家牌价的，按市场价格计算金额，然后按规定税率计算应纳税额。

外国货币应按凭证书立当日的外汇牌价折合成人民币，然后计算应纳税额。

应纳税额不足1角的，免纳印花税；1角以上的，四舍五入。

签订时无法确定计税金额的合同先定额贴花5元，实际结算时补贴（技术合同、财产租赁合同）。

订立的合同不论是否兑现或是否按期兑现，均应依合同金额贴花。对贴花的合同，合同金额与实际结算金额不一致的，只要双方未修改合同金额，一般不再办理完税手续。

运输合同：

（1）对国内各种形式的货物联运。

①凡在起运地统一结算全程运费的，应以全程运费作为计税依据；

②凡分程结算运费的，应以分程的运费作为计税依据。

（2）对国际货运，托运方全程计税。

①由我国运输企业运输的，均按本程运费计算应纳税额。

②由外国运输企业运输进出口货物的，外国运输企业所持的一份运费结算凭证免纳印花税。

4.6.4　税收优惠

下列凭证免征印花税：

（1）已缴纳印花税的凭证副本或抄本。视同正本使用的，应另行贴花：

（2）无息、贴息贷款合同免税；

（3）房地产管理部门与个人签订的用于生活居住的租赁合同免税；

（4）农牧业保险合同免税；

（5）与高校学生签订的高校学生公寓租赁合同，免征印花税；

（6）公租房经营管理单位建造公租房涉及的印花税予以免征；

①对公租房经营管理单位购买住房作为公租房，免征印花税；

②对公租房租赁双方签订租赁协议涉及的印花税予以免征。【购买和出租环节均免税】

③其他住房项目中配套建设公租房的，按面积比例免征。

（7）棚户区改造：对改造安置住房经营管理单位、开发商与改造安置住房相关的印花税以及购买安置住房的个人涉及的印花税自 2013 年 7 月 4 日起予以免征。

4.6.5　征收管理

4.6.5.1　纳税方法

纳税方法分为以下 3 种。

（1）自行贴花纳税。

（2）汇贴或汇缴纳税。

①汇贴纳税法。当一份凭证应纳税额超过 500 元时。一般适用于应纳税额较大的纳税人。

②汇缴纳税法。同一种类应税凭证需要频繁贴花的，可申请按期汇总缴纳印花税。汇总缴纳的期限，为 1 个月。一般适用于贴花次数频繁的纳税人。

（3）代征。

税务机关委托由发放或者办理应纳税凭证的单位（工商机关等）代为征收印花税。5% 手续费。

4.6.5.2　纳税环节

合同签订时、账簿启用时和证照领受时。境外签订的，合同带入境时。

4.6.5.3　纳税地点

一般实行就地纳税。

4.6.5.4　违章处理

未贴或少贴、未注销或未划销，处 50% 以上 5 倍以下的罚款（此款无刑事责任）。

已贴用的印花税票揭下重用的：处不缴或者少缴的税款 50% 以上 5 倍以下的罚款。

按期汇总缴纳印花税的纳税人，逾期未缴或少缴的，处 50% 以上 5 倍以下的罚款。

伪造印花税票的，处以 2 000 元以上 1 万元以下的罚款；情节严重的，处以 1 万元以上 5 万元以下的罚款。

4.6.5.5　其他

纳税凭证没有明确规定保存期限的，应在履行完毕后保存 1 年。

4.7 个人所得税及处理

4.7.1 纳税人

我国个人所得税的纳税义务人是在中国境内居住有所得的人，以及不在中国境内居住但从中国境内取得所得的个人，包括中国国内公民，在华取得所得的外籍人员和港、澳、台同胞。分为居民纳税人和非居民纳税人。

4.7.1.1 居民纳税人

在中国境内有住所，或者无住所而在境内居住满一年，是居民纳税义务人，应当承担无限纳税义务，即就其在中国境内和境外取得的所得，依法缴纳个人所得税。

4.7.1.2 非居民纳税人

在中国境内无住所又不居住或者无住所而在境内居住不满一年的个人，是非居民纳税义务人，承担有限纳税义务，仅就其从中国境内取得的所得，依法缴纳个人所得税（表 4 –5）。

表 4 –5 境外人士获取中国境内所得是否征收个人所得税一览表

中国境内居住时间	雇员职位	境内所得境内支付或负担	境内所得境外支付或负担	境外所得境内支付或负担	境外所得境外支付或负担
不超过 90 日或 183 日	一般雇员	征	不征	不征	不征
	高层管理人员	征	不征	征	不征
超过 90 日或 183 日	一般雇员	征	征	不征	不征
	高层管理人员	征	征	征	不征
满 1 年但不满 5 年	所有人	征	征	征	不征
超过 5 年	所有人	征	征	征	征

注：高层管理人员是指公司正、副（总）经理、各职能总师、总监及其他类似管理人员。

4.7.2 征税范围

4.7.2.1 工资、薪金所得

工资、薪金所得，是指个人因任职或受雇而取得的工资、薪金、奖金、年终加薪、劳动分红、津贴、补贴以及与任职或受雇有关的其他所得。即个人取得的所得，只要是与任职、受雇有关，不管其单位的资金开支渠道或支付形式为现金、实物、有价证券等，都是工资、薪金所得项目的课税对象。

4.7.2.2 劳务报酬所得

劳务报酬所得，是指个人从事设计、装潢、安装、制图、化验、测试、医疗、法律、会计、咨询、讲学、新闻、广播、翻译、审稿、书画、雕刻、影视、录音、录像、演出、表演、广告、展览、技术服务、介绍服务、经济服务、代办服务以及其他劳务取得的所得。

4.7.2.3 稿酬所得

稿酬所得，是指个人因其作品以图书、报纸形式出版、发表而取得的所得。这里所说的“作品”，是指包括中外文字、图片、乐谱等能以图书、报刊方式出版、发表的作品；“个人作品”，包括本人的著作、翻译的作品等。个人取得遗作稿酬，应按稿酬所得项目计税。

4.7.2.4 特许权使用费所得

特许权使用费所得，是指个人提供专利权、著作权、商标权、非专利技术以及其他特许权的使用权取得的所得。提供著作权的使用权取得的所得，不包括稿酬所得。作者将自己文字作品手稿原件或复印件公开拍卖（竞价）取得的所得，应按特许权使用费所得项目计税。

4.7.2.5 经营所得

包括个体工商户的生产、经营所得和对企业事业单位的承包经营、承租经营所得。

个体工商户的生产、经营所得包括 4 个方面：

（1）经工商行政管理部门批准开业并领取营业执照的城乡个体工商户，从事工业、手工业、建筑业、交通运输业、商业、饮食业、服务业、修理业及其他行业的生产、经营取得的所得。

（2）个人经政府有关部门批准，取得营业执照，从事办学、医疗、咨询以及其他有偿服务活动取得的所得。

（3）其他个人从事个体工商业生产、经营取得的所得，既个人临时从事生产、经营活动取得的所得。

（4）上述个体工商户和个人取得的生产、经营有关的各项应税所得。

对企事业单位的承包经营、承租经营所得，是指个人承包经营、承租经营以及转包、转租取得的所得，包括个人按月或者按次取得的工资、薪金性质的所得。

4.7.2.6 利息、股息、红利所得

利息、股息、红利所得，是指个人拥有债权、股权而取得的利息、股息、红利所得。利息是指个人的存款利息（国家宣布 2008 年 10 月 8 日次日开始取消利息税）、贷款利息和购买各种债券的利息。股息，也称股利，是指股票持有人根据股份制公司章程规定，凭股票定期从股份公司取得的投资利益。红利，也称公司（企业）分红，是指股份公司或企业根据应分配的利润按股份分配超过股息部分的利润。股份制企业以股票形式向股东个人支付股息、红利即派发红股，应以派发的股票面额为收入额计税。

4.7.2.7 财产租赁所得

财产租赁所得，是指个人出租建筑物、土地使用权、机器设备车船以及其他财产取得的所得。财产包括动产和不动产。

4.7.2.8 财产转让所得

财产转让所得，是指个人转让有价证券、股权、建筑物、土地使用权、机器设备、车船以及其他自有财产给他人或单位而取得的所得，包括转让不动产和动产而取得的所得。对个人股票买卖取得的所得暂不征税。

4.7.2.9 偶然所得

偶然所得，是指个人取得的所得是非经常性的，属于各种机遇性所得，包括得奖、中奖、中彩以及其他偶然性质的所得收入（含奖金、实物和有价证券）。个人购买社会福利有

奖募捐奖券、中国体育彩票，一次中奖收入不超过 10 000 元的，暂免征收个人所得税；超过 10 000 元的，应按取得的偶然所得收入额依 20% 的税率计算缴纳个人所得税。有奖发票中奖 800 元以下免征个人偶然所得税。其他均要全额征收。

4.7.2.10 其他所得

除上述应税项目以外，其他所得应确定征税的，由国务院财政部门确定。其他所得项目有：

（1）个人取得“蔡冠深中国科学院院士荣誉基金会”颁发的中国科学院院士荣誉奖金。

（2）个人取得由银行部门以超过国家规定利率和保值贴补率支付的揽储奖金。

（3）个人因任职单位缴纳有关保险费用而取得的无偿款优待收入。

（4）对保险公司按投保金额，以银行同期储蓄存款利率支付给在保期内未出险的人寿保险户的利息（或以其他名义支付的类似收入）。

（5）股民个人因证券公司招揽大户股民在本公司开户交易，从取得的交易手续费中支付部分金额给大户股民而取得的回扣收入或交易手续费返还收入。

（6）个人取得部分单位和部门在年终总结、各种庆典、业务往来及其他活动中，为其他单位和部门的有关人员发放现金、实物或有价证券。

（7）辞职风险金。

（8）个人为单位或者他人提供担保获得报酬。

个人取得的所得，如果难以定界是哪一项应税所得项目，由主管税务机关审查确定。

4.7.3 税率

个人所得税根据不同的征税项目，分别规定了三种不同的税率。

（1）综合所得（工资、薪金所得，劳务报酬所得，稿酬所得，特许权使用费所得），适用 7 级超额累进税率，按月应纳税所得额计算征税。该税率按个人月工资、薪金应税所得额划分级距，最高一级为 45%，最低一级为 3%，共 7 级。

（2）经营所得适用 5 级超额累进税率。适用按年计算、分月预缴税款的个体工商户的生产、经营所得和对企事业单位的承包经营、承租经营的全年应纳税所得额划分级距，最低一级为 5%，最高一级为 35%，共 5 级。

（3）比例税率。对个人的利息、股息、红利所得，财产租赁所得，财产转让所得，偶然所得和其他所得，按次计算征收个人所得税，适用 20% 的比例税率。

4.7.4 征收管理

我国个人所得税的征收方式实行源泉扣缴与自行申报并用法，注重源泉扣缴。其中下列情况应自行申报：

（1）从两处或两处以上取得工资、薪金所得的。

（2）取得应税所得，没有扣缴义务人的。

（3）取得应税所得，扣缴义务人未按规定扣缴税款的。

（4）分笔取得属于一次劳务报酬所得、稿酬所得、特许权使用费所得、财产租赁所得的。

（5）税务机关确定的其他情况。

个人所得税的征收方式可分为按月计征和按年计征。个体工商户的生产、经营所得，对企业事业单位的承包经营、承租经营所得，特定行业的工资、薪金所得，从中国境外取得的所得，实行按年计征应纳税额，其他所得应纳税额实行按月计征。

4.7.5　应纳所得税额

应纳税所得额 = 月度收入 - 5 000 元（起征点）- 专项扣除（三险一金等）- 专项附加扣除 - 依法确定的其他扣除。个人所得税现采用全年综合所得法计算应纳税额，适用 7 级税率（见表 4 - 6）。

表 4 - 6　　个人所得税税率表

（综合所得适用）

级数	全年应纳税所得额	税率（%）
1	不超过 36 000 元的	3
2	超过 36 000 元至 144 000 元的部分	10
3	超过 144 000 元至 300 000 元的部分	20
4	超过 300 000 元至 420 000 元的部分	25
5	超过 420 000 元至 660 000 元的部分	30
6	超过 660 000 元至 960 000 元的部分	35
7	超过 960 000 元的部分	45

资料来源：根据相关资料编制。

个税专项附加扣除如下：

（1）子女教育：纳税人的子女接受全日制学历教育的相关支出，按照每个子女每月 1 000 元的标准定额扣除。

（2）继续教育：纳税人在中国境内接受学历（学位）继续教育的支出，在学历（学位）教育期间按照每月 400 元定额扣除。同一学历（学位）继续教育的扣除期限不能超过 48 个月。纳税人接受技能人员职业资格继续教育、专业技术人员职业资格继续教育的支出，在取得相关证书的当年，按照 3 600 元定额扣除。

（3）大病医疗：在一个纳税年度内，纳税人发生的与基本医保相关的医药费用支出，扣除医保报销后个人负担（指医保目录范围内的自付部分）累计超过 15 000 元的部分，由纳税人在办理年度汇算清缴时，在 80 000 元限额内据实扣除。

（4）住房贷款利息：纳税人本人或者配偶单独或者共同使用商业银行或者住房公积金个人住房贷款为本人或者其配偶购买中国境内住房，发生的首套住房贷款利息支出，在实际发生贷款利息的年度，按照每月 1 000 元的标准定额扣除，扣除期限最长不超过 240 个月。纳税人只能享受一次首套住房贷款的利息扣除。

（5）住房租金：纳税人在主要工作城市没有自有住房而发生的住房租金支出，可以按照以下标准定额扣除：

①直辖市、省会（首府）城市、计划单列市以及国务院确定的其他城市，扣除标准为

每月 1 500 元。

②除第一项所列城市以外，市辖区户籍人口超过 100 万的城市，扣除标准为每月 1 100 元；市辖区户籍人口不超过 100 万的城市，扣除标准为每月 800 元。

（6）赡养老人：纳税人赡养一位及以上被赡养人的赡养支出，统一按照以下标准定额扣除：

①纳税人为独生子女的，按照每月 2 000 元的标准定额扣除。

②纳税人为非独生子女的，由其与兄弟姐妹分摊每月 2 000 元的扣除额度，每人分摊的额度不能超过每月 1 000 元。可以由赡养人均摊或者约定分摊，也可以由被赡养人指定分摊。约定或者指定分摊的须签订书面分摊协议，指定分摊优先于约定分摊。具体分摊方式和额度在一个纳税年度内不能变更。

4.8 其他税费及处理

4.8.1 城建税及教育费附加

4.8.1.1 城建税

城市维护建设税的计税依据是纳税人实际缴纳的流转税税额。税率分别为 7%、5%、1%。计算公式：

城建税应纳税额 = 应纳流转税税额 × 税率

不同地区的纳税人实行不同档次的税率：

（1）纳税义务人所在地在城市的，税率为 7%。

（2）纳税义务人所在地在郊区各县城、镇范围内的，税率为 5%。

（3）纳税义务人所在地不在（1）（2）项范围内的，税率为 1%。

4.8.1.2 教育费附加

教育费附加的计税依据是纳税人实际缴纳流转税的税额，附加率为 3%。

计算公式：

应交教育费附加 = 应纳流转税税额 × 费率

4.8.2 车辆购置税

车辆购置税是对购置车辆的单位和个人征收的一种税。现行车辆购置税是 2000 年 10 月 22 日由国务院发布《中华人民共和国车辆购置税暂行条例》，从 2001 年 1 月 1 日起实行的。

4.8.2.1 纳税人

车辆购置税的纳税人是在中国境内购买、进口、自产、受赠、获奖或者以其他方式取得并自用应税车辆的各类企业、单位和个人。

4.8.2.2 税目税率

车辆购置税的征收范围包括各类汽车、摩托车、电车、挂车、农用运输车。

车辆购置税实行比例税率，税率为 10%。

4.8.2.3　计税方法

车辆购置税实行从价定率的办法一次征收。计税公式为：

应纳税额 = 计税价格 × 适用税率（10%）

车辆购置税的计税价格不包括增值税税款，所以在计征车辆购置税税额时，必须先将对应税率的增值税剔除，然后再按 10% 的税率计征车辆购置税。

本章小结

1. 了解企业税种认定的登记程序和资料；
2. 了解增值税应纳税额的计算方法，辨别一般纳税人与小规模纳税人的税率及优惠的不同；
3. 了解企业所得税的纳税义务人；
4. 掌握消费税的价内计算方法；
5. 熟悉契税、印花税、车辆购置税、城建税及教育费附加的应纳税额计算。

同步强化练习

一、选择题

1. 某企业为增值税一般纳税人，2021 年实际已交纳税金情况如下：房产税 850 万元，消费税 150 万元，城市维护建设税 70 万元，车船税 0.5 万元，耕地占用税 1.5 万元，所得税 120 万元。上述各项税金应记入“应交税费”科目的金额是（　　）万元。

A. 1 190　　B. 1 190.5　　C. 1 191.5　　D. 1 192

2. 某企业为增值税一般纳税人，2021 年实际已交纳税金情况如下：增值税 850 万元，消费税 150 万元，城市维护建设税 70 万元，车船税 0.5 万元，印花税 1.5 万元，企业所得税 120 万元，车辆购置税 3 万元。上述各项税金应记入“应交税费”科目借方的金额是（　　）万元。

A. 1 190　　B. 1 190.5　　C. 1 191.5　　D. 1 192

3. 某企业为增值税一般纳税人，2011 年应交各种税金为：增值税 350 万元，消费税 150 万元，城市维护建设税 35 万元，房产税 10 万元，车船税 5 万元，印花税 1 万元，所得税 250 万元。上述各项税金应计入管理费用的金额为（　　）万元。

A. 5　　B. 0　　C. 50　　D. 185

4. 企业按规定计算缴纳的下列税金中，应当计入相关资产成本的是（　　）。

A. 关税　　B. 城镇土地使用税

C. 城市维护建设税　　D. 车辆购置税

5. 企业缴纳的下列税金，应通过“应交税费”科目核算的有（　　）。

A. 印花税　　B. 耕地占用税　　C. 房产税　　D. 土地增值税

二、计算题

1. 已婚人士小李在北京上班，月收入 1 万元，“三险一金”专项扣除为 2 000 元，每月租金 4 000 元，有一子女上幼儿园，同时父母已经 60 多岁，小李非独生子女。计算新政策下小李应缴纳的个税。

2. 某企业为增值税小规模纳税人，适用增值税征收率为 3%，原材料按实际成本核算。该企业发生经济交易如下：购入原材料一批，取得增值税普通发票上注明的价款为 30 000 元，增值税税额为 4 800 元，款项以银行存款支付，材料已验收入库。销售产品一批，开具的普通发票上注明的货款（含税）为 51 500 元，款项已存入银行。用银行存款交纳增值税 1 500 元。计算该企业的原材料入账价值及应缴纳的增值税税额，并编制相应的会计分录。

参考答案及解析

一、选择题

1. **【答案】** B

【答案解析】 耕地占用税是不通过应交税费核算的，除此以外的项目都应该计算进来，所以计算如下：850 + 150 + 70 + 0.5 + 120 = 1 190.5（万元）。

2. **【答案】** B

【解析】 应记入“应交税费”科目借方的金额 = 850 + 150 + 70 + 0.5 + 120 = 1 190.5（万元），企业交纳的印花税、耕地占用税、车辆购置税不需要预计应交税费，不通过“应交税费”科目核算。

3. **【答案】** B

【解析】 消费税、城市维护建设税计入税费及附加，原计入管理费用的相关税费有：房产税、车船税和印花税，10 + 5 + 1 = 16（万元），现在都进入税费及附加了。企业所得税计入所得税费用。

4. **【答案】** AD

5. **【答案】** CD

【解析】 企业交纳的印花税、耕地占用税等不需要预计应交数的税金，不通过“应交税费”科目核算。

二、计算题

1. **【答案】** 根据新政策，小李就可以享受住房租金 1 500 元扣除、子女教育 1 000 元扣除、赡养老人 1 000 元扣除（跟姐姐分摊扣除额），所以，其应缴纳的个人所得税额 =（10 000 − 5 000 − 2 000 − 1 500 − 1 000 − 1 000）× 3% = 0（元）。

2. **【答案】**（1）购入原材料：

借：原材料	34 800	
贷：银行存款		34 800

（2）销售产品：

借：银行存款	51 500	
贷：主营业务收入		50 000
应交税费——应交增值税		1 500

不含税销售额 = 含税销售额 ÷（1 + 征收率）= 51 500 ÷（1 + 3%）= 50 000（元）

应纳增值税 = 不含税销售额 × 征收率 = 50 000 × 3% = 1 500（元）

（3）交纳增值税：

借：应交税费——应交增值税	1 500	
贷：银行存款		1 500

第 3 篇
企业核算业务处理实务

第5章

企业创建阶段的财税处理

学习目标

◆ 掌握企业创建阶段两种来源资金的会计核算与税务处理方式

◆ 掌握企业创建阶段的资金筹集业务，按其资金来源通常分为权益性筹资和债务性筹资

◆ 了解企业取得股东投资和从银行取得借款的会计分录

◆ 重点掌握货币资金的税务处理

◆ 难点是企业取得股东非货币性资产投资的计量和税务处理

本章思维导图

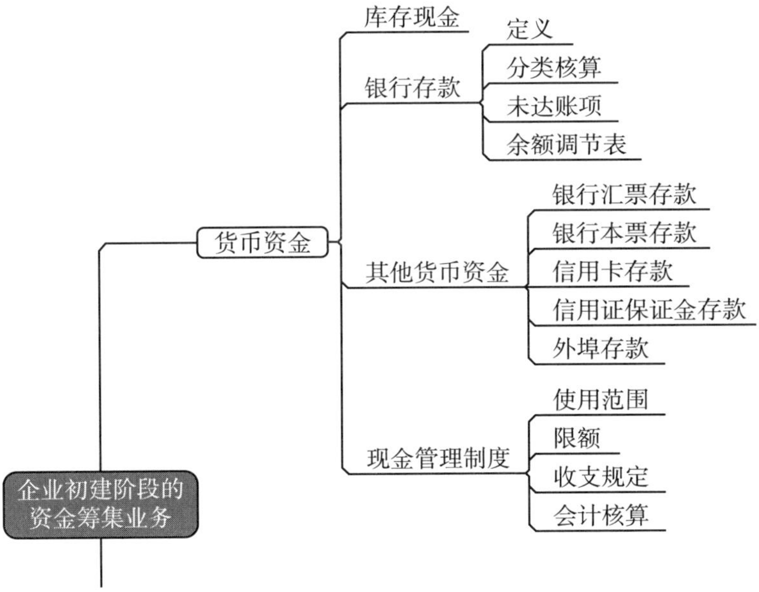

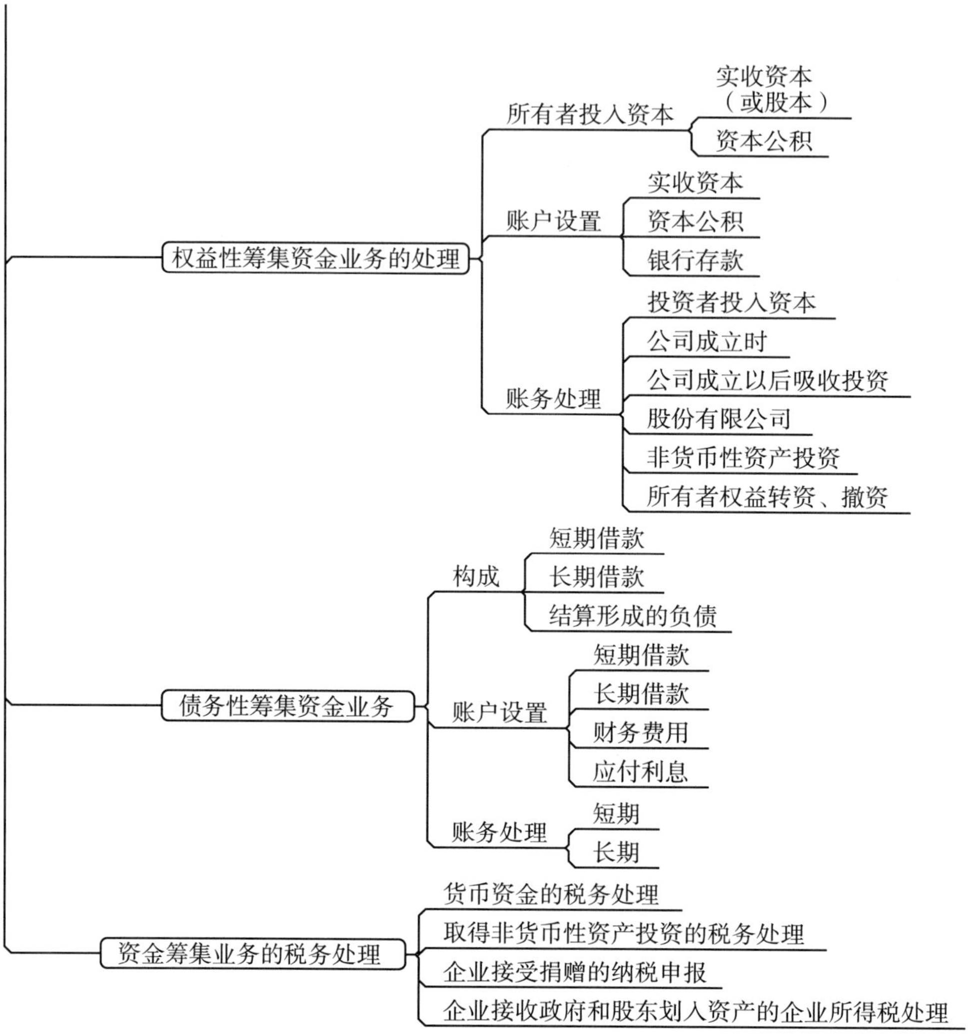

5.1 货币资金的核算及处理

货币资金是指企业生产经营过程中处于货币形态的资产，包括库存现金、银行存款和其他货币资金（见图5-1）。

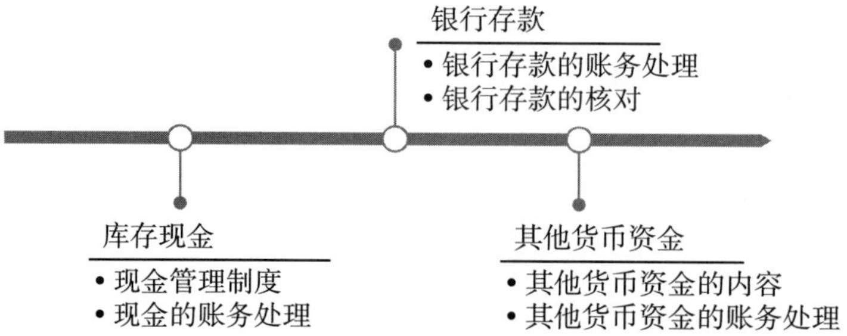

图5-1 货币资金的内容

资料来源：笔者根据相关资料编制。

5.1.1　库存现金

库存现金是指通常存放于企业财会部门、由出纳人员经手、管理的货币。库存现金是企业流动性最强的资产，企业应当严格遵守国家有关现金管理制度，正确进行现金收支的核算，监督现金使用的合法性与合理性。

5.1.2　现金管理制度

根据国务院发布的《现金管理暂行条例》的规定，现金管理制度主要包括以下内容：

（1）现金的使用范围。

（2）现金的限额。

（3）现金收支的规定。

（4）现金的账务处理。

5.1.2.1　现金的使用范围

企业可用现金支付的款项有：

（1）职工工资、津贴。

（2）个人劳务报酬。

（3）根据国家规定颁发给个人的科学技术、文化艺术、体育等各种奖金。

（4）各种劳保、福利费用以及国家规定的对个人的其他支出。

（5）向个人收购农副产品和其他物资的款项。

（6）出差人员必须随身携带的差旅费。

（7）结算起点以下的零星支出。

（8）中国人民银行确定需要支付现金的其他支出。

除上述情况可以用现金支付外，其他款项的支付应通过银行转账结算。

5.1.2.2　现金的限额

现金的限额是指为了保证企业日常零星开支的需要，允许单位留存现金的最高数额。这一限额由开户银行根据单位的实际需要核定，一般按照单位3～5天日常零星开支的需要确定，边远地区和交通不便地区开户单位的库存现金限额，可按多于5天但不超过15天的日常零星开支的需要确定。核定后的现金限额，开户单位必须严格遵守，超过部分应于当日终了前存入银行。需要增加或减少现金限额的单位，应向开户银行提出申请，由开户银行核定。

5.1.2.3　现金收支的规定

开户单位收入现金应于当日送存开户银行，当日送存确有困难的，由开户银行确定送存时间；开户单位支付现金，可以从本单位库存现金中支付或从开户银行提取，不得从本单位的现金收入中直接支付，即不得“坐支”现金。因特殊情况需要坐支现金的单位，应事先报经有关部门审查批准，并在核定的范围和限额内进行，同时，收支的现金必须入账。

开户单位从开户银行提取现金时，应如实写明提取现金的用途，由本单位财会部门负责人签字盖章，并经开户银行审查批准后予以支付。因采购地点不确定、交通不便、抢险救灾及其他特殊情况必须使用现金的单位，应向开户银行提出书面申请，由本单位财会部门负责人签字盖章，并经开户银行审查批准后予以支付。

此外，不准用不符合国家统一的会计制度的凭证顶替库存现金，即不得“白条顶库”；不准谎报用途套取现金；不准用银行账户代其他单位和个人存入或支取现金；不准用单位收入的现金以个人名义存入储蓄；不准保留账外公款，即不得“公款私存”，不得设置“小金库”等。银行对于违反上述规定的单位，将按照违规金额的一定比例予以处罚。

5.1.2.4 现金的账务处理

为了总括地反映企业库存现金的收入、支出和结存情况，企业应当设置“库存现金”科目，借方登记现金的增加，贷方登记现金的减少，期末余额在借方，反映企业实际持有的库存现金的金额。企业内部各部门周转使用的备用金，可以单独设置“备用金”科目进行核算。

企业应当设置现金总账和现金日记账，分别进行企业库存现金的总分类核算和明细分类核算。

现金日记账由出纳人员根据收付款凭证，按照业务发生顺序逐笔登记。每日终了，应当在现金日记账上计算出当日的现金收入合计额、现金支出合计额和结余额，并将现金日记账的账面结余额与实际库存现金额相核对，保证账款相符；月度终了，现金日记账的余额应当与现金总账的余额核对，做到账账相符。

5.1.3 银行存款

银行存款是指企业存入银行或其他金融机构的各种款项。企业应当根据业务需要，按照规定在其所在地银行开设账户，运用所开设的账户，进行存款、取款以及各种收支转账业务的结算。银行存款的收付应严格执行银行结算制度的规定。

企业应当设置银行存款总账和银行存款日记账，分别进行银行存款的总分类核算和明细分类核算。

企业可按开户银行和其他金融机构、存款种类等设置“银行存款日记账”，根据收付款凭证，按照业务的发生顺序逐笔登记。每日终了，应结出余额。“银行存款日记账”应定期与“银行对账单”核对，至少每月核对一次。企业银行存款账面余额与银行对账单余额之间如有差额，应编制“银行存款余额调节表”调节相符，如没有记账错误，调节后的双方余额应相等。银行存款余额调节表只是为了核对账目，并不能作为调整银行存款账面余额的记账依据。

【例 5 –1】甲公司 2020 年 12 月 31 日银行存款日记账的余额为 5 400 000 元，银行转来对账单的余额为 8 300 000 元。经逐笔核对，发现以下未达账项：

（1）企业送存转账支票 6 000 000 元，并已登记银行存款增加，但银行尚未记账。

（2）企业开出转账支票 4 500 000 元，但持票单位尚未到银行办理转账，银行尚未记账。

（3）企业委托银行代收某公司购货款 4 800 000 元银行已收妥并登记入账，但企业尚未收到收款通知，尚未记账。

（4）银行代企业支付电话费 400 000 元，银行已登记企业银行存款减少，但企业未收到银行付款通知，尚未记账。

根据上述业务编制银行存款余额调节表如表 5 –1 所示。

表 5－1　　银行存款余额调节表　　单位：元

项目	金额	项目	金额
企业银行存款日记账余额	5 400 000	银行对账单余额	8 300 000
加：银行已收、企业未收款	4 800 000	加：企业已收、银行未收款	6 000 000
减：银行已付、企业未付款	400 000	减：企业已付、银行未付款	4 500 000
调节后的存款余额	9 800 000	调节后的存款余额	9 800 000

资料来源：笔者根据相关资料编制。

〖例 5－1〗中，反映了企业银行存款账面余额与银行对账单余额之间不一致的原因，是因为存在未达账项。发生未达账项的具体情况有四种：一是企业已收款入账，银行尚未收款入账；二是企业已付款入账，银行尚未付款入账；三是银行已收款入账，企业尚未收款入账；四是银行已付款入账，企业尚未付款入账。

5.1.4　其他货币资金

5.1.4.1　其他货币资金的内容

其他货币资金是指企业除库存现金、银行存款以外的各种货币资金，主要包括银行汇票存款、银行本票存款、信用卡存款、信用证保证金存款、外埠存款等。

（1）银行汇票存款。银行汇票是指由出票银行签发的，由其在见票时按照实际结算金额无条件支付给收款人或者持票人的票据。银行汇票的出票银行为银行汇票的付款人。单位和个人各种款项的结算，均可使用银行汇票。银行汇票可以用于转账，填明“现金”字样的银行汇票也可以用于支取现金。

（2）银行本票存款。银行本票是指银行签发的，承诺自己在见票时无条件支付确定的金额给收款人或持票人的票据。单位和个人在同一票据交换区域需要支付的各种款项，均可使用银行本票。银行本票可以用于转账，注明“现金”字样的银行本票可以用于支取现金。

（3）信用卡存款。信用卡存款是指企业为取得信用卡而存入银行信用卡专户的款项。信用卡是银行卡的一种。信用卡按使用对象分为单位卡和个人卡；按信用等级分为金卡和普通卡；按是否向发卡银行交存备用金分为贷记卡和准贷记卡。

（4）信用证保证金存款。信用证保证金存款是指采用信用证结算方式的企业为开具信用证而存入银行信用证保证金专户的款项。企业向银行申请开立信用证，应按规定向银行提交开证申请书、信用证申请人承诺书和购销合同。

（5）外埠存款。外埠存款是指企业为了到外地进行临时或零星采购，而汇往采购地银行开立采购专户的款项。该账户的存款不计利息、只付不收、付完清户，除了采购人员可从中提取少量现金外，一律采用转账结算。

5.1.4.2　其他货币资金的账务处理

为了反映和监督其他货币资金的收支和结存情况，企业应当设置“其他货币资金”科目，借方登记其他货币资金的增加数，贷方登记其他货币资金的减少数，期末余额在借方，反映企业实际持有的其他货币资金。本科目应按其他货币资金的种类设置明细科目。

1. 银行汇票存款

汇款单位（即申请人）使用银行汇票，应向出票银行填写“银行汇票申请书”，填明收款人名称、汇票金额、申请人名称、申请日期等事项并签章，签章为其预留银行的签章。出票银行受理银行汇票申请书，收妥款项后签发银行汇票，并用压数机压印出票金额，将银行汇票和解讫通知一并交给申请人。申请人应将银行汇票和解讫通知一并交付给汇票上记明的收款人。收款人受理申请人交付的银行汇票时，应在出票金额以内，根据实际需要的款项办理结算，并将实际结算的金额和多余金额准确、清晰地填入银行汇票和解讫通知的有关栏内，到银行办理款项入账手续。收款人可以将银行汇票背书转让给被背书人。银行汇票的背书转让以不超过出票金额的实际结算金额为准。未填写实际结算金额或实际结算金额超过出票金额的银行汇票，不得背书转让。

银行汇票的提示付款期限为自出票日起一个月，持票人超过付款期限提示付款的，银行将不予受理。持票人向银行提示付款时，必须同时提交银行汇票和解讫通知，缺少任何一联，银行不予受理。

银行汇票丧失，失票人可以凭人民法院出具的其享有票据权利的证明，向出票银行请求付款或退款。

企业填写“银行汇票申请书”，将款项交存银行时，借记“其他货币资金——银行汇票”科目，贷记“银行存款”科目；企业持银行汇票购货、收到有关发票账单时，借记“材料采购”或“原材料”“库存商品”“应交税费——应交增值税（进项税额）”等科目，贷记“其他货币资金——银行汇票”科目；采购完毕收回剩余款项时，借“银行存款”科目，贷记“其他货币资金——银行汇票”科目。企业收到银行汇票、填制进账单到开户银行办理款项入账手续时，根据进账单及销货发票等，借记“银行存款”科目，贷记“主营业务收入”“应交税费——应交增值税（销项税额）”等科目。

2. 银行本票存款

银行本票分为不定额本票和定额本票两种。定额本票面额为 1 000 元、5 000 元、10 000 元和 50 000 元。银行本票的提示付款期限自出票日起最长不得超过两个月。在有效付款期内，银行见票付款。持票人超过付款期限提示付款的，银行不予受理。

申请人使用银行本票，应向银行填写“银行本票申请书”。申请人或收款人为单位的，不得申请签发现金银行本票。出票银行受理银行本票申请书，收妥款项后签发银行本票，在本票上签章后交给申请人。申请人应将银行本票交付给本票上记明的收款人。收款人可以将银行本票背书转让给被背书人。

申请人因银行本票超过提示付款期限或其他原因要求退款时，应将银行本票提交到出票银行并出具单位证明。出票银行对于在本行开立存款账户的申请人，只能将款项转入原申请人账户；对于现金银行本票和未到本行开立存款账户的申请人，才能退付现金。

银行本票丧失，失票人可以凭人民法院出具的其享有票据权利的证明，向出票银行请求付款或退款。

企业填写“银行本票申请书”、将款项交存银行时，借记“其他货币资金——银行本票”科目，贷记“银行存款”科目；企业持银行本票购货、收到有关发票账单时，借记“材料采购”或“原材料”“库存商品”“应交税费——应交增值税（进项税额）”等科目，贷记“其他货币资金——银行本票”科目。企业收到银行本票、填制进账单到开户银行办理款项入账手续时，根据进账单及销货发票等，借记“银行存款”科目，贷记“主营业务收入”“应交税费——应交增值税（销项税额）”等科目。

3. 信用卡存款

凡在中国境内金融机构开立基本存款账户的单位可申领单位卡。单位卡可申领若干张，持卡人资格由申领单位法定代表人或其委托的代理人书面指定和注销。单位卡账户的资金一律从其基本存款账户转账存入，不得交存现金，不得将销货收入的款项存入其账户。持卡人可持信用卡在特约单位购物、消费，但单位卡不得用于 10 万元以上的商品交易、劳务供应款项的结算，不得支取现金。特约单位在每日营业终了，应将当日受理的信用卡签购单汇总，计算手续费和净计金额，并填写汇（总）计单和进账单，连同签购单一并送交收单银行办理进账。

信用卡按是否向发卡银行交存备用金分为贷记卡、准贷记卡两类。贷记卡是指发卡银行给予持卡人一定的信用额度，持卡人可在信用额度内先消费、后还款的信用卡。准贷记卡是指持卡人须先按发卡银行要求交存一定金额的备用金，当备用金账户余额不足支付时，可在发卡银行规定的信用额度内透支的信用卡。

准贷记卡的透支期限最长为 60 天，贷记卡的首月最低还款额不得低于其当月透支余额的 10%。

企业应填制“信用卡申请表”，连同支票和有关资料一并送存发卡银行，根据银行盖章退回的进账单第一联，借记“其他货币资金——信用卡”科目，贷记“银行存款”科目；企业用信用卡购物或支付有关费用，收到开户银行转来的信用卡存款的付款凭证及所附发票账单，借记“管理费用”等科目，贷记“其他货币资金——信用卡”科目；企业信用卡在使用过程中，需要向其账户续存资金的，借记“其他货币资金——信用卡”科目，贷记“银行存款”科目；企业的持卡人如不需要继续使用信用卡时，应持信用卡主动到发卡银行办理销户，销卡时，单位卡科目余额转入企业基本存款户，不得提取现金，借记“银行存款”科目，贷记“其他货币资金——信用卡”科目。

4. 信用证保证金存款

企业填写“信用证申请书”，将信用证保证金交存银行时，应根据银行盖章退回的“信用证申请书”回单，借记“其他货币资金——信用证保证金”科目，贷记“银行存款”科目。企业接到开证行通知，根据供货单位信用证结算凭证及所附发票账单，借记“材料采购”或“原材料”“库存商品”“应交税费——应交增值税（进项税额）”等科目，贷记“其他货币资金——信用证保证金”科目；将未用完的信用证保证金存款余额转回开户银行时，借记“银行存款”科目，贷记“其他货币资金——信用证保证金”科目。

5. 存出投资款

企业向证券公司划出资金时，应按实际划出的金额，借记“其他货币资金——存出投资款”科目，贷记“银行存款”科目；购买股票、债券等时，借记“交易性金融资产”等科目，贷记“其他货币资金——存出投资款”科目。

6. 外埠存款

企业将款项汇往外地时，应填写汇款委托书，委托开户银行办理汇款。汇入地银行以汇款单位名义开立临时采购账户，该账户的存款不计利息、只付不收、付完清户，除了采购人员可从中提取少量现金外，一律采用转账结算。

企业将款项汇往外地开立采购专用账户时，根据汇出款项凭证，编制付款凭证，进行账务处理，借记“其他货币资金——外埠存款”科目，贷记“银行存款”科目；收到采购人员转来供应单位发票账单等报销凭证时，借记“材料采购”或“原材料”“库存商品”“应交税费——应交增值税（进项税额）”等科目，贷记“其他货币资金——外埠存款”科目；采购完毕收回剩余款项时，根据银行的收账通知，借记“银行存款”科目，贷记“其他货币资金——外埠存款”科目。

5.2 权益性筹集资金业务的核算及处理

权益性筹资主要是指由所有者投入资本形成所有者的权益（通常称为权益资本），包括企业股东直接投入的货币资金、非货币性资产等投资及其增值。

5.2.1 所有者投入资本的构成

所有者投入资本按照投资主体的不同可以分为国家资本金、法人资本金、个人资本金和外商资本金等。

所有者投入的资本主要包括实收资本（或股本）和资本公积。

实收资本（或股本）是指企业的投资者按照企业章程、合同或协议的约定，实际投入企业的资本金以及按照有关规定由资本公积、盈余公积等转增资本的资金。

资本公积是企业收到投资者投入的超出其在企业注册资本（或股本）中所占份额的投资（资本溢价）和其他原因形成的资本公积（其他资本公积）。资本公积作为企业所有者权益的重要组成部分，主要用于转增资本。

** **提示** ** 直接计入所有者权益的利得和损失记入“其他综合收益”科目。

5.2.2 账户设置

企业通常设置以下账户对所有者权益筹资业务进行核算：

(1)“实收资本”账户。

(2)“资本公积”账户。

(3)“银行存款”账户。

5.2.2.1 “实收资本（或股本）”账户

“实收资本”账户（股份有限公司一般设置“股本”账户）属于所有者权益类账户，用以核算企业接受投资者投入的实收资本。

该账户贷方登记所有者投入企业资本金的增加额，借方登记所有者投入企业资本金的减少额。期末余额在贷方，反映企业期末实收资本（或股本）总额。

该账户可按投资者的不同设置明细账户，进行明细核算。

5.2.2.2 “资本公积”账户

“资本公积”账户属于所有者权益类账户，用以核算企业收到投资者出资额超出其在注册资本或股本中所占份额的部分，以及其他原因计入的资本公积等。

该账户借方登记资本公积的减少额，贷方登记资本公积的增加额。期末余额在贷方，反映企业期末资本公积的结余数额。

该账户可按资本公积的来源不同，分设“资本溢价（或股本溢价）”“其他资本公积”等明细科目进行核算。具体表示为：

“资本公积——资本溢价（或股本溢价）”“资本公积——其他资本公积”。

5.2.2.3 “银行存款”账户

“银行存款”账户属于资产类账户，用以核算企业存入银行或其他金融机构的各种款项，但是银行汇票存款、银行本票存款、信用卡存款、信用证保证金存款、存出投资款、外埠存款等，通过“其他货币资金”账户核算。

该账户借方登记存入的款项，表示企业在银行拥有存款的增加，贷方登记提取或支出的存款。期末余额在借方，反映企业存在银行或其他金融机构的各种款项。

该账户应当按照开户银行、存款种类等分别进行明细核算。

银行存款——工行

　　　　——建行

5.2.3 账务处理

5.2.3.1 投资者投入资本的账务处理

当企业收到投资者或所有者投入资本时，应进行如下会计处理。

借：银行存款/库存现金等

　　贷：实收资本

或

借：银行存款/库存现金等

　　贷：股本

　　　　资本公积——资本溢价

5.2.3.2 公司成立时的账务处理

【例5-2】A公司成立时，由甲、乙、丙三人共同出资设立，其中甲出资100万元，乙出资50万元，丙出资40万元，均以现金方式出资，收到三位股东出资时A公司账务处理如下：

借：银行存款	190万	
贷：实收资本——甲股东		100万
——乙股东		50万
——丙股东		40万

5.2.3.3 公司成立以后吸收投资的账务处理

【例5-3】A公司成立时，由甲、乙、丙三人共同出资设立，其中甲出资100万元，乙出资50万元，丙出资40万元，均以现金方式出资，公司成立一年以后丁加入，出资18万元，公司注册资本达到200万元，丁占公司股份的5%，收到丁出资时账务处理如下：

借：银行存款	18万	
贷：实收资本——甲股东		10万
资本公积——资本溢价		8万

5.2.3.4 股份有限公司以发行股票方式吸收投资的账务处理

【例5-4】2012年A股份有限公司以股票1 000万股，每股面值1元，发行价5元，支付发行手续费10万元，实际收到发行款4 990万元，A公司做如下处理：

借：银行存款　　　　　　　　　　　　　　　　4 990 万
　　贷：股本　　　　　　　　　　　　　　　　　　1 000 万
　　　　资本公积——股本溢价　　　　　　　　　　3 990 万

5.2.3.5 接受非货币性资产投资

【例 5 –5】 A 公司成立时，由甲、乙、丙三人共同出资设立，其中甲以货币资金出资 100 万元，乙以一台设备出资，合同约定的价值为 50 万元，丙以一项专利技术出资，约定的价值为 40 万元，假设本例中合同约定价值与公允价值相同，收到出资时账务处理如下：

借：银行存款　　　　　　　　　　　　　　　　100 万
　　固定资产　　　　　　　　　　　　　　　　　50 万
　　无形资产　　　　　　　　　　　　　　　　　40 万
　　贷：实收资本　　　　　　　　　　　　　　　　190 万

** **提示** ** 收到非现金资产投资时，非现金资产的入账价值为合同或协议约定的价值，但合同约定价值不公允的除外。

5.2.3.6 所有者权益转资、撤资业务

1. 以资本公积、盈余公积转增资本

借：资本公积/盈余公积
　　贷：实收资本

【例 5 –6】 某有限责任公司按法定程序办妥增资手续，以资本公积 300 万元转增资本，同时将盈余公积 200 万元转增资本。假定不考虑其他因素，该企业应该编制的会计分录如下：

借：资本公积　　　　　　　　　　　　　　　　300 万
　　盈余公积　　　　　　　　　　　　　　　　200 万
　　贷：实收资本　　　　　　　　　　　　　　　　500 万

2. 减资业务

（1）有限公司——直接注销

借：实收资本——××股东
　　贷：银行存款等

【例 5 –7】 A 公司股东丁，撤回投资 10 万元，公司按法定程序将注册资本注销：

借：实收资本——丁股东　　　　　　　　　　　10 万
　　贷：银行存款　　　　　　　　　　　　　　　　10 万

（2）股份公司以回购股票方式减资

①回购自己的股票

借：库存股（回购成本）
　　贷：银行存款

②注销股份

借：股本（面值）
　　资本公积——股本溢价（差额）
　　贷：库存股（回购成本）

【例 5 –8】 甲股份有限公司以 5 元/股的价格在市场上回购本公司股票 100 万股，该股

票每股面值 1 元，并按法定程序将购回的股票注销：

回购股票时：

借：库存股　　500 万

　贷：银行存款　　500 万

注销时：

借：股本　　100 万

　资本公积——股本溢价　　400 万

　贷：库存股　　500 万

5.3　债务性筹集资金业务的核算及处理

债务性筹资（又叫债权性投资）形成债权人的权益（通常称为债务资本），主要包括企业向债权人借入的资金和结算形成的负债资金等，比较具有代表性的是企业从银行处取得的长期和短期借款，以及其他方式负债获得的资金流入。

5.3.1　债务性筹资的构成

债务性筹资主要包括短期借款、长期借款以及结算形成的负债等。

短期借款是指企业为了满足其生产经营对资金的临时性需要而向银行或其他金融机构等借入的偿还期限在一年以内（含一年）的各种借款。

长期借款是指企业向银行或其他金融机构等借入的偿还期限在一年以上（不含一年）的各种借款。

结算形成的负债主要有应付账款、应付职工薪酬、应交税费等。

5.3.2　账户设置

5.3.2.1　“短期借款”账户

“短期借款”账户属于负债类账户，用以核算企业的短期借款。

该账户贷方登记短期借款本金的增加额，借方登记短期借款本金的减少额。期末余额在贷方，反映企业期末尚未归还的短期借款。

该账户可按借款种类、贷款人和币种进行明细核算。

5.3.2.2　“长期借款”账户

“长期借款”账户属于负债类账户，用以核算企业的长期借款。

该账户贷方登记企业借入的长期借款本金，借方登记归还的本金和利息。期末余额在贷方，反映企业期末尚未偿还的长期借款。

该账户可按贷款单位和贷款种类，分别“本金”“利息调整”等进行明细核算。

5.3.2.3　“应付利息”账户

“应付利息”账户属于负债类（流动负债）账户，用以核算企业按照合同约定应支付的利息，包括吸收存款、分期付息到期还本的长期借款、企业债券等应支付的利息。

该账户贷方登记企业按合同利率计算确定的应付未付利息，借方登记归还的利息。期末余额在贷方，反映企业应付未付的利息。

该账户可按存款人或债权人进行明细核算。

5.3.2.4 “财务费用”账户

“财务费用”账户属于损益类账户，用以核算企业为筹集生产经营所需资金等而发生的筹资费用，包括利息支出（减利息收入）、汇兑损益以及相关的手续费、企业发生的现金折扣或收到的现金折扣等。

该账户借方登记手续费、利息费用等的增加额，贷方登记应冲减财务费用的利息收入等。期末结转后，该账户无余额。

该账户可按费用项目进行明细核算。

提示：为购建或生产满足资本化条件的资产发生的应予资本化的借款费用，通过“在建工程”“制造费用”等账户核算。

5.3.3 账务处理

5.3.3.1 短期借款的账务处理

1. 借入短期借款

借：银行存款
　　贷：短期借款

2. 如果不计提利息还款时

借：财务费用
　　短期借款
　　贷：银行存款

3. 如果计提利息则

借：财务费用
　　贷：应付利息

还款及支付利息：

借：短期借款
　　应付利息
　　财务费用
　　贷：银行存款

【例5－9】甲企业于2021年3月1日从银行借入一笔短期借款20 000元，期限是半年，年利率是4%，利息到期直接支付，不计提。

3月1日借入款项时：

借：银行存款　　20 000
　　贷：短期借款　　20 000

9月1日还款时：

借：财务费用　　400
　　短期借款　　20 000
　　贷：银行存款　　20 400

【例5－10】甲企业于2021年2月28日从银行借入一笔短期借款120 000元，期限是半年，年利率是4%，利息到期直接支付，利息每月计提一次。

2021 年 2 月 28 日借入款项时：

借：银行存款　　120 000

　　贷：短期借款　　120 000

2021 年 3 月至 7 月每月末计提利息时：

借：财务费用　　400

　　贷：应付利息　　400

8 月 31 日还款及支付利息：

借：短期借款　　120 000

　　应付利息　　2 000

　　财务费用　　400

　　贷：银行存款　　122 400

5.3.3.2　长期借款的账务处理

取得长期借款：

借：银行存款

　　贷：长期借款

计提利息：

借：财务费用

　　贷：应付利息

或

借：财务费用

　　贷：长期借款——应计利息

还款及支付利息：

借：长期借款

　　贷：银行存款

【例 5-11】 A 企业为增值税一般纳税人，于 2019 年 11 月 30 日从银行借入资金 4 000 000 元，借款期限为 3 年，年利率为 8.4%（到期一次还本付息，不计复利），所借款项已存入银行。A 企业用该借款于当日购买不需安装的生产用设备一台。

（1）取得借款时：

借：银行存款　　4 000 000

　　贷：长期借款——本金　　4 000 000

（2）A 企业于 2019 年 12 月 31 日计提长期借款利息。

借：财务费用　　28 000

　　贷：长期借款——应计利息　　28 000

2019 年 12 月 31 日计提的长期借款利息 = 4 000 000 × 8.4% ÷ 12 = 28 000（元）

2020 年 1 月至 2022 年 10 月月末计提利息分录同上。

（3）2022 年 11 月 30 日，企业偿还该笔银行借款本息。

借：长期借款——本金　　4 000 000

　　　　　　——应计利息　　980 000

财务费用　　28 000
贷：银行存款　　5 008 000

5.4 资金筹集业务的税务处理

5.4.1 货币资金的税务处理

企业为筹集货币资金，采取的权益性筹资方式支付的股息、红利等不能作为费用在企业所得税前扣除。

债权性筹资业务中支付的不超标利息可在企业所得税前扣除。

5.4.2 取得非货币性资产投资的税务处理

非货币性投资是指股东用实物、知识产权、土地使用权等可以用货币估价并可以依法转让的非货币财产作价出资。近年来，非货币性资产投资入股的情况屡见不鲜，其主要的税务处理分为两个角度：投资人和被投资人，涉及的税种有增值税、所得税、契税、递延纳税等。

5.4.2.1 被投资企业

取得非货币性资产的计税基础，应按非货币性资产的公允价值确定。

5.4.2.2 投资企业

1. 增值税

根据《增值税暂行条例实施细则》第四条第六款规定：将自产、委托加工或者购进的货物作为投资，提供给其他单位或者个体工商户，应该视同销售。

因此，股东以非货币性资产投资入股，需按照适用税率缴纳增值税。

** **特殊情形** ** 根据《关于纳税人资产重组有关增值税问题的公告》：纳税人在资产重组过程中，通过合并、分立、出售、置换等方式，将全部或者部分实物资产以及与其相关联的债权、负债和劳动力一并转让给其他单位和个人，不属于增值税的征税范围，其中涉及的货物转让，不征收增值税。

2. 契税

根据《中华人民共和国契税暂行条例细则》第八条：土地、房屋权属以下列方式转移的，视同土地使用权转让、房屋买卖或者房屋赠与征税：（一）以土地、房屋权属作价投资、入股。

根据《中华人民共和国契税暂行条例》第三条：契税税率为3% ~5%。契税的适用税率，由省、自治区、直辖市人民政府在前款规定的幅度内按照本地区的实际情况确定，并报财政部和国家税务总局备案。

3. 所得税

（1）企业法人。

根据《关于非货币性资产投资企业所得税政策问题的通知》第二条规定：企业以非货币性资产对外投资，应对非货币性资产进行评估并按评估后的公允价值扣除计税基础后的余额，计算确认非货币性资产转让所得。

（2）自然人。

根据《国家税务总局关于个人非货币性资产投资有关个人所得税政策的通知》：①个人以非货币性资产投资，属于个人转让非货币性资产和投资同时发生。对个人转让非货币性资产的所得，应按照“财产转让所得”项目，依法计算缴纳个人所得税。②个人以非货币性资产投资，应按评估后的公允价值确认非货币性资产转让收入。非货币性资产转让收入减除该资产原值及合理税费后的余额为应纳税所得额。

（3）分期纳税。

居民企业（以下简称企业）以非货币性资产对外投资确认的非货币性资产转让所得，可在不超过5年期限内，分期均匀计入相应年度的应纳税所得额，按规定计算缴纳企业所得税。

个人应在发生上述应税行为的次月15日内向主管税务机关申报纳税。纳税人一次性缴税有困难的，可合理确定分期缴纳计划并报主管税务机关备案后，自发生上述应税行为之日起不超过5个公历年度内（含）分期缴纳个人所得税。

（4）递延纳税。

根据《关于完善股权激励和技术入股有关所得税政策的通知》第三条：对技术成果投资入股实施选择性税收优惠政策。

企业或个人以技术成果投资入股到境内居民企业，被投资企业支付的对价全部为股票（权）的，企业或个人可选择继续按现行有关税收政策执行，也可选择适用递延纳税优惠政策。

选择技术成果投资入股递延纳税政策的，经向主管税务机关备案，投资入股当期可暂不纳税，允许递延至转让股权时，按股权转让收入减去技术成果原值和合理税费后的差额计算缴纳所得税。

5.4.3　企业接受捐赠的纳税申报

接受捐赠收入，是指企业接受的来自其他企业、组织或者个人无偿给予的货币性资产、非货币性资产。企业受赠——接受捐赠非货币性资产，尤其是实物资产，属于一般收入中的接受捐赠收入，是企业收入总额的一类。接受捐赠收入，按照实际收到捐赠资产的日期确认收入的实现，期末正常进行纳税申报。

5.4.4　企业接收政府和股东划入资产的企业所得税处理

5.4.4.1　企业接收政府划入资产的企业所得税处理

县级以上人民政府（包括政府有关部门，下同）将国有资产明确以股权投资方式投入企业，企业应作为国家资本金（包括资本公积）处理。该项资产如为非货币性资产，应按政府确定的接收价值确定计税基础。

县级以上人民政府将国有资产无偿划入企业，凡指定专门用途并按《财政部国家税务总局关于专项用途财政性资金企业所得税处理问题的通知》规定进行管理的，企业可作为不征税收入进行企业所得税处理。其中，该项资产属于非货币性资产的，应按政府确定的接收价值计算不征税收入。

县级以上人民政府将国有资产无偿划入企业，属于上述2项以外情形的，应按政府确定的接收价值计入当期收入总额计算缴纳企业所得税。政府没有确定接收价值的，按资产的公允价值计算确定应税收入。

5.4.4.2 企业接收股东划入资产的企业所得税处理

企业接收股东划入资产（包括股东赠与资产、上市公司在股权分置改革过程中接收原非流通股股东和新非流通股股东赠与的资产、股东放弃本企业的股权，下同），凡合同、协议约定作为资本金（包括资本公积）且在会计上已做实际处理的，不计入企业的收入总额，企业应按公允价值确定该项资产的计税基础。

企业接收股东划入资产，凡作为收入处理的，应按公允价值计入收入总额，计算缴纳企业所得税，同时按公允价值确定该项资产的计税基础。

本章小结

1. 了解货币资金的概念与内容。
2. 了解企业创建期资金的 2 种来源。
3. 熟悉现金管理的限额与收支规定。
4. 熟悉所有者投入的账户设置。
5. 掌握权益性筹集资金的方法及财税账务处理。
6. 掌握债务性筹资业务的账户设置及财务处理。
7. 掌握企业取得非货币性资产投资的纳税种类及税收规定。

同步强化练习

一、单选题

1.（　　）是指企业的投资者按照企业章程、合同或协议的约定，实际投入企业的资本金以及按照有关规定由资本公积、盈余公积等转增资本的资金。

A. 实收资本　　B. 未分配利润　　C. 资本溢价　　D. 银行存款

2. 回购本公司股票时，应按照股票的面值和注销股数计算的股票面值的总额冲减（　　）。

A. 股本　　B. 实收资本　　C. 资本公积　　D. 盈余公积

3. 有限责任公司在增资扩股时，如有新投资者介入，新介入的投资者缴纳的出资额超过其在注册资本中所占份额部分，应记入（　　）科目核算。

A. 盈余公积　　B. 资本公积　　C. 其他应付款　　D. 实收资本

4. 下列表述中正确的是（　　）。

A. 计提的短期借款利息通过“短期借款”核算，计提的长期借款利息通过“长期借款”核算
B. 计提的短期借款利息和长期借款利息均通过“应付利息”核算
C. 计提的短期借款利息通过“短期借款”核算，计提的长期借款利息通过“应付利息”核算
D. 计提的短期借款利息通过“应付利息”核算，计提的长期借款利息通过“应付利息”或“长期借款”核算

二、多选题

企业从银行借入的期限为 3 个月的借款到期，偿还该借款利息时所编制会计分录可能涉及的账户有（　　）。

A. 应付利息　　B. 财务费用　　C. 短期借款　　D. 库存现金

三、判断题

1. 企业计提的到期一次还本付息的长期借款的利息通过“应付利息”账户核算。（　　）
2. 企业支付的银行承兑汇票的手续费通过“管理费用”账户进行核算。（　　）

参考答案及解析

一、单选题

1. 【答案】A

2. 【答案】C

3. 【答案】B

4. 【答案】D

二、多选题

【答案】ABC

三、判断题

1. 【答案】×

2. 【答案】×

【解析】应通过“长期借款——应计利息”核算。

第 6 章

生产准备阶段的财税处理

学习目标

◆ 了解企业在生产准备阶段如何进行财税处理，包括生产的原材料采购业务中材料的入账成本会计核算、税款计算与缴纳的处理

◆ 掌握存货购置、固定资产购建、无形资产购置业务的财税处理

本章思维导图

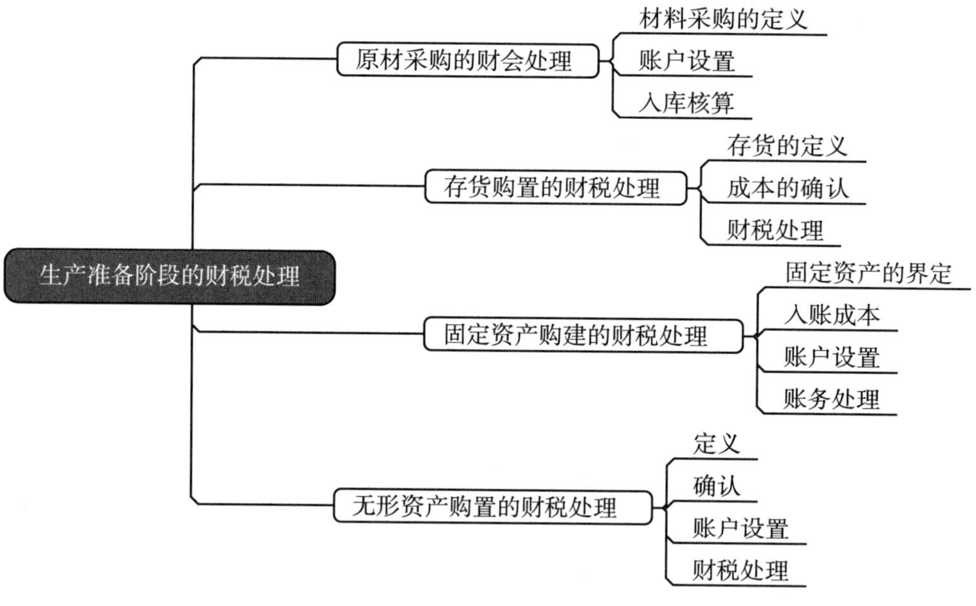

6.1 材料采购业务的处理

6.1.1 材料的采购成本

材料的采购成本是指企业物资从采购到入库前所发生的全部支出，包括购买价款、相关税费、运输费、装卸费、保险费以及其他可归属于采购成本的费用。

不同纳税人支付的增值税（进项税额）处理不同。

（1）一般纳税人：不计入成本。

（2）小规模纳税人：计入成本。

6.1.2 账户设置

企业通常设置以下账户对材料采购业务进行会计核算。

（1）“原材料”账户。

（2）“材料采购”账户。

（3）“材料成本差异”账户。

（4）“在途物资”账户。

（5）“应付账款”账户。

（6）“应付票据”账户。

（7）“预付账款”账户。

（8）“应交税费”账户。

6.1.2.1 “原材料”账户

“原材料”账户属于资产类账户，用以核算企业库存的各种材料，包括原料及主要材料、辅助材料、外购半成品（外购件）、修理用备件（备品备件）、包装材料、燃料等的计划成本或实际成本。企业收到来料加工装配业务的原料、零件等，应当设置备查簿进行登记。

该账户借方登记已验收入库材料的成本，贷方登记发出材料的成本。期末余额在借方，反映企业库存材料的计划成本或实际成本。

该账户可按材料的保管地点（仓库）、材料的类别、品种和规格等进行明细核算。

【例 6－1　多选题】以下属于企业“原材料”账户核算内容的有（　　）

A. 生产产品的原料及主要材料

B. 企业修理用备件（备品备件）

C. 使用年限在一年以上的各种设备

D. 生产完工的产品

【答案】AB

6.1.2.2 “材料采购”账户

“材料采购”账户属于资产类账户，用以核算企业采用计划成本进行材料日常核算而购入材料的采购成本。

该账户借方登记企业采用计划成本进行核算时，采购材料的实际成本以及材料入库时结转的节约差异，贷方登记入库材料的计划成本以及材料入库时结转的超支差异。期末余额在借方，反映企业在途材料的采购成本。

该账户可按供应单位和材料品种进行明细核算。

6.1.2.3 “材料成本差异”账户

“材料成本差异”账户属于资产类账户，用以核算企业采用计划成本进行日常核算的材料计划成本与实际成本的差额。

该账户借方登记入库材料形成的超支差异以及转出的发出材料应负担的节约差异，贷方登记入库材料形成的节约差异以及转出的发出材料应负担的超支差异。期末余额在借方，反映企业库存材料等的实际成本大于计划成本的差异；期末余额在贷方，反映企业库存材料等的实际成本小于计划成本的差异。

该账户可以分别“原材料”“周转材料”等，按照类别或品种进行明细核算。

6.1.2.4 “在途物资”账户

“在途物资”账户属于资产类账户，用以核算企业采用实际成本（或进价）进行材料、商品等物资的日常核算、货款已付尚未验收入库的在途物资的采购成本。

该账户借方登记购入材料、商品等物资的买价和采购费用（采购实际成本），贷方登记已验收入库材料、商品等物资应结转的实际采购成本。期末余额在借方，反映企业期末在途材料、商品等物资的采购成本。

该账户可按供应单位和物资品种进行明细核算。

6.1.2.5 “应付账款”账户

“应付账款”账户属于负债类账户，用以核算企业因购买材料、商品和接受劳务等经营活动应支付的款项。

该账户贷方登记企业因购入材料、商品和接受劳务等尚未支付的款项，借方登记偿还的应付账款。期末余额一般在贷方，反映企业期末尚未支付的应付账款余额；如果在借方，反映企业期末预付账款余额。

该账户可按债权人进行明细核算。

6.1.2.6 “应付票据”账户

“应付票据”账户属于负债类账户，用以核算企业购买材料、商品和接受劳务等开出、承兑的商业汇票，包括银行承兑汇票和商业承兑汇票。

该账户贷方登记企业开出、承兑的商业汇票，借方登记企业已经支付或者到期无力支付的商业汇票。期末余额在贷方，反映企业尚未到期的商业汇票的票面金额。

该账户可按债权人进行明细核算。

6.1.2.7 “预付账款”账户

“预付账款”账户属于资产类账户，用以核算企业按照合同规定预付的款项。

预付款项情况不多的，也可以不设置该账户，将预付的款项直接记入“应付账款”账户。

该账户的借方登记企业因购货等业务预付的款项，贷方登记企业收到货物后应支付的款项等。期末余额在借方，反映企业预付的款项；期末余额在贷方，反映企业尚需补付的款项。

该账户可按供货单位进行明细核算。

6.1.2.8 “应交税费”账户

“应交税费”账户属于负债类账户，用以核算企业按照税法等规定计算应交纳的各种税费，包括增值税、消费税、所得税、资源税、土地增值税、城市维护建设税、房地产税、城镇土地使用税、车船税、教育费附加、矿产资源补偿费等，企业代扣代缴的个人所得税等，也通过本账户核算。

该账户贷方登记各种应交未交税费的增加额，借方登记实际缴纳的各种税费。期末余额在贷方，反映企业尚未交纳的税费；期末余额在借方，反映企业多交或尚未抵扣的税费。

该账户可按应交的税费项目进行明细核算。

6.1.3　材料采购入库核算的账务处理

原材料的核算方法包括实际成本法和计划成本法。通常，实际成本法和计划成本法的选择由企业根据实际情况决定。

6.1.3.1　实际成本法核算的账务处理

实际成本法下，一般通过“原材料”和“在途物资”等科目对采购的原材料进行核算。按材料是否验收入库分为以下三种情况。

(1) 发票账单已到，材料已验收入库（单料同到）。

借：原材料

　　应交税费——应交增值税（进项税额）

　　贷：银行存款/应付账款/应付票据等

【例 6-2】 甲公司购入 A 材料一批，增值税专用发票上记载的货款为 200 000 元，增值税额 32 000 元，另，对方代垫运杂费 500 元，全部款项已用转账支票付讫，材料已验收入库。

借：原材料（200 000 + 500）	200 500	
应交税费——应交增值税（进项税额）	32 000	
贷：银行存款/应付账款/应付票据等		232 500

(2) 相关单据已到，材料尚未入库（单到料未到）。

根据相关单据：

借：在途物资

　　应交税费——应交增值税（进项税额）

　　贷：银行存款/应付账款/应付票据等

货物验收入库以后：

借：原材料

　　贷：在途物资

【例 6-3】 甲公司购入 A 材料一批，增值税专用发票上记载的货款为 200 000 元，增值税额 32 000 元，另，对方代垫运杂费 500 元，全部款项已用转账支票付讫，材料尚到达。

借：在途物资（200 000 + 500）	200 500	
应交税费——应交增值税（进项税额）	32 000	
贷：银行存款/应付账款/应付票据等		232 500

上述材料到达并验收入库：

借：原材料	232 500	
贷：在途物资		232 500

(3) 发票账单未到，材料已验收入库（料到单未到）。

借：原材料

　　贷：应付账款——暂估应付账款

下月初作相反的会计分录予以冲回：

借：应付账款——暂估应付账款

贷：原材料

【例 6 -4】 甲公司采用托收承付结算方式购入 H 材料一批，材料已验收入库，月末发票账单尚未收到，也无法确定其实际成本，暂估价值为 15 000 元。

借：原材料——H 材料　　15 000

　　贷：应付账款——暂估应付账款　　15 000

下月初作相反的会计分录予以冲回：

借：应付账款——暂估应付账款　　15 000

　　贷：原材料——H 材料　　15 000

6.1.3.2 计划成本法核算的账务处理

（1）采购材料（按计划成本入账）

借：材料采购

　　应交税费——应交增值税（进项税额）

　　贷：应付账款

（2）验收入库

方法一：

借：原材料（计划成本）

　　材料成本差异（实际成本—计划成本）

　　贷：材料采购（实际成本）

　　　　材料成本差异（计划成本—实际成本）

方法二：

借：原材料（计划成本）

　　贷：材料采购（计划成本）

超支时：

借：材料成本差异

　　贷：材料采购

节约时：

借：材料采购

　　贷：材料成本差异

（3）发出材料

借：生产成本/制造费用/管理费用等（计划成本）

　　贷：原材料（计划成本）

（4）期末结转差异

如果是超支差异

借：生产成本/制造费用/管理费用等

　　贷：材料成本差异

如果是节约差异：

借：材料成本差异

　　贷：生产成本/制造费用/管理费用等

【例 6 -5】 甲公司采用支票支付方式购入 M 材料一批，专用发票上记载的货款为 50 万元，采购费用1万元，增值税额8万元，发票账单已收到，计划成本50万元，材料已验收入库。

（1）甲公司采购材料

借：材料采购——M材料（500 000 + 10 000）　　5 100 00

　　应交税费——应交增值税（进项税额）　　80 000

　　贷：银行存款　　590 000

（2）入库

借：原材料——M材料　　500 000

　　贷：材料采购——M材料　　500 000

借：材料成本差异——M材料　　10 000

　　贷：材料采购——M材料　　10 000

（3）发出材料（假设生产领用原材料）

借：生产成本　　500 000

　　贷：原材料——M材料　　500 000

借：生产成本　　10 000

　　贷：材料成本差异——M材料　　10 000

** **注意** ** “材料成本差异”账户总结

期末余额在借方，反映企业库存材料等的实际成本大于计划成本的差异；期末余额在贷方，反映企业库存材料等的实际成本小于计划成本的差异。

6.2　存货购置业务的处理

6.2.1　存货的定义

存货是指企业在日常活动中持有以备出售的产成品或商品、处在生产过程中的在产品、在生产过程或提供劳务过程中耗用的材料或物料等（《企业会计准则第1号——存货》第三条），包括各类材料、商品、在产品、半成品、产成品以及包装物、低值易耗品、委托代销商品等。存货应当按照成本进行初始计量。

** **注意** ** 房地产开发企业购入的用于建造商品房的土地及建造的商品房，属于存货。

（1）工程物资不属于存货。

（2）已做销售处理但购买方尚未提货的存货，不属于销售方的存货（属于购买方的存货）。

** **注意** ** 销售方已经发出商品但尚未确认收入，发出商品属于销售方的存货。

（3）接受来料加工的原材料，不属于企业的存货。

** **注意** ** 企业接受来料加工制造的代制品和为外单位加工修理的代修品，制造和修理完成验收入库后，应视为企业的产成品。来料加工的产成品成本为加工费以及领用的本单位原材料，不包括领用的外来原材料的成本。

（4）“受托代销商品”（借方）和“受托代销商品款”（贷方）同时作为存货列示，但不影响存货项目的金额，所以受托代销商品不属于企业的存货。

6.2.2 存货成本的确认

6.2.2.1 存货的采购成本

存货的采购成本，包括购买价款、相关税费、运输费、装卸费、保险费以及其他可归属于存货采购成本的费用（见图6－1）。

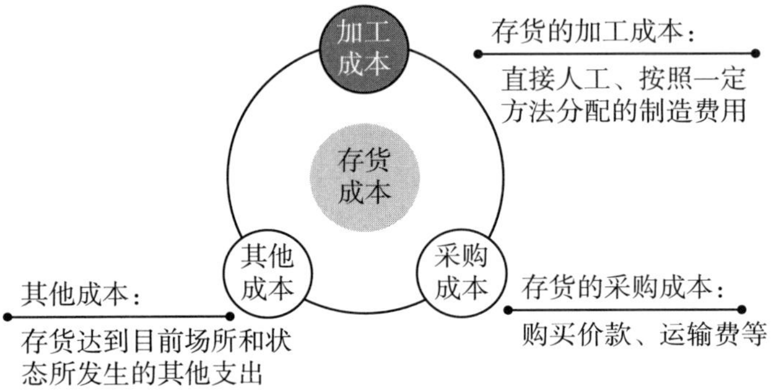

图6－1 存货成本的内容

资料来源：笔者根据相关资料编制。

注意问题：

（1）存货的相关税费。

①进口关税、进口消费税、资源税，以及不能抵扣的增值税进项税额计入存货成本。

②增值税进项税额，分为小规模纳税人和一般纳税人两种情况。

增值税小规模纳税人：采购存货的进项税额不能抵扣，增值税计入存货的成本。

增值税一般纳税人：采购存货的进项税额可以抵扣，增值税不计入存货的成本。

（2）其他可归属于存货采购成本的费用：仓储费、包装费、运输途中的合理损耗（按实际存货数量入库）、入库前的挑选整理费用等计入存货成本。

** **注意** ** 发生合理损耗会使存货的单位成本提高。

（3）商品流通企业在采购商品过程中发生的运输费、装卸费、保险费以及其他可归属于存货采购成本的费用等进货费用，应当计入存货采购成本，也可以先进行归集，期末根据所购商品的存销情况进行分摊。对于已售商品的进货费用，计入当期损益（主营业务成本）；对于未售商品的进货费用，计入期末存货成本。企业采购商品的进货费用金额较小的，也可在发生时直接计入当期损益（主营业务成本）。

** **注意** ** 下列费用应当在发生时确认为当期损益，不计入存货成本：

①非正常消耗的直接材料、直接人工和制造费用（计入营业外支出）。（《企业会计准则第1号——存货》第九条）

②仓储费用（计入管理费用）（不包括在生产过程中为达到下一个生产阶段所必需的仓储费用）。（《企业会计准则第1号——存货》第九条）

③不能归属于使存货达到目前场所和状态的其他支出，应在发生时计入当期损益，不得计入存货成本。（《企业会计准则第1号——存货》第九条）

④入库后发生的挑选整理费计入管理费用。

⑤采购人员的差旅费通常不计入外购材料的成本，而应计入管理费用。

【例6-6　单选题】某工业企业为增值税小规模纳税人，2020年10月9日购入材料一批，取得的增值税专用发票上注明的价款为10 000元，增值税税额为1 300元。材料入库前的挑选整理费为100元，材料已验收入库。则该企业取得材料的入账价值应为（　　）元。

A. 11 300　　B. 11 400　　C. 10 000　　D. 10 100

【答案】B

【解析】该企业取得材料的入账价值＝10 000＋1 300＋100＝11 400（元）。小规模纳税人的采购存货的增值税进项税额不能抵扣，增值税计入存货成本。

6.2.2.2　存货的加工成本

除外购方式获得存货，存货还可以通过加工取得。加工取得的存货成本主要包括直接材料和加工成本（见图6-2）。加工成本包括直接人工以及按照一定方法分配的制造费用。

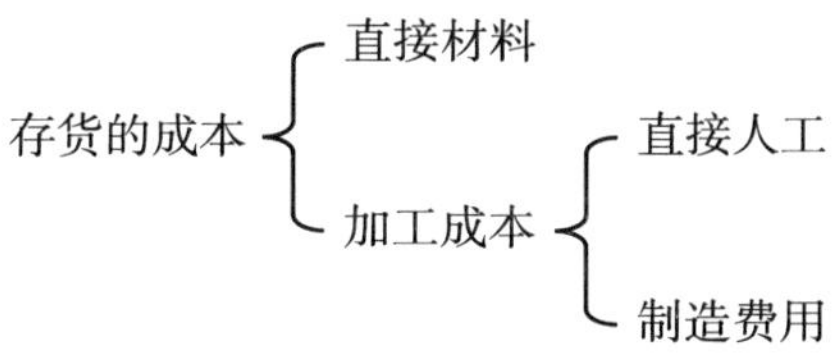

图6-2　存货的加工成本

资料来源：笔者根据相关资料编制。

6.2.2.3　其他成本

其他成本，除了采购成本、加工成本以外的，使存货达到目前场所和状态所发生的其他支出。

企业设计产品发生的设计费用通常应计入当期损益，但是为特定客户设计产品所发生、可直接确定的设计费用应计入存货的成本。

下列费用不应计入存货成本，而应在其发生时计入当期损益：

（1）非正常消耗的直接材料、直接人工和制造费用，应在发生时计入当期损益，不应计入存货成本。

（2）仓储费用，指企业在存货采购入库后发生的储存费用，应在发生时计入当期损益。但是，在生产过程中为达到下一个生产阶段所必需的仓储费用应计入存货成本。

【例6-7　多选题】下列项目中，应计入企业存货成本的有（　　）。

A. 进口原材料支付的关税　　B. 自然灾害造成的原材料净损益

C. 原材料入库前的挑选整理费用　　D. 原材料入库后的保管费用

【答案】AC

【解析】B选项，自然灾害造成的存货净损失计入营业外支出，不计入存货成本。D选项，原材料入库后的保管费用，计入管理费用。

6.2.3　取得存货的财税处理

一般纳税人购进货物、加工修理修配劳务、服务、无形资产或者不动产，按应计入相关成本费用或资产的金额，借记“材料采购”“在途物资”“原材料”“库存商品”“生产成本”“无形资产”“固定资产”“管理费用”等科目，按当月已认证的可抵扣增值税额，借记“应交税费——应交增值税（进项税额）”科目，按当月未认证的可抵扣增值税额，借记“应交税费——待认证进项税额”科目，按应付或实际支付的金额，贷记“应付账款”“应付票据”“银行存款”等科目。

购进货物等发生的退货，应根据税务机关开具的红字增值税专用发票编制相反的会计分录，如原增值税专用发票未做认证，应将发票退回并做相反的会计分录。

【例6－8】甲公司为增值税一般纳税人，适用的增值税税率为13%，原材料按实际成本核算，销售商品价格为不含增值税的公允价格。2022年6月发生交易或事项以及相关的会计分录如下：

（1）5日，购入原材料一批，增值税专用发票上注明的价款为120 000元，增值税税额为15 600元，材料尚未到达，全部款项已用银行存款支付。

借：在途物资	120 000	
应交税费——应交增值税（进项税额）	15 600	
贷：银行存款		135 600

（2）10日，收到5日购入的原材料并验收入库，实际成本总额为120 000元。同日，与运输公司结清运输费用，增值税专用发票上注明的运输费用为5 000元，增值税税额为450元，运输费用和增值税税额已用转账支票付讫。

借：原材料	125 000	
应交税费——应交增值税（进项税额）	450	
贷：银行存款		5 450
在途物资		120 000

（3）15日，购入不需要安装的生产设备一台，增值税专用发票上注明的价款为30 000元，增值税税额为3 900元，款项尚未支付。

借：固定资产	30 000	
应交税费——应交增值税（进项税额）	3 900	
贷：应付账款		33 900

（4）25日，企业管理部门委托外单位修理机器设备，取得对方开具的增值税专用发票上注明的修理费用为20 000元，增值税税额为2 600元，款项已用银行存款支付。

借：管理费用	20 000	
应交税费——应交增值税（进项税额）	2 600	
贷：银行存款		22 600

6.3 固定资产购建业务的处理

6.3.1 固定资产的概念特征及分类

6.3.1.1 固定资产的概念

固定资产是指为生产商品、提供劳务、出租或者经营管理而持有、使用寿命超过一个会计年度的有形资产。

固定资产是指同时具有以下特征的有形资产（《企业会计准则第4号——固定资产》第三条）：

（1）属于一种有形资产。

（2）为生产商品、提供劳务、出租或经营管理而持有的。

（3）使用寿命超过一个会计年度。

例如机器、设备、生产经营用的房屋、建筑物、器具、工具等，都属于固定资产。

6.3.1.2　固定资产的分类

按固定资产的经济用途和使用情况等综合分类，可把企业的固定资产划分为7大类：

（1）生产经营用固定资产。

（2）非生产经营用固定资产。

（3）租出固定资产（指企业在经营租赁方式下出租给外单位使用的固定资产）。

（4）不需用固定资产。

（5）未使用固定资产。

（6）土地（指过去已经估价单独入账的土地。因征地而支付的补偿费，应计入与土地有关的房屋、建筑物的价值内，不单独作为土地价值入账。企业取得的土地使用权，应作为无形资产管理和核算，不作为固定资产管理和核算）。

（7）融资租入固定资产（指企业以融资租赁方式租入的固定资产，在租赁期内，应视同自有固定资产进行管理）。

** **注意** ** 融资租入的固定资产，视为承租方资产，承租方按自有资产进行管理。经营租入的固定资产属于出租方的固定资产，不属于承租方的固定资产。

（8）企业经营租赁方式出租的房屋建筑物，按照投资性房地产核算。企业经营租赁方式出租的机器、设备，按照固定资产核算。

6.3.2　固定资产的入账成本

固定资产的成本是指企业购建某项固定资产达到预定可使用状态前所发生的一切合理、必要的支出。

企业可以通过外购、自行建造、投资者投入、非货币性资产交换、债务重组、企业合并和融资租赁等方式取得固定资产。不同取得方式下，固定资产成本的具体构成内容及其确定方法也不尽相同。

外购固定资产的成本，包括购买价款、相关税费、使固定资产达到预定可使用状态前所发生的可归属于该项资产的运输费、装卸费、安装费和专业人员服务费、测试费等。

** **注意** **

（1）员工培训费不计入固定资产的成本，应于发生时计入当期损益（计入管理费用）。

（2）计入固定资产成本的相关税费：取得固定资产而缴纳的关税、契税、耕地占用税、车辆购置税等相关税费，不包括可以抵扣的增值税进项税额。

（3）一般纳税人购建（包括购进、自行建造、改扩建等）固定资产发生的增值税进项税额可以从销项税额中抵扣，不过如果是不动产要分两年进行，动产一次性扣除，都不计入固定资产的成本。

（4）小规模纳税人购建固定资产发生的增值税进项税额不可以从销项税额中抵扣，应计入固定资产的成本。

购进不动产或不动产在建工程的进项税额可分年抵扣。按现行增值税制度规定，企业作为一般纳税人，自2016年5月1日后取得并按固定资产核算的不动产或者2016年5月1日后取得的不动产在建工程，取得增值税专用发票并通过税务机关认证时，应按增值税专用发票上注明的价款作为固定资产成本，借记“固定资产”“在建工程”科目；其进项税额按现行增值税制度规定自取得之日起分2年从销项税额中抵扣，第一年抵扣应按增值税专用发票上注明的增值税进项税额的60%作为当期可抵扣的进项税额，借记“应交税费——应交增值税（进项税额）”科目，按增值税专用发票上注明的增值税进项税额的40%作为自本月起第13个月可抵扣的进项税额，借记“应交税费——待抵扣进项税额”科目；按应付或实际支付的金额，贷记“应付账款”“银行存款”等科目。上述待抵扣的进项税额在下年度同月允许抵扣时，按允许抵扣的金额，借记“应交税费——应交增值税（进项税额）”科目，贷记“应交税费——待抵扣进项税额”科目。

【例6-9 单选题】甲公司为增值税一般纳税人，2022年12月31日购入不需安装的生产设备一台，当日投入使用。该设备价款为360万元，运杂费2万元，专业人员服务费1万元，员工培训费2万元，增值税税额为46.8万元，该设备的入账价值为（　　）万元。

A. 72　　B. 363　　C. 409.8　　D. 168.48

【答案】B

【解析】该设备的入账价值＝360＋2＋1＝363（万元）。

6.3.3 固定资产的账户设置

6.3.3.1 “在建工程”账户

“在建工程”账户属于资产类账户，用以核算企业基建、更新改造等在建工程发生的支出。

该账户借方登记企业各项在建工程的实际支出，贷方登记工程达到预定可使用状态时转出的成本等。期末余额在借方，反映企业期末尚未达到预定可使用状态的在建工程的成本。

该账户可按“建筑工程”“安装工程”“在安装设备”“待摊支出”以及单项工程等进行明细核算。

6.3.3.2 “工程物资”账户

“工程物资”账户属于资产类账户，用以核算企业为在建工程准备的各种物资的成本，包括工程用材料、尚未安装的设备以及为生产准备的工器具等。

该账户借方登记企业购入工程物资的成本，贷方登记领用工程物资的成本。期末余额在借方，反映企业期末为在建工程准备的各种物资的成本。

该账户可按“专用材料”“专用设备”“工器具”等进行明细核算。

6.3.3.3 “固定资产”账户

“固定资产”账户属于资产类账户，用以核算企业持有的固定资产原价。

该账户的借方登记固定资产原价的增加，贷方登记固定资产原价的减少。期末余额在借方，反映企业期末固定资产的原价。

6.3.3.4 “累计折旧”账户

“累计折旧”账户属于资产类备抵账户，用以核算企业固定资产计提的累计折旧。

该账户贷方登记按月提取的折旧额，即累计折旧的增加额，借方登记因减少固定资产而转出的累计折旧。期末余额在贷方，反映期末固定资产的累计折旧额。

该账户可按固定资产的类别或项目进行明细核算。

6.3.4　固定资产增加的账务处理

6.3.4.1　购入不需要安装的固定资产

企业购入不需要安装的固定资产，是指企业购置的固定资产不需要安装，可直接达到预定可使用状态。

【例 6－10】 甲公司购入一台不需要安装即可投入使用的设备，取得的增值税专用发票上注明的设备价款为 50 000 元，增值税额为 6 500 元，另支付运输费 300 元，包装费 400 元，款项以银行存款支付。甲公司属于增值税一般纳税人。

固定资产的入账成本＝50 000＋300＋400＝50 700（元）

借：固定资产　　50 700

　　应交税费——应交增值税（进项税额）　　6 500

　　贷：银行存款　　57 200

6.3.4.2　购入需要安装的固定资产

安装时：

借：在建工程

　　贷：银行存款等

完工后：

借：固定资产

　　贷：在建工程

【例 6－11】 甲公司为增值税一般纳税人，购入需要安装的设备一台，取得的增值税专用发票上注明的设备买价为 20 000 元，增值税税额为 2 600 元，另支付的运杂费为 100 元，包装费 200 元，款项以银行存款支付。购入后立即投入安装，安装过程中发生安装费 1 200 元。

借：在建工程（20 000＋100＋200＝20 300）　　20 300

　　应交税费——应交增值税（进项税额）　　2 600

　　贷：银行存款　　22 900

借：在建工程　　1 200

　　贷：银行存款　　1 200

借：固定资产　　21 500

　　贷：在建工程　　21 500

【例 6－12】 甲公司为增值税一般纳税人，2022 年 6 月 15 日购入需要安装的设备一台，取得的增值税专用发票上注明的设备买价为 20 000 元，增值税税额为 2 600 元，另支付的运杂费为 100 元，包装费 200 元，款项以银行存款支付。9 月 15 日开始安装，安装过程中发生安装费 1 200 元。

借：工程物资（20 000＋100＋200＝20 300）　　20 300

　　应交税费——应交增值税（进项税额）　　2 600

贷：银行存款		22 900
借：在建工程	20 300	
贷：固定资产		20 300
借：在建工程	1 200	
贷：银行存款		1 200
借：固定资产	21 500	
贷：在建工程		21 500

6.4 无形资产购置业务的处理

6.4.1 无形资产及含义

6.4.1.1 无形资产的定义

无形资产，是指企业拥有或者控制的没有实物形态的可辨认非货币性资产。（《企业会计准则第6号——无形资产》第三条）主要包括专利权、非专利技术、商标权、著作权、土地使用权、特许权等。

资产满足下列条件之一的，符合无形资产定义中的可辨认性标准：

（1）能够从企业中分离或者划分出来，并能单独或者与相关合同、资产或负债一起，用于出售、转移、授予许可、租赁或者交换。

（2）源自合同性权利或其他法定权利，无论这些权利是否可以从企业或其他权利和义务中转移或者分离。

注意 商誉不具有可辨认性，不属于无形资产。（《企业会计准则第6号——无形资产》第十一条）

6.4.1.2 无形资产的分类

无形资产包括社会无形资产和自然无形资产。其中社会无形资产通常包括专利权、非专利技术、商标权、著作权、特许权、土地使用权等；自然无形资产包括不具实体物质形态的天然气等自然资源等。

（1）专利权：是指国家专利主管机关依法授予发明创造专利申请人对其发明创造在法定期限内所享有的专有权利，包括发明专利权，实用新型专利权和外观设计专利权。

（2）非专利技术：也称专有技术，是指不为外界所知、在生产经营活动中应采用了的、不享有法律保护的、可以带来经济效益的各种技术和诀窍。

（3）商标权：是指专门在某类指定的商品或产品上使用特定的名称或图案的权利。

（4）著作权：制作者对其创作的文学、科学和艺术作品依法享有的某些特殊权利。

（5）特许权：又称经营特许权、专营权，指企业在某一地区经营或销售某种特定商品的权利或是一家企业接受另一家企业使用其商标、商号、技术秘密等的权利。

（6）土地使用权：指国家准许某企业在一定期间内对国有土地享有开发、利用和经营的权利。

（7）商业秘诀。

6.4.1.3　无形资产的特征

无形资产具有如下特征：

（1）不具有实物形态；

（2）具有可辨认性；

（3）属于非货币性长期资产。

6.4.2　无形资产的确认

无形资产同时满足下列条件的，才能予以确认：

（1）与该无形资产有关的经济利益很可能流入企业；

（2）该无形资产的成本能够可靠地计量。

无形资产应当按照成本进行初始计量。（《企业会计准则第 6 号——无形资产》第十二条）

外购无形资产的成本包括购买价款、相关税费以及直接归属于使该项资产达到预定用途所发生的其他支出（如专业服务费、测试费、注册费等）。购买无形资产的价款超过正常信用条件延期支付，实质上具有融资性质的，无形资产的成本以购买价款的现值为基础确定。实际支付的价款与购买价款的现值之间的差额，除按照《企业会计准则第 17 号——借款费用》应予资本化的以外，应当在信用期间内计入当期损益。

** **注意** ** 下列各项不包括在无形资产初始成本中：

（1）为引入新产品进行宣传发生的广告费（计入销售费用）。

（2）无形资产已经达到预定用途以后发生的费用，如：员工的培训费（计入管理费用）自行开发的无形资产，开发阶段有关支出，符合资本化条件的，计入无形资产的成本；不符合资本化条件的，计入当期损益（管理费用）。研究阶段的支出，应当于发生时计入当期损益（管理费用）。

投资者投入无形资产的成本，应当按照投资合同或协议约定的价值确定，但合同或协议约定价值不公允的除外。

非货币性资产交换、债务重组、政府补助和企业合并取得的无形资产的成本，应当分别按照《企业会计准则第 7 号——非货币性资产交换》《企业会计准则第 12 号——债务重组》《企业会计准则第 16 号——政府补助》《企业会计准则第 20 号——企业合并》确定。

【例 6 - 13　判断题】研究开发支出中的开发支出，均应计入无形资产的成本。（　　）

【答案】 ×

【解析】研究阶段的支出计入当期损益。开发阶段的支出，符合资本化条件的，计入无形资产成本，不符合资本化条件的，计入当期损益。

【例 6 - 14　单选题】2022 年 8 月 1 日，某企业开始研究开发一项新技术，当月共发生研发支出 800 万元，其中，费用化的金额 650 万元，符合资本化条件的金额 150 万元。8 月末，研发活动尚未完成。该企业 2022 年 8 月应计入当期利润总额的研发支出为（　　）万元。

A. 0　　B. 150　　C. 650　　D. 800

【答案】C

【解析】只有费用化部分在当期计入管理费用中，才会影响当期利润总额。因研发活动尚未完成，所以符合资本化条件的金额150万元不影响利润总额。

6.4.3 无形资产的税务处理

6.4.3.1 无形资产的入账

借：无形资产——非专利技术等

应交税费——应交增值税（进项税额）

贷：银行存款

企业发生的研发支出，通过“研发支出——费用化支出”和“研发支出——资本化支出”科目归集。

（1）发生研发支出时：

借：研发支出——费用化支出（研究阶段支出和不符合资本化条件的开发阶段支出）

——资本化支出（符合资本化条件的开发阶段支出）

贷：银行存款/原材料/应付职工薪酬等

（2）期末，将费用化的研发支出转入当期管理费用。

借：管理费用

贷：研发支出——费用化支出

期末，研发支出的借方余额在资产负债表中是列入“开发支出”（非流动资产）项目的。

（3）将符合资本化条件的研发支出在无形资产达到可使用状态时转入无形资产成本。

借：无形资产

贷：研发支出——资本化支出

【比较】影响无形资产的入账成本的是资本化的研发支出；影响当期损益的是费用化的研发支出。

6.4.3.2 无形资产的处置和报废

企业处置无形资产，应当将取得的价款扣除该无形资产账面价值以及应交税费的差额计入当期损益（营业外收入或营业外支出）。（《企业会计准则第6号——无形资产》第二十二条）

无形资产预期不能为企业带来经济利益的，应当将该无形资产的账面价值予以转销。

借：银行存款（出售价款）

无形资产减值准备

累计摊销

营业外支出（借方差额倒挤）

贷：无形资产

应交税费——应交增值税（销项税额）

营业外收入（贷方差额倒挤）

处置无形资产的净损益＝出售价款－［（无形资产的原值－无形资产累计摊销－无形资产减值准备）＋应交税费］

本章小结

1. 了解材料采购账户的设置；

2. 区别实际成本法与计划成本法下材料成本差异；

3. 掌握存货、固定资产、无形资产进入企业的财务处理；

4. 掌握应交税费科目的明细。

同步强化练习

一、单选题

1. A 公司为增值税一般纳税企业。本月购进原材料 210 吨，货款为 6 000 万元，增值税为 780 万元；发生的保险费为 350 万元，入库前的挑选整理费用为 130 万元；收入库时发现数量短缺 7.5 吨，实际收到 202.5 吨。经查属于运输途中合理损耗。A 公司该批原材料实际单位成本为每吨（　　）万元。

A. 32.4　　B. 32　　C. 35.28　　D. 36

2. 某企业为增值税小规模纳税人，本月购入甲材料 2 060 千克，每千克单价（含增值税）50 元，另外支付运杂费 3 500 元，运输途中发生合理损耗 60 千克，入库前发生挑选整理费用 620 元。该批材料入库的实际单位成本为每千克（　　）元。

A. 50　　B. 51.81　　C. 52　　D. 53.56

3. 某企业为增值税一般纳税人，购入材料一批，增值税专用发票上标明的价款为 25 万元，增值税为 3.25 万元，另支付材料的保险费 2 万元、包装物押金 2 万元。该批材料的采购成本为（　　）万元。

A. 27　　B. 29　　C. 30.25　　D. 32.25

4. 下列各项中，不影响企业外购存货入账价值的是（　　）。

A. 买价　　B. 运杂费

C. 运输途中的合理损耗　　D. 入库前的挑选整理费用

5. 甲公司为增值税一般纳税人，适用的增值税税率为 17%。本期购入原材料 150 千克，收到的增值税专用发票上注明价款 900 万元，增值税税额为 153 万元。另发生运输费用 8.37 万元，包装费 3 万元，运输途中保险费用 2.7 万元。原材料运抵企业后，验收入库原材料为 148 千克，运输途中发生合理损耗 2 千克。甲公司原材料入账价值为（　　）万元。

A. 902.07　　B. 908.37　　C. 913.35　　D. 914.07

6. 承上题，甲公司原材料单位成本为（　　）万元。（保留两位小数）

A. 6.01　　B. 6.10　　C. 6.17　　D. 6.18

7. 下列税金中，不应计入存货成本的是（　　）。

A. 一般纳税企业进口原材料支付的关税

B. 一般纳税企业购进原材料支付的增值税

C. 小规模纳税企业购进原材料支付的增值税

D. 一般纳税企业进口应税消费品支付的消费税

8. 甲公司 2021 年 1 月 10 日开始自行研究开发无形资产，12 月 31 日达到预定用途。其中，研究阶段发生职工薪酬 30 万元、计提专用设备折旧 40 万元；进入开发阶段后，相关支出符合资本化条件前发生的职工薪酬 30 万元、计提专用设备折旧 30 万元，符合资本化条件后发生职工薪酬 100 万元、计提专用设备折旧 200 万元。假定不考虑其他因素，甲公司 2021 年对上述研发支出进行的下列会计处理中，正确的是（　　）。

A. 确认管理费用 70 万元，确认无形资产 360 万元

B. 确认管理费用 30 万元，确认无形资产 400 万元

C. 确认管理费用 130 万元，确认无形资产 300 万元

D. 确认管理费用 100 万元，确认无形资产 330 万元

9. 下列各项中，不应包括在资产负债表“存货”项目的是（　　）。

A. 工程物资　　B. 委托加工材料

C. 正在加工中的在产品　　　　　　　　D. 发出展览的商品

10. 某企业自行建造管理用房屋一间，购入所需的各种物资 100 000 元，支付增值税 17 000 元，全部用于建造房屋。另外还领用本企业所生产的产品一批，实际成本 2 000 元，售价 2 500 元，支付工程人员工资 20 000 元，计提工程人员的福利费 2 800 元，支付其他费用 3 755 元。该企业为增值税一般纳税人，适用的增值税税率为 17%，则该房屋的实际造价为（　　）元。

A. 128 555　　B. 145 895　　C. 145 555　　D. 143 095

11. 某增值税一般纳税企业自建仓库，购入工程物资 200 万元，增值税税额为 26 万元，已全部用于建造仓库；耗用库存材料 50 万元，应负担的增值税税额为 6.5 万元；领用自产产品成本 2 万元，售价为 3 万元，支付建筑工人工资 36 万元。该仓库建造完成并达到预定可使用状态，其入账价值为（　　）万元。

A. 250　　B. 282.5　　C. 288　　D. 331.01

二、多选题

1. “材料成本差异”账户借方登记的有（　　）。

A. 入库材料的超支差异　　　　B. 入库材料的节约差异

C. 出库材料的超支差异　　　　D. 出库材料的节约差异

2. 下列项目中，应计入存货成本的有（　　）。

A. 商品流通企业在采购商品过程中发生的运输费

B. 非正常消耗的直接材料、直接人工和制造费用

C. 在生产过程中为达到下一个生产阶段所必需的仓储费用

D. 制造费用

3. 下列项目中，一般纳税人应计入存货成本的有（　　）。

A. 购入存货支付的关税

B. 商品流通企业采购过程中发生的保险费

C. 委托加工材料发生的增值税

D. 自制存货生产过程中发生的直接费用

三、判断题

1. 企业的原材料采用实际成本法核算时，也需要通过“材料成本差异”账户核算相关材料的成本差异。（　　）

2. 预付款项情况不多的，也可以不设置该账户，将预付的款项直接记入“应收账款”账户。（　　）

3. 存货采购过程中发生的运输途中的不合理损耗应计入存货采购成本，所以存货采购总成本和单位成本均不会发生变化。（　　）

4. 增值税小规模纳税人购进货物支付的增值税直接计入有关货物的成本。（　　）

5. 商品流通企业在采购商品过程中发生的运杂费等进货费用，应当计入存货采购成本。进货费用数额较小的，也可以在发生时直接计入当期费用。（　　）

6. 企业无法可靠区分研究阶段和开发阶段支出的，应将其所发生的研发支出全部资本化计入无形资产成本。（　　）

四、案例分析题

甲公司自行研究、开发一项技术，截至 2021 年 12 月 31 日，发生研发支出合计 2 000 000 元，经测试，该项研发活动完成了研究阶段，从 2022 年 1 月 1 日开始进入开发阶段。2021 年发生开发支出 300 000 元，假定符合《企业会计准则第 6 号——无形资产》规定的开发支出资本化的条件，取得的增值税专用发票上注明的增值税税额为 39 000 元。2022 年 6 月 30 日，该项研发活动结束，最终开发出一项非专利技术。请写出 2021 年与 2022 年研发阶段的相关会计分录。

参考答案及解析

一、单选题

1.【答案】B

【解析】购入原材料的实际总成本 = 6 000 + 350 + 130 = 6 480（万元）

该批原材料实际单位成本 = 6 480/202.5 = 32（万元/吨）。

2.【答案】D

【解析】小规模纳税人购买原材料时支付的增值税是要计入原材料的成本中，所以原材料的成本 = 2 060 × 50 + 3 500 + 620 = 107 120（元），单位成本 = 107 120/(2 060 − 60) = 53.56（元/千克）

3.【答案】A

【解析】材料的采购成本 = 25 + 2 = 27（万元）；包装物押金 2 万元计入其他应收款。

借：原材料　27

　　应交税费——应交增值税（进项税额）　3.25

　　其他应收款　2

　　贷：银行存款　32.25

4.【答案】C

【解析】材料运输途中的合理损耗不影响存货入账成本，只影响单位成本。

5.【答案】D

【解析】原材料的入账价值 = 900 + 8.37 + 3 + 2.7 = 914.07（万元）

6.【答案】C

【解析】原材料的单位成本 = 914.07 ÷ 148 = 6.18（万元）。

7.【答案】B

【解析】一般纳税企业购进原材料支付的增值税计入应交税费中，不计入存货入账成本。

8.【答案】C

【解析】开发阶段符合资本化支出金额 = 100 + 200 = 300（万元），确认为无形资产；其他支出全部计入当期损益，所以计入管理费用的金额 = 30 + 40 + 30 + 30 = 130（万元）。

9.【答案】A

【解析】工程物资期末在资产负债表中单独作为“工程物资”项目列示。

10.【答案】A

【解析】房屋的实际造价 = 100 000 + 2 000 + 20 000 + 2 800 + 3 755 = 128 555（元）。

11.【答案】C

【解析】该仓库的入账成本 = 200 + 50 + 2 + 36 = 288（万元）。

二、多选题

1.【答案】AC

2.【答案】ACD

【解析】非正常消耗的直接材料、直接人工和制造费用计入当期损益，不计入存货入账成本。

3.【答案】ABD

【解析】购入存货支付的关税和自制存货生产过程中发生的直接费用应计入存货成本；商品流通企业采购过程中发生的保险费应计入存货成本，委托加工材料发生的增值税应作为进项税额抵扣，不计入存货成本。

三、判断题

1.【答案】×

2.【答案】×

3. **【答案】** ×

【解析】 存货采购过程中发生的运输途中的不合理损耗不应计入存货采购成本，所以存货采购总成本会降低，单位成本不会发生变化。

4. **【答案】** √

5. **【答案】** √

6. **【答案】** ×

【解析】 研发支出如果无法区分研究阶段和开发阶段，那么发生的支出应该全部费用化处理，通过“管理费用”科目核算。

四、案例分析题

【答案】

（1）2021 年发生的研发支出：

借：研发支出——费用化支出	2 000 000	
贷：银行存款等		2 000 000

（2）2021 年 12 月 31 日，发生的研发支出全部属于研究阶段的支出：

借：管理费用	2 000 000	
贷：研发支出——费用化支出		2 000 000

（3）2022 年，发生开发支出并符合资本化确认条件：

借：研发支出——资本化支出	300 000	
应交税费——应交增值税（进项税额）	39 000	
贷：银行存款等		339 000

（4）2022 年 6 月 30 日，该技术研发完成并形成无形资产：

借：无形资产	300 000	
贷：研发支出——资本化支出		300 000

第 7 章

生产阶段的财税处理

学习目标

- ◆ 了解生产阶段企业各项耗费的核算及涉税处理步骤
- ◆ 了解企业生产过程中领用材料发出材料的计价方法
- ◆ 学会计算固定资产的折旧及无形资产的摊销
- ◆ 掌握生产成本科目的明细

本章思维导图

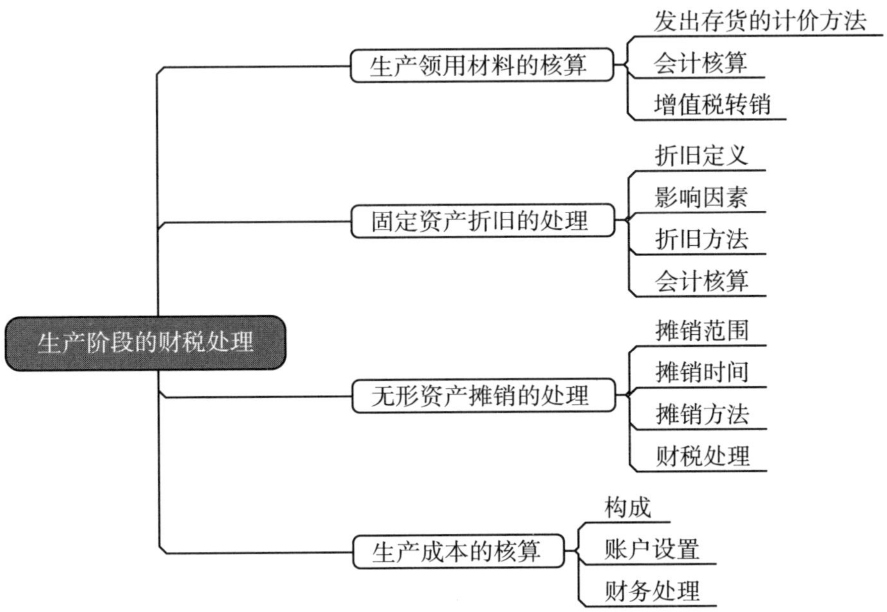

7.1 生产领用材料业务的核算

7.1.1 发出存货的计价方法

企业发出的存货，可以按实际成本核算，也可以按计划成本核算。在实际成本核算方式下，企业可以采用的发出存货成本的计价方法包括个别计价法、先进先出法、月末一次加权平均法、移动加权平均法等。(《企业会计准则第1号——存货》第十四条)

对于性质和用途相似的存货，应当采用相同的成本计算方法确定发出存货的成本。对于不能替代使用的存货、为特定项目专门购入或制造的存货以及提供劳务的成本，通常采用个别计价法确定发出存货的成本。对于已售存货，应当将其成本结转为当期损益，相应的存货跌价准备也应当予以结转。

企业各项存货的使用或者销售，其实际成本的计算方法，可以在先进先出法、加权平均法、个别计价法方法中选用一种。计价方法一经确定，不得随意改变。

7.1.1.1 个别计价法

个别计价法，逐一辨认各批发出存货和期末存货所属的购进批别或生产批别，分别按其购入或生产时所确定的单位成本计算各批发出存货和期末存货的成本。

对于不能替代使用的存货、为特定项目专门购入或制造的存货以及提供的劳务，通常采用个别计价法确定发出存货的成本。在实际工作中，越来越多的企业采用计算机信息系统进行会计处理，个别计价法可以广泛应用于发出存货的计价，并且个别计价法确定的存货成本最为准确。

7.1.1.2 先进先出法

先进先出法，指先购入的存货应先发出（销售或耗用），对发出存货进行计价的一种方法。具体方法是：收入存货时，逐笔登记收入存货的数量、单价和金额；发出存货时，按照先进先出的原则逐笔登记存货的发出成本和结存金额。

在物价持续上升时，期末存货成本接近于市价，而发出成本偏低，会高估企业当期利润和库存存货价值；反之，当物价持续下跌时，会低估企业存货价值和当期利润。

【例7-1 单选题】某企业采用先进先出法计算发出原材料的成本。2021年9月1日，甲材料结存200千克，每千克实际成本为300元；9月7日购入甲材料350千克，每千克实际成本为310元；9月21日购入甲材料400千克，每千克实际成本为290元；9月28日发出甲材料500千克。9月份甲材料发出成本为（ ）元。

A. 145 000　　B. 150 000　　C. 153 000　　D. 155 000

【答案】C

【解析】发出材料成本 $=200\times300+300\times310=153\ 000$（元）。

7.1.1.3 月末一次加权平均法

月末一次加权平均法是指以本月全部进货数量加上月初存货数量作为权数，去除本月全部进货成本加上月初存货成本，计算出存货的加权平均单位成本，以此为基础计算本月发出存货的成本和期末存货的成本的一种方法。

本月发出存货的成本 = 本月发出存货的数量 × 存货单位成本

$$存货单位成本 = \frac{本月全部进货成本 + 月初存货成本}{本月全部进货数量 + 月初存货数量}$$

$$本月月末库存存货成本 = 月末库存存货的数量 \times 存货单位成本$$

或

$$本月月末库存存货成本 = 月初库存存货的实际成本 + 本月收入存货的实际成本 - 本月发出存货的实际成本$$

注意 采用月末一次加权平均法，只在月末一次性计算加权平均单价，比较简单，但由于平时无法从账上提供发出和结存存货的单价和金额，因此不利于存货成本的日常管理与控制。

【例7-2 单选题】某企业采用月末一次加权平均法计算发出材料成本。2021年3月1日结存甲材料200件，单位成本40元；3月15日购入甲材料400件，单位成本35元；3月20日购入甲材料400件，单位成本38元；当月共发出甲材料500件。3月份发出甲材料的成本为（　　）元。

A. 18 500　　B. 18 600　　C. 19 000　　D. 20 000

【答案】B

【解析】材料单位成本 =（200 ×40 +400 ×35 +400 ×38）÷（200 +400 +400）= 37.2（元/件）；3月份发出甲材料成本 =37.2 ×500 =18 600（元）。

7.1.1.4 移动加权平均法

移动加权平均法是指以每次进货的成本加上原有库存存货的成本的合计额，除以每次进货数量加上原有库存存货的数量的合计数，据以计算加权平均单位成本，作为在下次进货前计算各次发出存货成本依据的一种方法。

$$本次发出存货的成本 = 本次发出存货的数量 \times 本次发货前存货的单位成本$$

$$本月月末库存存货成本 = 月末库存存货的数量 \times 本月月末存货单位成本$$

【例7-3 多选题】下列各项中，企业可以采用的发出存货成本计价方法有（　　）。

A. 先进先出法　　B. 移动加权平均法

C. 个别计价法　　D. 成本与可变现净值孰低法

【答案】ABC

【解析】选项D，不是存货发出的计价方法，而是存货期末计量的方法。

7.1.2 发出存货的会计核算

7.1.2.1 生产经营领用的原材料

借：生产成本（生产车间领用）
　　制造费用（生产车间一般耗用）
　　在建工程（在建工程领用）
　　管理费用（行政、后勤管理部门领用）
　　销售费用（销售产品耗用）
　　贷：原材料

7.1.2.2 生产经营领用的周转材料

生产部门领用的周转材料，其账面价值应计入产品生产成本；属于车间一般性消耗的，其账面价值应计入制造费用。

销售部门领用的周转材料，其账面价值应计入销售费用。

用于出租的周转材料，其账面价值应计入其他业务成本；用于出借的周转材料，其账面价值应计入销售费用。

管理部门领用的周转材料，其账面价值应计入管理费用。

企业应根据周转材料的消耗方式、价值大小、耐用程度等，选择适当的摊销方法，将其账面价值一次或分期计入有关成本费用。常用的周转材料摊销方法有一次转销法、五五摊销法、分次摊销法等。

（1）一次转销法：是指在领用周转材料时将其账面价值一次性计入有关成本费用的一种方法。（对于金额较小的周转材料）

领用时：

借：管理费用

　　贷：周转材料

报废残值：

借：原材料

　　贷：管理费用

（2）五五摊销法：是指在领用周转材料时先摊销其账面价值的 50%，待报废时再摊销其账面价值的 50% 的一种摊销方法。

①领用包装箱并摊销其账面价值的 50%。

借：周转材料——在用	5 000	
贷：周转材料——在库		5 000
借：销售费用	2 500	
贷：周转材料——摊销		2 500

②包装箱报废，摊销其余 50% 的账面价值并转销全部已提摊销额。

借：销售费用	2 500	
贷：周转材料——摊销		2 500
借：周转材料——摊销	5 000	
贷：周转材料——在用		5 000

③根据包装箱的残料作价入库。

借：原材料	2 000	
贷：销售费用		2 000

（3）分次摊销法：是指根据周转材料可供使用的估计次数，将其成本分期计入有关成本费用的一种摊销方法。

某期周转材料摊销额 = 周转材料账面价值/预计可使用次数 × 该期实际使用次数

分次摊销法的核算原理与五五摊销法相同，只是周转材料的价值是分若干次计算摊销的，而不是在领用和报废时各摊销一半。

7.1.2.3 销售的存货

（1）销售的库存商品等存货。

借：应收账款（或银行存款等）

贷：主营业务收入

应交税费——应交增值税（销项税额）

借：主营业务成本

贷：库存商品

（2）销售的原材料等存货。

借：银行存款（或应收账款等）

贷：其他业务收入

（3）应交税费——应交增值税（销项税额）。

借：其他业务成本

贷：原材料

7.1.2.4　其他用途发出的存货

企业将存货用于非货币性资产交换（在非货币性资产交换以公允价值为基础计量的情况下）、作为非同一控制下企业合并支付的对价、债务重组等，发出的存货应作为销售处理，按存货的公允价值确认销售收入，同时，按存货的账面价值结转销售成本。

企业将存货用于非货币性资产交换（在非货币性资产交换以账面价值为基础计量的情况下）、作为非同一控制下企业合并支付的对价等，应视同销售，按存货的计税价格计算增值税销项税额，连同存货的账面价值一并作为相关资产的成本或合并对价。

** **总结** **

（1）如果发出存货目的是转移其所有权的，则视同销售进行会计处理。

（2）如果发出存货目的是企业自身耗用的，则应按照成本结转。

7.1.3　发出存货的税务处理

《中华人民共和国增值税暂行条例》对于企业发出存货应否计缴增值税也有明确的规定。其中，对于应视同销售行为，计算征收增值税；对于用于非应税项目的购入物资，其购入环节所含的增值税应计入相应的成本或费用，不得抵扣。

在税务处理上，《企业所得税法》规定，企业领用或者销售存货，按照规定计算的存货成本，可以在计算应纳税所得额时扣除。

（1）如果发出的存货是外购的（原材料），且由企业自身耗用（用于非应税项目），则其购入环节所支付的进项税额不得抵扣，应予以转出（到相关的成本或费用）。

（2）如果发出的存货是外购的（原材料），但被转移了所有权，则应视同销售行为，计算征收增值税。

（3）如果发出的存货是经过加工的（含自产和委托加工），则无论是自身耗用还是转移所有权，均视同销售，计算征收增值税。

7.2　固定资产折旧的核算

7.2.1　固定资产折旧的定义

固定资产折旧是指在固定资产使用寿命内，按照确定的方法对应计折旧额进行的系统分摊。其中，应计折旧额是指应当计提折旧的固定资产的原价扣除其预计净残值后的金额。已计提减值准备的固定资产，还应当扣除已计提的固定资产减值准备累计金额。

7.2.2 固定资产的折旧因素

影响固定资产折旧的因素有：

（1）固定资产原价。

（2）预计净残值。

（3）固定资产减值准备。

（4）固定资产的使用寿命。

预计净残值是指假定固定资产的预计使用寿命已满并处于使用寿命终了时的预期状态时，企业目前从该项资产的处置中获得的扣除预计处置费用后的金额。预计净残值率是指固定资产预计净残值额占其原价的比率。企业应当根据固定资产的性质和使用情况，合理确定固定资产的预计净残值。预计净残值一经确定，不得随意变更。

账面余额 = 固定资产原值

账面净值（折余价值）= 固定资产原值 − 累计折旧

账面价值（账面净额）= 固定资产原值 − 累计折旧 − 固定资产减值准备

7.2.3 固定资产的折旧范围

企业应当按月对所有的固定资产计提折旧，已提足折旧仍继续使用的固定资产、单独计价入账的土地和持有待售的固定资产除外。（《企业会计准则第 4 号——固定资产》第十四条）

7.2.3.1 计提折旧的固定资产

（1）房屋建筑物。

（2）在用的机器设备、食品仪表、运输车辆、工具器具。

（3）季节性停用及修理停用的设备。

（4）以经营租赁方式租出的固定资产和以融资租赁式租入的固定资产。

7.2.3.2 不计提折旧的固定资产

（1）已提足折旧仍继续使用的固定资产。

（2）按规定单独计价作为固定资产入账的土地。

（3）改扩建期间的固定资产、更新改造过程停止使用的固定资产，应将其账面价值转入在建工程，在改扩建期间不再计提折旧。

（4）提前报废的固定资产，不再补提折旧。

（5）以经营租赁方式租入的固定资产和以融资租赁方式租出的固定资产。

** 注意 **

（1）因大修理而停工的固定资产、不需用、未使用的固定资产需要提取折旧。

（2）已达到预定可使用状态但尚未办理竣工决算的固定资产，应当按照估计价值确定其成本，并计提折旧；待办理竣工决算后，再按实际成本调整原来的暂估价值，但不需要调整原已计提的折旧额。

（3）当月增加的固定资产，当月不计提折旧，从下月起计提折旧；当月减少的固定资产，当月仍计提折旧，从下月起不计提折旧。

（4）企业至少应当于每年年度终了，对固定资产的使用寿命、预计净残值和折旧方法进行复核。

（5）与固定资产有关的经济利益预期实现方式有重大改变的，应当改变固定资产折旧方法。固定资产使用寿命、预计净残值和折旧方法的改变应当作为会计估计变更。（《企业会计准则第4号——固定资产》第十九条）

【例7－4　单选题】下列固定资产中，本月应计提的折旧（　　）。

A. 本月购进的新设备　　B. 本月报废的旧设备

C. 经营性租入的设备　　D. 已提足折旧的设备

【答案】B

7.2.4　固定资产的折旧方法

企业计提固定资产折旧的方法有多种，基本上即可以分为两类，即直线法（包括年限平均法和工作量法）和加速折旧法（包括年数总和法和双倍余额递减法），企业应当根据固定资产所含经济利益预期实现方式选择不同的方法。

7.2.4.1　直线法

1. 年限平均法

年限平均法，又称直线法，是指将固定资产的应计折旧额均匀地分摊到固定资产预计使用寿命内的一种方法。

年折旧额

=（固定资产原值－预计净残值）÷预计使用年限

=固定资产原值×（1－预计净残值率）÷预计使用年限

其中：年折旧率=（1/预计使用寿命）×100%

月折旧率=年折旧率÷12

【例7－5】某企业外购一台设备，原值为120 000元，预计可使用10年，该设备报废时的净残值率为4%。每月计提折旧如下：

10年应提折旧总额=120 000×（1－4%）=115 200（元）

每年提折旧=115 200÷10=11 520（元）

每月提折旧=11 520÷12=960（元）

2. 工作量法

工作量法，是根据实际工作量计算每期应提折旧额的一种方法。计算公式如下：

某项固定资产月折旧额=该项固定资产当月工作量×单位工作量折旧额

其中：单位工作量折旧额=固定资产原价×（1－净残值率）÷预计总工作量

月折旧额=固定资产当月工作量×单位工作量折旧额

7.2.4.2　加速折旧法

加速折旧的计提方法有多种，常用的有以下两种：

1. 双倍余额递减法

双倍余额递减法是指不考虑固定资产预计净残值的情况下，根据每期期初固定资产原价减去累计折旧后的余额（即固定资产净值）和双倍的直线折旧率计算固定资产折旧的一种方法。计算公式如下：

年折旧率 = 2/预计使用年限 × 100%

固定资产年折旧额 = 固定资产期初净值 × 年折旧率

= (固定资产原值 − 累计折旧) × 年折旧率

固定资产月折旧额 = 固定资产年折旧额/12

** **注意** ** 由于每年年初固定资产净值没扣除预计净残值，因此，在应用这种方法计算折旧额时必须注意不能使固定资产的净值降低到其预计净残值以下，即采用双倍余额递减法计提折旧的固定资产，通常在其折旧年限到期前两年内，将固定资产净值扣除预计净残值后的余额平均分摊，要求在倒数第二年改为年限平均法。采用双倍余额递减法计提折旧的时候除了最后两年之外是不需要考虑预计净残值的。

最后两年每年的折旧额 = (固定资产的原值 − 预计净残值 − 以前年度累计折旧)/2

2. 年数总和法

年数总和法也称合计年限法，是指将固定资产的原价减去预计净残值后的净额，乘以一个以各年年初固定资产尚可使用年限做分子，以预计使用年限逐年数字之和做分母的逐年递减的分数计算每年折旧额的一种方法。计算公式如下：

年折旧率 = 尚可使用年限/预计使用年限的年数总和 × 100%

预计使用年限的年数总和 = n × (n + 1)/2

年折旧额 = (固定资产原值 − 预计净残值) × 年折旧率

月折旧率 = 年折旧率/12

固定资产的折旧方法一经确定，不得随意变更。

固定资产在其使用过程中，因所处经济环境、技术环境以及其他环境均有可能发生很大变化，企业至少应当于每年年度终了，对固定资产的使用寿命、预计净残值和折旧方法进行复核。固定资产使用寿命、预计净残值和折旧方法的改变，应当作为会计估计变更。

【例 7－6　单选题】某企业于 2021 年 12 月 31 日购入一项固定资产，其原价为 200 万元，预计使用年限为 5 年，预计净残值为 0.8 万元，采用双倍余额递减法计提折旧。2022 年度该项固定资产应计提的年折旧额为（　　）万元。

A. 39.84　　B. 66.4　　C. 79.68　　D. 80

【答案】D

【解析】年折旧率 = 2/5 × 100% = 40%，2021 年度该项固定资产应计提的年折旧额 = 200 × 40% = 80（万元）。

【例 7－7　单选题】甲公司为增值税一般纳税人，2021 年 12 月 31 日购入不需要安装的生产设备一台，当日投入使用。该设备价款为 360 万元，增值税税额为 61.2 万元，预计使用寿命为 5 年，预计净残值为零，采用年数总和法计提折旧。该设备 2022 年应计提的折旧为（　　）万元。

A. 72　　B. 120　　C. 140.4　　D. 168.48

【答案】B

【解析】本题购入的是生产设备，所以增值税进项税额是可以抵扣的，不计入固定资产成本，所以固定资产入账价值是 360 万元，采用年数总和法计提折旧，2022 年应该计提的折旧额 = 360 × 5/(1 + 2 + 3 + 4 + 5) = 120（万元）。

7.2.5　固定资产折旧的财税处理

固定资产按月计提折旧，根据固定资产的用途不同，分别将固定资产的折旧计入相关资产的成本和当期损益，分录如下：

借：管理费用（管理用固定资产折旧）
　　销售费用（销售用固定资产折旧）
　　制造费用（生产用固定资产折旧）
　　其他业务成本（经营性出租的固定资产折旧）
　　研发支出（研发无形资产用固定资产折旧）
　　管理费用（未使用、不需用固定资产折旧）
　　……（根据不同用途计入相关科目）
　　贷：累计折旧

【例 7－8】 企业购入了一辆汽车，原价为 100 万元，用于管理部门使用，每年计提的折旧为 10 万元。

计提折旧：

借：管理费用	10 万	
贷：累计折旧		10 万

【例 7－9】 某企业采用年限平均法对固定资产计提折旧。2022 年 11 月份根据“固定资产折旧计算表”，确定的各车间及厂部管理部门应分配的折旧额为：一车间 1 500 000 元，二车间 2 400 000 元，三车间 3 000 000 元，厂部管理部门 600 000 元。

【答案】

借：制造费用——一车间	1 500 000	
——二车间	2 400 000	
——三车间	3 000 000	
管理费用	600 000	
贷：累计折旧		7 500 000

【例 7－10】 某企业 2023 年 1 月各生产车间应分配的固定资产折旧额为：一车间 1 500 000 元，二车间 2 400 000 元，三车间 3 000 000 元。该企业应作如下会计处理：

借：制造费用——一车间	1 500 000	
——二车间	2 400 000	
——三车间	3 600 000	
贷：累计折旧		7 500 000

7.2.6　固定资产的处置

7.2.6.1　固定资产处置的概述

企业在生产经营中，可能将不适用或不需要的固定资产对外出售转让，或因磨损、技术进步等原因对固定资产进行报废，或因遭受自然灾害而对毁损的固定资产进行处理。对于上述事项在进行会计核算时，应按规定程序办理有关手续，结转固定资产的账面价值，计算有关的清理收入、清理费用及残料价值等。

固定资产处置包括固定资产的出售、报废、毁损、对外投资、非货币性资产交换、债务重组等。

7.2.6.2 固定资产处置的账务处理

处置固定资产应通过“固定资产清理”科目核算，具体包括以下几个环节：

1. 转入“固定资产清理”科目

企业因出售、报废、毁损、对外投资、非货币性资产交换、债务重组等转出的固定资产，按该项固定资产的账面价值，借记“固定资产清理”科目；按已计提的累计折旧，借记“累计折旧”科目；按已计提的减值准备，借记“固定资产减值准备”科目；按其账面原值，贷记“固定资产”科目。

借：固定资产清理
　　累计折旧
　　固定资产减值准备
　　贷：固定资产

2. 发生清理费用

固定资产清理过程中应支付的相关税费及其他费用，借记“固定资产清理”科目，贷记“银行存款”“应交税费——应交增值税”等科目。

借：固定资产清理
　　贷：银行存款
　　　　应交税费——应交增值税等

3. 收回固定资产的价款残料价值变价收入

企业收回出售固定资产的价款、残料价值及变价收入等，应借记“银行存款”“原材料”等科目，贷记“固定资产清理”“应交税费”等科目。

借：银行存款
　　原材料
　　其他应收款等
　　贷：固定资产清理

4. 结平“固定资产清理”账户

（1）结转清理净收入：

借：固定资产清理
　　贷：营业外收入

（2）结转清理净损失：

借：营业外支出
　　贷：固定资产清理

7.3 无形资产摊销的处理

7.3.1 无形资产的摊销范围

使用寿命有限的无形资产需要在估计使用寿命内采用系统合理的方法进行摊销，对于使用寿命不确定的无形资产则不需要摊销，但至少于每一会计期末进行减值测试。（《企业会计准则第 6 号——无形资产》第十九条）

无形资产的应摊销金额为其成本扣除预计残值后的金额。已计提减值准备的无形资产，还应扣除已计提的无形资产减值准备累计金额。使用寿命有限的无形资产，其残值应当视为零，但下列情况除外：

（1）有第三方承诺在无形资产使用寿命结束时购买该无形资产。

（2）可以根据活跃市场得到预计残值信息，并且该市场在无形资产使用寿命结束时很可能存在。

7.3.2　摊销方法

无形资产摊销方法，应当能够反映与该项无形资产有关的经济利益的预期实现方式，包括直线法和生产总量法等。无法可靠确定其预期实现方式的，一般应当采用直线法摊销。（《企业会计准则第 6 号——无形资产》第十七条）

7.3.3　摊销计提时间

企业摊销无形资产，应当自无形资产可供使用时起，至不再作为无形资产确认时止。

（1）摊销年限：合同规定受益年限，法律也规定了有效年限的，摊销年限选择二者中较短者。

（2）残值：使用寿命有限的无形资产，一般其残值应当视为零。

（3）摊销起终点：当月增加的无形资产，当月开始摊销；当月减少的无形资产，当月不再摊销。

7.3.4　摊销的财税处理

无形资产的摊销金额一般应当计入当期损益（管理费用、其他业务成本等）。某项无形资产所包含的经济利益通过所生产的产品或其他资产实现的，其摊销金额应当计入相关资产的成本。

借：生产成本（用于产品生产的无形资产）
　　制造费用（用于产品生产的无形资产）
　　管理费用（管理用的无形资产）
　　其他业务成本（出租的无形资产）
　　贷：累计摊销

企业至少应当于每年年度终了，对使用寿命有限的无形资产的使用寿命及摊销方法进行复核。无形资产的使用寿命及摊销方法与以前估计不同的，应当改变摊销期限和摊销方法。

企业应当在每个会计期间对使用寿命不确定的无形资产的使用寿命进行复核。如果有证据表明无形资产的使用寿命是有限的，应当估计其使用寿命，按使用寿命有限的无形资产的有关规定处理。

企业每年应当对使用寿命不确定的无形资产进行减值测试。发现减值的，应当计提减值准备。无形资产账面价值小于可收回金额，无须计提无形资产减值准备。无形资产账面价值大于可收回金额的，应当按照差额计提无形资产减值准备。（《企业会计准则第 6 号——无

形资产》第二十条）

借：资产减值损失

　　贷：无形资产减值准备

** **注意** ** 无形资产减值准备一旦计提，以后期间不得转回。

无形资产的账面价值 = 无形资产账面余额（原值）－无形资产累计摊销

－无形资产减值准备贷方余额

7.4 生产成本的核算与处理

7.4.1 生产成本的构成

生产成本是指与企业日常生产经营活动有关的成本，按其经济用途可分为直接材料、直接人工和制造费用。

直接材料是指构成产品实体的原材料以及有助于产品形成的主要材料和辅助材料。

直接人工是指直接从事产品生产的工人的职工薪酬。

制造费用是指企业为生产产品和提供劳务而发生的各项间接费用。

7.4.2 账户设置

企业通常设置以下账户对生产成本进行会计核算：

(1)“生产成本”账户。

(2)“制造费用”账户。

(3)“库存商品”账户。

(4)“应付职工薪酬”账户。

7.4.2.1 “生产成本”账户

该账户借方登记应计入产品生产成本的各项费用，包括直接计入产品生产成本的直接材料费、直接人工费和其他直接支出，以及期末按照一定的方法分配计入产品生产成本的制造费用；贷方登记完工入库产成品应结转的生产成本。期末余额在借方，反映企业期末尚未加工完成的在产品成本。

7.4.2.2 “制造费用”账户

该账户借方登记实际发生的各项制造费用，贷方登记期末按照一定标准分配转入“生产成本”账户借方的应计入产品成本的制造费用。期末结转后，该账户一般无余额。

7.4.2.3 “库存商品”账户

该账户借方登记验收入库的库存商品成本，贷方登记发出的库存商品成本。期末余额在借方，反映企业期末库存商品的实际成本（或进价）或计划成本（或售价）。

7.4.2.4 “应付职工薪酬”账户

该账户借方登记本月实际支付的职工薪酬数额；贷方登记本月计算的应付职工薪酬总额，包括各种工资、奖金、津贴和福利费等。期末余额在贷方，反映企业应付未付的职工薪酬。

7.4.3　生产成本的账务处理

7.4.3.1　材料费用的归集与分配

在确定材料费用时，应根据领料凭证区分车间、部门和不同用途后，按照确定的结果将发出材料的成本借记“生产成本”“制造费用”“管理费用”等科目，贷记“原材料”等科目。

借：生产成本（生产领用直接材料）
　　制造费用（车间一般耗用）
　　管理费用（管理部门领用）
　　销售费用（销售部门领用）
　　……（不同用途计入不同账户）
　　贷：原材料

【例 7-11】甲企业 2022 年 10 月发出 A 材料总额 100 000 元，其中生产车间生产 A、B 产品各领用 30 000 元，一般耗用 10 000 元，管理部门领用 20 000 元，销售部门领用 10 000 元。

借：生产成本——A 产品	30 000	
——B 产品	30 000	
制造费用	10 000	
管理费用	20 000	
销售费用	10 000	
贷：原材料		100 000

7.4.3.2　职工薪酬的归集与分配

1. 职工薪酬的含义

职工薪酬是指企业为获得职工提供的服务或解除劳动关系而给予各种形式的报酬或补偿，具体包括：短期薪酬、离职后福利、辞退福利和其他长期职工福利。

2. “应付职工薪酬”的计提

借：生产成本（生产领用直接材料）
　　制造费用（车间一般耗用）
　　管理费用（管理部门领用）
　　销售费用（销售部门领用）
　　……（不同用途计入不同账户）
　　贷：原材料

【例 7-12】甲企业 2022 年 10 月 31 日经过核算，该月 A、B 产品生产工人工资各 75 000 元，车间管理人员工资 80 000 元，厂部管理人员工资 20 000 元，销售人员工资 10 000 元。

借：生产成本——A 产品	75 000
——B 产品	75 000
制造费用	80 000
管理费用	20 000

销售费用 10 000

贷：应付职工薪酬——工资 260 000

3. 应付职工薪酬的支付

借：应付职工薪酬

贷：库存现金/银行存款

【例7－13】甲公司以现金260 000元，发放工资，以银行存款26 000向住房公积金管理部门缴纳住房公积金。

借：应付职工薪酬——工资 260 000

贷：库存现金 260 000

借：应付职工薪酬——住房公积金 26 000

贷：银行存款 26 000

7.4.3.3 制造费用的归集和分配

企业发生的制造费用，应当按照合理的分配标准按月分配计入各成本核算对象的生产成本。企业可以采取的分配标准包括机器工时、人工工时、计划分配率等。

1. 归集（材料、人工、折旧等计入“制造费用”账户）

借：制造费用

贷：原材料、应付职工薪酬、累计折旧、银行存款等

2. 分配（将制造费用转入生产成本）

借：生产成本——A产品

——B产品

贷：制造费用

【例7－14】本月生产A产品耗用机器工时200小时，生产B产品耗用机器工时160小时，本月发生制造费用72万元。该企业按机器工时比例分配制造费用。

制造费用分配率＝制造费用总额/机器运转总时数＝72/(200＋160)＝0.2

A产品应负担的制造费用＝0.2×200＝40（万元）

B产品应负担的制造费用＝0.2×160＝32（万元）

借：生产成本——A产品 400 000

——B产品 320 000

贷：制造费用 720 000

7.4.3.4 完工产品生产成本的计算与结转

1. 产品成本的计算

企业应设置产品生产成本明细账，用来归集应计入各种产品的生产费用。通过对材料费用、职工薪酬和制造费用的归集和分配，企业各月生产产品所发生的生产费用记入“生产成本”科目中。

完工产品成本的基本计算公式为：

完工产品生产成本＝期初在产品成本＋本期发生的生产费用－期末在产品成本

【例7－15 单选题】下列各项不应计入产品制造成本的是（ ）。

A. 进行产品生产时所发生的材料费

B. 进行产品生产时所发生的燃料和动力费

C. 生产车间发生的车间管理人员工资

D. 产品销售时发生的包装费

【答案】 D

2. 产品成本的结转

借：库存商品

　　贷：生产成本

本章小结

1. 了解生产成本的构成；
2. 学会发出存货的计价方法及成本；
3. 掌握固定资产折旧的计算方法；
4. 了解无形资产摊销的年限；
5. 学会计算生产成本中制造费用的归集。

同步强化练习

一、单选题

1. 某企业采用先进先出法计算发出甲材料的成本，2022 年 2 月 1 日，结存甲材料 200 千克，每千克实际成本 100 元；2 月 10 日购入甲材料 300 千克，每千克实际成本 110 元；2 月 15 日发出甲材料 400 千克。2 月末，库存甲材料的实际成本为（　　）元。

A. 10 000　　B. 10 500　　C. 10 600　　D. 11 000

2. 2022 年 12 月 31 日，甲公司购入一台设备并投入使用，其成本为 25 万元，预计使用年限 5 年，预计净残值 1 万元，采用双倍余额递减法计提折旧。假定不考虑其他因素，2010 年度该设备应计提的折旧额为（　　）万元。

A. 4. 8　　B. 8　　C. 9. 6　　D. 10

3. 关于“累计折旧”科目的表述中，不正确的是（　　）。

A. 该科目用来反映固定资产损耗价值　　B. 计提折旧应计入该科目的借方

C. 该科目期末余额应为贷方余额　　D. 企业每月计提固定资产折旧

4. “应付职工薪酬”科目贷方登记的是（　　）。

A. 本月结转的代扣款项　　B. 本月应分配的工资总额

C. 本月实际支付的工资数　　D. 本月多支付的工资数

二、多选题

1. 下列各项中，应计提固定资产折旧的有（　　）。

A. 经营租入的设备

B. 融资租入的办公楼

C. 已投入使用但未办理竣工决算的厂房

D. 已达到预定可使用状态但未投产的生产线

2. 下列各项固定资产，应当计提折旧的有（　　）。

A. 闲置的固定资产　　B. 单独计价入账的土地

C. 经营租出的固定资产　　D. 已提足折旧仍继续使用的固定资产

3. 下列各项中，影响固定资产折旧的因素有（　　）。

A. 固定资产原价　　B. 固定资产的预计使用寿命

C. 固定资产预计净残值　　D. 已计提的固定资产减值准备

4. 下列关于固定资产计提折旧的表述，正确的有（　　）。

A. 提前报废的固定资产不再补提折旧

B. 固定资产折旧方法一经确定不得改变

C. 已提足折旧但仍继续使用的固定资产不再计提折旧

D. 自行建造的固定资产应自办理竣工决算时开始计提折旧

5. 企业计提固定资产折旧时，下列会计分录正确的有（　　）。

A. 计提行政管理部门固定资产折旧：借记“管理费用”科目，贷记“累计折旧”科目

B. 计提生产车间固定资产折旧：借记“制造费用”科目，贷记“累计折旧”科目

C. 计提专设销售机构固定资产折旧：借记“销售费用”科目，贷记“累计折旧”科目

D. 计提自建工程使用的固定资产折旧：借记“在建工程”科目，贷记“累计折旧”科目

6. 计提固定资产折旧时，可能涉及的会计科目有（　　）。

A. 制造费用　　B. 管理费用　　C. 固定资产　　D. 累计折旧

7. “固定资产清理”账户借方登记的内容有（　　）。

A. 转入清理的固定资产的净值　　B. 固定资产处置过程的处置费用

C. 固定资产处置的收入　　D. 结转的固定资产处置净损失

8. 下列科目中与“制造费用”科目可能发生对应关系的有（　　）。

A. 生产成本　　B. 本年利润　　C. 原材料　　D. 应付职工薪酬

参考答案及解析

一、单选题

1. **【答案】** D

【解析】 剩余的原材料的数量 = 200 + 300 − 400 = 100（千克），剩余的原材料都是 2 月 10 日购入的原材料，所以月末原材料的实际成本 = 100 × 110 = 11 000（元）。

2. **【答案】** D

【解析】 2022 年该设备应计提的折旧额 = 25 × 2/5 = 10（万元）。

3. **【答案】** B

4. **【答案】** B

二、多选题

1. **【答案】** BCD

2. **【答案】** AC

【解析】 单独计价入账的土地、已提足折旧仍继续使用的固定资产不计提折旧。

3. **【答案】** ABCD

4. **【答案】** AC

【解析】 选项 B，固定资产的折旧方法一经确定不得随意变更，当与固定资产有关的经济利益预期实现方式有重大变更的，应当改变固定资产折旧方法；选项 D，自行建造的固定资产，已经达到预定可使用状态但尚未办理竣工决算的，应当按照估计价值确定其成本，并计提折旧，待办理竣工决算后，再按实际成本调整原来的暂估价值，但不需要调整原已计提的折旧额。

5. **【答案】** ABCD

【解析】 计提固定资产折旧应该按照受益对象的不同分别记入管理费用、制造费用、销售费用和在建工程等科目。

6. **【答案】** ABD

7. **【答案】** AB

8. **【答案】** ACD

第8章

销售业务的财税处理

学习目标

◆ 学习商品销售过程中，涉及的增值税及消费税的计算

◆ 掌握收入的确认与成本的结转，还有其他业务收入、其他业务成本的核算

◆ 练习商业折扣、现金折扣、销售折让、销售退回的会计处理

本章思维导图

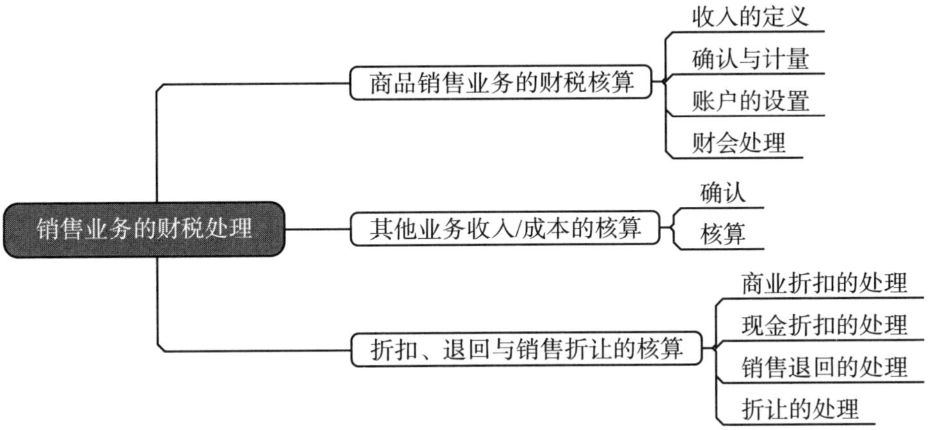

8.1 商品销售业务的财会核算与处理

8.1.1 收入的概念

收入是指企业在日常活动中形成的、会导致所有者权益增加的、与所有者投入资本无关的经济利益的总流入。

收入包括销售商品收入、提供劳务收入和让渡资产使用权收入。

** 注意 **

(1) 企业代第三方收取的款项，应当作为负债处理，不应当确认为收入。

（2）收入不包括出售固定资产、出售无形资产、取得政府补助利得、投资收益。

主营业务收入指企业从事某种主要生产、经营活动所取得的营业收入，如销售商品取得的收入。企业对外提供劳务，如属于企业的主营业务，所实现的收入应作为主营业务收入处理。

8.1.2 销售收入的确认与计量

销售商品收入同时满足下列条件的，才能予以确认。

（1）企业已将商品所有权上的主要风险和报酬转移给购货方。

①通常情况下，转移商品所有权凭证或交付实物后，商品所有权上的所有风险和报酬随之转移，如大多数商品零售、预收款销售商品、托收承付方式销售商品。

②某些情况下，转移商品所有权凭证或交付实物后，商品所有权上的主要风险和报酬随之转移，企业只保留商品所有权上的次要风险和报酬，如交款提货方式销售商品等。在这种情形下，应当视同商品所有权上的所有风险和报酬已经转移给购货方。

③某些情况下，转移商品所有权凭证或交付实物后，商品所有权上的主要风险和报酬并未随之转移。

情况一：企业销售的商品在质量、品种、规格等方面不符合合同规定的要求，又未根据正常的保证条款予以弥补，因而仍负有责任，此时不能确认收入。

情况二：企业销售商品的收入是否能够取得，取决于购买方是否已将商品销售出去。如采用支付手续费方式委托代销商品等。

情况三：企业尚未完成售出商品的安装或检验工作，且安装或检验工作是销售合同或协议的重要组成部分。如果安装程序比较简单或检验是为了最终确认合同或协议价格而进行的程序，企业可以发出商品时确认收入。

情况四：销售合同中规定了由于特定原因买方有权退货的条款，而企业又不能确定退货的可能性时，应在退货期满时确认收入。

（2）企业既没有保留通常与所有权相联系的继续管理权，也没有对已售出的商品实施控制。

通常情况下，企业售出商品后不再保留与商品所有权相联系的继续管理权，也不再对售出商品实施有效控制，商品所有权上的主要风险和报酬已经转移给购货方，应在发出商品时确认收入。

** **思考问题** ** 甲公司属于房地产开发商。甲公司将开发的住宅小区销售给业主后，与业主委员会签订协议，管理住宅小区物业，并按月收取物业管理费。

（3）相关的经济利益很可能（大于 50%）流入企业。

（4）收入的金额能够可靠地计量。

如果收入的金额不能够合理估计，就无法确认收入。通常情况下，企业在销售商品时，商品销售价格已经确定，企业应当按照从购货方已收或应收的合同或协议价款确定收入金额。

（5）相关的已发生或将发生的成本能够可靠地计量。

已经发出商品但不符合销售商品收入确认条件的，如果企业售出商品不符合销售商品收入确认的 5 项条件中的任何一项，均不应确认收入。交款提货销售商品的，在开出发票账单收到货款时确认收入。采用商业汇票销售商品的，收到已承兑汇票，开出发票时确认收入。

8.1.3　销售业务相关账户的设置

8.1.3.1　“主营业务收入”账户

“主营业务收入”账户属于损益类账户，用以核算企业确认的销售商品、提供劳务等主营业务的收入。

该账户贷方登记企业实现的主营业务收入，即主营业务收入的增加额；借方登记期末转入“本年利润”账户的主营业务收入（按净额结转），以及发生销售退回和销售折让时应冲减本期的主营业务收入。期末结转后，该账户无余额。

该账户应按照主营业务的种类设置明细账户，进行明细分类核算。

8.1.3.2　“应收账款”账户

“应收账款”账户属于资产类账户，用以核算企业因销售商品、提供劳务等经营活动应收取的款项。

该账户借方登记由于销售商品以及提供劳务等发生的应收账款，包括应收取的价款、税款和代垫款等；贷方登记已经收回的应收账款。期末余额通常在借方，反映企业尚未收回的应收账款；期末余额如果在贷方，反映企业预收的账款。

该账户应按不同的债务人进行明细分类核算。

8.1.3.3　“应收票据”账户

“应收票据”账户属于资产类账户，用以核算企业因销售商品、提供劳务等而收到的商业汇票。

该账户借方登记企业收到的应收票据，贷方登记票据到期收回的应收票据；期末余额在借方，反映企业持有的商业汇票的票面金额。

该账户可按开出、承兑商业汇票的单位进行明细核算。

8.1.3.4　“预收账款”账户

“预收账款”账户属于负债类账户，用以核算企业按照合同规定预收的款项。预收账款情况不多的，也可以不设置本账户，将预收的款项直接记入“应收账款”账户。

该账户贷方登记企业向购货单位预收的款项等，借方登记销售实现时按实现的收入转销的预收款项等。期末余额在贷方，反映企业预收的款项；期末余额在借方，反映企业已转销但尚未收取的款项。

该账户可按购货单位进行明细核算。

8.1.3.5　“主营业务成本”账户

“主营业务成本”账户属于损益类账户，用以核算企业确认销售商品、提供劳务等主营业务收入时应结转的成本。主营业务成本是指企业确认销售商品、提供劳务等经常性活动所发生的成本。企业在确认销售商品、提供劳务等主营业务收入时，或在月末将已销售商品、已提供劳务的成本转入主营业务成本。

该账户借方登记主营业务发生的实际成本，贷方登记期末转入“本年利润”账户的主营业务成本。期末结转后，该账户无余额。

该账户可按主营业务的种类设置明细账户，进行明细分类核算。

8.1.3.6 “税金及附加”账户

税金及附加是指企业经营活动应负担的相关税费，包括消费税、城市维护建设税、教育费附加和资源税等。“税金及附加”账户属于损益类账户，用以核算企业经营活动发生的消费税、城市维护建设税、资源税和教育费附加等相关税费。

该账户借方登记企业应按规定计算确定的与经营活动相关的税费，贷方登记期末转入“本年利润”账户的与经营活动相关的税费。期末结转后，该账户无余额。

需注意的是，房产税、车船税、城镇土地使用税、印花税通过“管理费用”账户核算，但与投资性房地产相关的房产税、城镇土地使用税通过该账户核算。

8.1.4 商品销售业务的账务处理

在进行销售商品的账务处理时，首先要考虑是否符合收入确认条件。符合收入准则所规定的5项确认条件的，应及时确认收入并结转相关销售成本。

企业销售商品或提供劳务实现的收入，应按实际收到、应收或者预收的金额，借记“银行存款”“应收账款”“应收票据”“预收账款”等科目，按确认的营业收入，贷记“主营业务收入”科目。

对于增值税销项税额，一般纳税人应贷记“应交税费——应交增值税（销项税额）”科目；小规模纳税人应贷记“应交税费——应交增值税”科目。按照增值税制度确认增值税纳税义务发生时点早于按照国家统一的会计制度确认收入或利得的时点的，应将应纳增值税额，借记“应收账款”科目，贷记“应交税费——应交增值税（销项税额）”或“应交税费——简易计税”科目，按照国家统一的会计制度确认收入或利得时，应按扣除增值税销项税额后的金额确认收入。企业交纳当月应交的增值税，借记“应交税费——应交增值税（已交税金）”科目，贷记“银行存款”科目；企业交纳以前期间未交的增值税，借记“应交税费——未交增值税”科目，贷记“银行存款”科目。

根据收入和费用配比原则，与同一项销售有关的收入和费用应在同一会计期予以确认，即企业应在确认收入的同时或同一会计期间结转相关的成本。企业应按销售各种商品、提供各种劳务等的实际成本，计算应结转的主营业务成本，借记“主营业务成本”科目，贷记“库存商品”“劳务成本”等科目。

实现销售收入时：

借：银行存款/应收账款/应收票据等

　　贷：主营业务收入

　　　　应交税费——应交增值税（销项税额）

结转销售成本：

借：主营业务成本

　　贷：库存商品

（此分录可以同销售逐笔确认，也可以月末一次结转全月收入）

【例8-1】甲公司为增值税一般纳税人，于10月1日销售商品，开出的增值税专用发票上注明售价为600 000元，增值税税额为102 000元；商品已经发出，收到商业汇票一张；该批商品的成本为420 000元。

借：应收票据　　　　　　　　　　　　　　　　702 000

　　贷：主营业务收入　　600 000
　　　　应交税费——应交增值税（销项税额）　　102 000
借：主营业务成本　　420 000
　　贷：库存商品　　420 000

8.2　其他业务收入、成本的核算与处理

8.2.1　其他业务收入与成本的确认

主营业务和其他业务的划分并不是绝对的，一个企业的主营业务可能是另一个企业的其他业务，即便在同一个企业，不同期间的主营业务和其他业务的内容也不是固定不变的。

主营业务以外的其他经营活动所实现的收入应作为“其他业务收入”处理，当企业发生其他业务收入时，借记“银行存款”“应收账款”“应收票据”等科目，按确定的收入金额，贷记“其他业务收入”科目，同时确认有关税金；在结转其他业务收入的同一会计期间，企业应根据本期应结转的其他业务成本金额，借记“其他业务成本”科目，贷记“原材料”“累计折旧”“应付职工薪酬”等科目。

企业销售货物、加工修理修配劳务、服务、无形资产或不动产，取得的价款、增值税销项税额，以及代购货单位垫付的包装费、运杂费、保险费等，均可计入主营业务收入或其他业务收入，扣除商业折扣，不扣除现金折扣。企业让渡资产使用权的使用费收入，一般作为其他业务收入处理；让渡资产所计提的摊销额等，一般作为其他业务成本处理。

其他业务成本是指企业确认的除主营业务活动以外的其他经营活动所发生的成本，包括销售材料的成本、出租固定资产的折旧额、出租无形资产的摊销额、投资性房地产的折旧额或摊销额、出租包装物的成本或摊销额等。

8.2.2　相关账户的设置与核算

8.2.2.1　“其他业务收入”账户

“其他业务收入”账户属于损益类账户，用以核算企业确认的除主营业务活动以外的其他经营活动实现的收入，包括出租固定资产、出租无形资产、出租包装物和商品、销售材料等。

该账户贷方登记企业实现的其他业务收入，即其他业务收入的增加额；借方登记期末转入“本年利润”账户的其他业务收入。期末结转后，该账户无余额。

该账户可按其他业务的种类设置明细账户，进行明细分类核算。

8.2.2.2　“其他业务成本”账户

“其他业务成本”账户属于损益类账户，用以核算企业确认的除主营业务活动以外的其他经营活动所发生的支出，包括销售材料的成本、出租固定资产的折旧额、出租无形资产的摊销额、出租包装物的成本或摊销额等。

（营业成本是指企业为生产产品、提供劳务等发生的可归属于产品成本、劳务成本等的费用，应当在确认销售商品收入、提供劳务收入等时，将已销售商品、已提供劳务的成本等计入当期损益。营业成本包括主营业务成本和其他业务成本。）

该账户借方登记其他业务的支出额，贷方登记期末转入“本年利润”账户的其他业务支出额。期末结转后，该账户无余额。

该账户可按其他业务的种类设置明细账户，进行明细分类核算。

8.3 折扣、销售退回与折让业务的核算与处理

8.3.1 现金折扣与商业折扣的财税处理

8.3.1.1 商业折扣

商业折扣是指企业为促进商品销售而在商品标价上给予的价格扣除，因而不影响销售商品收入的计量。税法对商业折扣的定义与会计准则是一致的。商业折扣在销售时即已发生，企业销售商品涉及商业折扣的，应当按照扣除商业折扣后的金额确定销售商品收入金额。

8.3.1.2 现金折扣

现金折扣是指在销售商品收入金额确定的情况下，债权人为鼓励债务人在规定的期限内付款而向债务人提供的债务扣除。

关于现金折扣的会计核算有两种处理方法：一是按合同总价款扣除现金折扣后的净额计量收入；二是按合同总价款全额计量收入。我国企业会计准则采用的是第二种做法。这样，当现金折扣实际发生时，直接计入当期损益。现金折扣发生在企业销售商品之后，企业销售商品涉及现金折扣的，应当按照扣除现金折扣前的金额确定销售商品收入金额。现金折扣应在实际发生时计入当期财务费用。

【例8-2 单选题】企业销售商品确认收入后，对于客户实际享受的现金折扣，应当（ ）。

A. 确认当期财务费用　　B. 冲减当期主营业务收入

C. 确认当期管理费用　　D. 确认当期主营业务成本

【答案】A

【解析】对于客户实际享受的现金折扣应该确认当期财务费用。一定要注意，商业折扣不同于现金折扣（见图8-1）。

图8-1 商业折扣与现金折扣不一致

资料来源：笔者根据相关资料编制。

8.3.2 销售折让的处理

销售折让是指企业因售出商品的质量不合格等原因而在售价上给予的减让。

销售折让如发生在确认销售收入之前，则应在确认销售收入时直接按扣除销售折让后的金额确认；已确认销售收入的售出商品发生销售折让，且不属于资产负债表日后事项的，应在发生时冲减当期销售商品收入，如按规定允许扣减增值税额的，还应冲减已确认的应交增

值税销项税额。

【例 8－3　判断题】企业已确认销售收入的售出商品发生销售折让，且不属于资产负债表日后事项的，应在发生时冲减销售收入。(　　)

【答案】√

8.3.3　销售退回的处理

根据《企业会计准则第 14 号——收入》的规定，有销售退回条件的商品销售，假如企业根据以往的经验能够合理估计退回可能性并确认与退货相关负债的，通常应在商品发出时确认收入；假如企业不能合理估计退货可能性的，通常应在售出的商品退货期满时确认收入。企业已经确认销售商品收入的售出商品发生销售退回的，应当在发生时冲减当期销售商品收入。企业报告年度或以前年度销售的商品，在资产负债表日后至年度财务报告批准报出前发生的销售退回，应当作为资产负债表日后调整事项处理，调整报告年度的收入、成本等。

1. 尚未确认销售商品收入的售出商品发生销售退回

(1) 库存商品入库

借：库存商品

　　贷：发出商品

(2) 增值税发票抵扣联也退回

借：应交税费——应交增值税（销项税额）

　　贷：应收账款等

【例 8－4】甲公司 2022 年 5 月采用托收承付方式向丙公司销售一批商品，开出的增值税专用发票上注明的销售价格为 100 万元，增值税税额为 16 万元。该批商品成本为 60 万元。甲公司在售出该批商品时已得知丙公司现金流转发生暂时困难，预计暂时收不到货款，甲公司仍将商品发出并办妥托收手续。

(1) 2022 年 5 月发出商品时：

借：发出商品	60	
贷：库存商品		60
借：应收账款	16	
贷：应交税费——应交增值税（销项税额）		16

(2) 假定 2022 年 6 月发生销售退回（未确认收入的售出商品），增值税发票抵扣联也退回。

借：库存商品	60	
贷：发出商品		60
借：应交税费——应交增值税（销项税额）	16	
贷：应收账款		16

2. 已确认销售商品收入的售出商品发生销售退回

已确认销售商品收入的售出商品发生销售退回的，除属于资产负债表日后事项外，一般应在发生时根据税务机关开具的红字增值税专用发票作相反的会计分录，冲减当期销售商品收入，同时冲减当期销售商品成本，如按规定允许扣减增值税税额的，应同时冲减已确认的应交增值税销项税额。如该销项退回已发生现金折扣的，应同时调整相关财务费用的金额。

本章小结

本章主要学习商品销售过程中涉及的增值税及消费税的计算；学习过程要注意收入的确认与成本的结转；重点练习商业折扣、现金折扣、销售折让、销售退回的会计处理。

同步强化练习

一、单选题

1. 企业对于已经发出但不符合收入确认条件的商品，其成本应借记的科目是（　　）。

A. 在途物资　　B. 发出商品　　C. 库存商品　　D. 主营业务成本

2. 下列各项中，关于收入确认表述正确的是（　　）。

A. 采用预收货款方式销售商品，应在收到货款时确认收入

B. 采用分期收款方式销售商品，应在货款全部收回时确认收入

C. 采用交款提货方式销售商品，应在开出发票收到货款时确认收入

D. 采用支付手续费委托代销方式销售商品，应在发出商品时确认收入

3. 某企业 2019 年 10 月承接一项设备安装劳务，劳务合同总收入为 200 万元，预计合同总成本为 140 万元，合同价款在签订合同时已收取，采用完工百分比法确认劳务收入。2019 年已确认劳务收入 80 万元，截至 2020 年 12 月 31 日，该劳务的累计完工进度为 60%。2020 年该企业应确认的劳务收入为（　　）万元。

A. 36　　B. 40　　C. 72　　D. 120

4. 下列各项中，应计入其他业务成本的是（　　）。

A. 库存商品盘亏净损失　　B. 经营租出固定资产折旧

C. 向灾区捐赠的商品成本　　D. 火灾导致原材料毁损净损失

5. 某企业 2020 年 8 月 1 日赊销一批商品，售价为 120 000 元（不含增值税），适用的增值税税率为 17%。规定的现金折扣条件为 2/10，1/20，n/30，计算现金折扣时考虑增值税。客户于 2020 年 8 月 15 日付清货款，该企业收款金额为（　　）元。

A. 118 800　　B. 137 592　　C. 138 996　　D. 140 400

6. 某企业某月销售商品发生商业折扣 20 万元、现金折扣 15 万元、销售折让 25 万元。该企业上述业务计入当月财务费用的金额为（　　）万元。

A. 15　　B. 20　　C. 35　　D. 45

二、多选题

1. 下列各项中，工业企业应确认为其他业务收入的有（　　）。

A. 对外销售材料收入　　B. 出售专利所有权收入

C. 处置营业用房净收益　　D. 转让商标使用权收入

2. 下列各项中，应列入利润表“营业成本”项目的有（　　）。

A. 销售材料成本　　B. 无形资产处置净损失

C. 固定资产盘亏净损失　　D. 经营出租固定资产折旧费

三、判断题

1. 企业对于发出的商品，不符合收入确认条件的，应按其实际成本编制会计分录：借记“发出商品”科目，贷记“库存商品”科目。（　　）

2. 企业出售原材料取得的款项扣除其成本及相关费用后的净额，应当记入“营业外收入”或“营业外支出”。（　　）

四、案例分析题

1. A 公司于 2021 年 12 月 3 日采用托收承付结算方式向 B 公司销售一批商品，开出的增值税专用发票上注明售价为 100 万元，增值税税额为 16 万元，该批商品成本为 70 万元。

（1）A 公司在销售该批商品时已得知 B 公司资金流转发生暂时困难，但为了减少存货积压，同时也为了维持与 B 公司长期以来建立的商业关系，A 公司仍将商品发出，并办妥托收手续。

（2）假定 2022 年 2 月 A 公司得知 B 公司经营情况逐渐好转，B 公司承诺近期付款，A 公司应在 B 公司承诺付款时确认收入。

（3）A 公司于 2022 年 3 月 6 日收到 B 公司支付的货款。

根据上述业务编制相应的会计分录。

2. 甲公司为增值税一般纳税人，于 2022 年 3 月 10 日接受一项设备安装任务，该安装任务可一次完成。2022 年 3 月 15 日，甲公司完成安装任务，开具的增值税专用发票上注明的安装价款为 9 000 元，增值税税额为 990 元，收到全部款项并存入银行，该安装业务实际发生安装成本 5 000 元。假定安装业务属于甲公司的主营业务。甲公司应在安装完成的会计分录。

3. 2022 年 5 月 2 日，某公司销售一批原材料，开具的增值税专用发票上注明的售价为 10 000 元，增值税税额为 1 700 元，款项已由银行收妥。该批原材料的实际成本为 7 000 元。编制销售实现时与期末结转的会计分录。

4. 2022 年 1 月 1 日，甲公司将自行开发完成的非专利技术出租给另一家公司。该非专利技术成本为 240 000 元，双方约定的租赁期为 10 年，甲公司每月应摊销 2 000 元。编制甲公司每月摊销时的会计分录。

参考答案及解析

一、单选题

1. **【答案】** B

2. **【答案】** C

【解析】 采用预收货款方式销售商品的，应该在发出商品的时候确认收入，所以选项 A 不正确；采用分期收款方式销售商品的，在发出商品的时候就可以确认收入，所以选项 B 不正确；采用支付手续费委托代销方式销售商品，应该在收到代销清单时确认收入，所以选项 D 不正确。

3. **【答案】** B

【解析】 2020 年该企业应确认的劳务收入 $=200\times60\%-80=40$（万元）。

4. **【答案】** B

【解析】 选项 A，库存商品盘亏损失，对于入库的残料价值计入原材料，应由保险公司和过失人赔款计入其他应收款，扣除了残料价值和应由保险公司、过失人赔款后的净损失，属于一般经营损失的部分，计入管理费用，非正常损失的部分计入营业外支出；选项 C、D 都是应该计入营业外支出。

5. **【答案】** C

【解析】 该企业收款金额 $=120\,000\times(1+17\%)\times(1-1\%)=138\,996$（元）。

6. **【答案】** A

【答案】 商业折扣、现金折扣、销售折让三者的处理中只有现金折扣在财务费用科目中体现，因此答案应该选择 A。

二、多选题

1. **【答案】** AD

【解析】 选项 B 出售无形资产所有权和选项 C 处置营业用房都是非日常经营活动，取得的处置净损益要记入到营业外收支中，不记入其他业务收入科目。

2. **【答案】** AD

【解析】 选项 A、D 记入其他业务成本科目；选项 B、C 记入营业外支出科目。

三、判断题

1. 【答案】√

2. 【答案】×

【解析】应该确认其他业务收入，结转其他业务成本。

四、案例分析题

1. 【答案】(1)

借：发出商品	70	
贷：库存商品		70
借：应收账款	16	
贷：应交税费——应交增值税（销项税额）		16

(2)

借：应收账款	100	
贷：主营业务收入		100
借：主营业务成本	70	
贷：发出商品		70

(3)

借：银行存款	117	
贷：应收账款		117

2. 【答案】

借：银行存款	9 990	
贷：主营业务收入		9 000
应交税费——应交增值税（销项税额）		990
借：主营业务成本	5 000	
贷：银行存款等		5 000

3. 【答案】(1) 销售实现时：

借：银行存款	11 700	
贷：其他业务收入		10 000
应交税费——应交增值税（销项税额）		1 700
借：其他业务成本	7 000	
贷：原材料		7 000

(2) 期末，将其他业务成本结转至本年利润时：

借：本年利润	7 000	
贷：其他业务成本		7 000

4. 【答案】每月摊销时：

借：其他业务成本	2 000	
贷：累计摊销		2 000

第9章

财产清查业务的核算

学习目标

◆ 了解财产清查业务的程序、方法及清查结果的处理

◆ 重点掌握清查内容包括货币资金、存货、固定资产及债权债务往来款的盘点与核实

◆ 学会正确处理盘亏、盘盈资产的结果

本章思维导图

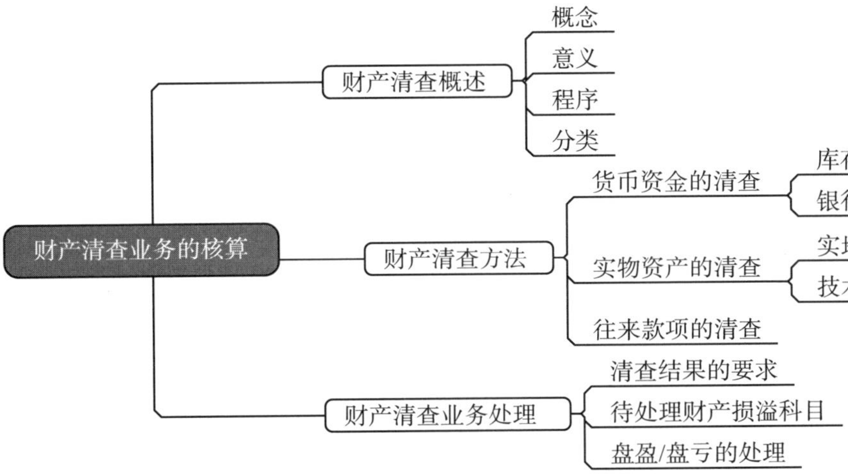

9.1 财产清查

9.1.1 财产清查概述

9.1.1.1 财产清查的概念

财产清查是指通过对货币资金、实物资产和往来款项等财产物资进行盘点或核对，确定其实存数，查明账存数与实存数是否相符的一种专门方法。

企业应当建立健全财产物资清查制度，加强管理，以保证财产物资核算的真实性和完整性。

【例9－1 多选题】财产清查主要解决的问题包括（ ）。

A. 确定单位财产物资的实存数和债权、债务的实际余额

B. 查明财产物资的实存数与账面数的差异及其产生的原因

C. 调整账目，达到账实相符

D. 不断发现、解决会计核算和会计管理方面的问题

【答案】ABCD

9.1.1.2 财产清查的意义

企业应当建立健全财产物资清查制度，加强管理，以保证财产物资核算的真实性和完整性。财产清查的意义主要有：

（1）保证账实相符，提高会计资料的准确性。

（2）切实保障各项财产物资的安全完整。

（3）加速资金周转，提高资金使用效益。

9.1.1.3 财产清查的一般程序

财产清查既是会计核算的一种专门方法，又是财产物资管理的一项重要制度。企业必须有计划、有组织地进行财产清查。

财产清查一般包括以下程序：

（1）建立财产清查组织。

（2）组织清查人员学习有关政策规定，掌握有关法律、法规和相关业务知识，以提高财产清查工作的质量。

（3）确定清查对象、范围，明确清查任务。

（4）制定清查方案，具体安排清查内容、时间、步骤、方法，以及做好必要的清查前准备工作。

（5）清查时本着先清查数量、核对有关账簿记录等，后认定质量的原则进行。

（6）填制盘存清单。

（7）根据盘存清单，填制实物、往来账项清查结果报告表。

9.1.2 财产清查的分类

财产清查按照清查范围，分为全面清查和局部清查；按照清查的时间，分为定期清查和不定期清查；按照清查的执行系统，分为内部清查和外部清查。

1. 按照清查范围分类

（1）全面清查。

全面清查是指对所有的财产进行全面的盘点和核对。

全面清查的特点是清查内容多、范围广、工作量大，不可能经常进行。

财产需要进行全面清查的情况通常主要有：

①年终决算之前。

②单位撤销、合并或改变隶属关系前。

③中外合资、国内合资前。

④企业股份制改制前。

⑤开展全面的资产评估、清产核资前。

⑥单位主要负责人调离工作前。

【例 9－2　单选题】下列各种情况，不需要进行财产全面清查的是（　　）。

A. 企业股份制改制前
B. 清产核资或资产评估前
C. 出纳人员调离工作前
D. 公司总经理调离工作岗位前

【答案】C

（2）局部清查。

局部清查是指根据需要只对部分财产进行盘点和核对。

局部清查的特点是清查范围小，内容少，涉及的人员较少，但专业性较强。

局部清查的清查对象主要是流动性较强的财产，一般包括下面这些。

①库存现金：应由出纳员在每日业务终了时清点，做到日清月结。

②银行存款：应由出纳员每月至少同银行核对一次。

③原材料、在产品和库存商品：除年度清查外，每月应有计划地重点抽查，对于贵重的财产物资，应每月清查盘点一次。

④债权、债务：应在年度内至少同对方核对一至两次。

【例 9－3　单选题】财产清查按清查的范围，可以分为（　　）。

A. 重点清查和非重点清查
B. 定期清查和不定期清查
C. 全面清查和局部清查
D. 报送清查和抽查

【答案】C

2. 按照清查的时间分类

（1）定期清查。

定期清查是指按照预先计划安排的时间对财产进行的盘点和核对。定期清查一般在年末、季末、月末进行。定期清查，可以是全面清查，也可以是局部清查。

（2）不定期清查。

不定期清查是指事前不规定清查日期，而是根据特殊需要临时进行的盘点和核对。不定期清查，可以是全面清查，也可以是局部清查，应根据实际需要来确定清查的对象和范围。

不定期清查主要在以下几种情况下进行：

①财产物资、库存现金保管人员更换时，要对有关人员保管的财产物资、库存现金进行清查，以分清经济责任，便于办理交接手续。

②发生自然灾害和意外损失时，要对受损失的财产物资进行清查，以查明损失情况。

③上级主管、财政、审计和银行等部门，对本单位进行会计检查，应按检查的要求和范围对财产物资进行清查，以验证会计资料的可靠性。

④进行临时性清产核资时，要对本单位的财产物资进行清查，以便摸清家底。

【例 9－4　单选题】企业在遭受自然灾害后，对其受损的财产物资进行的清查，属于（　　）。

A. 局部清查和定期清查
B. 全面清查和定期清查
C. 局部清查和不定期清查
D. 全面清查和不定期清查

【答案】C

【解析】企业在遭受自然灾害后进行的清查，主要是对其受损的财产物资进行的清查，所以清查是局部的、不定期的。

3. 按照清查的执行系统分类

（1）内部清查。

内部清查是指由本单位内部自行组织清查工作小组所进行的财产清查工作。大多数财产清查都是内部清查。

（2）外部清查。

外部清查是指由上级主管部门、审计机关、司法部门、注册会计师根据国家有关规定或情况需要对本单位所进行的财产清查。一般来讲，进行外部清查时应有本单位相关人员参加。

9.2 财产清查的方法

9.2.1 货币资金的清查方法

9.2.1.1 库存现金的清查

库存现金的清查是采用实地盘点法确定库存现金的实存数，然后与库存现金日记账的账面余额相核对，确定账实是否相符。

库存现金清查主要包括两种情况：

（1）出纳人员每日业务终了清点库存现金实有数，并与库存现金日记账的账面余额核对，做到账实相符。

（2）专门的清查小组对库存现金进行定期或不定期清查

清查小组清查前，出纳人员应将全部有关现金的收付款凭证登记入账，结出库存现金余额并填列在“库存现金盘点报告表”的“账存金额”栏。

清查小组盘点时，出纳人员必须在场，库存现金由出纳人员经手盘点，清查人员从旁监督。同时，清查人员还应认真审核库存现金收付款凭证和有关账簿，检查财务处理是否合理合法，账簿记录有无错误，以确定账存数与实存数是否相符。

盘点结束：根据盘点的结果及与现金日记账核对情况编制“库存现金盘点报告表”，并由盘点人员和出纳员共同签字或盖章；“库存现金盘点报告表”既是反映现金实存额，也是用于调整账簿记录的原始凭证。

9.2.1.2 银行存款的清查

1. 清查方法

银行存款的清查是采用与开户银行核对账目的方法进行的，即将本单位银行存款日记账的账簿记录与开户银行转来的对账单逐笔进行核对，来查明银行存款的实有数额。

银行存款的清查一般在月末进行。

2. 银行存款清查账实不符的原因

将截止到清查日所有银行存款的收付业务都登记入账后，对发生的错账、漏账应及时查清更正，再与银行的对账单逐笔核对。如果二者余额相符，通常说明没有错误；如果二者余额不相符，则可能是企业或银行一方或双方记账过程有错误或者存在未达账项。

具体来说，一是双方或一方记账出现了差错；二是在银行与企业双方的记账均无差错的情况下，未达账项的存在造成双方银行存款余额不一致。

3. 未达账项

未达账项，是指企业和银行之间，由于记账时间不一致而发生的一方已经入账，而另一方尚未入账的事项。未达账项一般分为以下4种情况：

（1）企业已收款入账，而银行未收款未记账的款项；

（2）企业已付款入账，而银行未付款未记账的款项；

（3）银行已收款入账，而企业未收款未记账的款项；

（4）银行已付款入账，而企业未付款未记账的款项。

【例9－5　多选题】以下属于银行存款未达账项的有（　　）。

A. 企业已收，银行已收　　B. 企业已付，银行未付

C. 企业已收，银行未收　　D. 银行已付，企业未付

【答案】BCD

4. 清查步骤

银行存款清查的步骤如下所示：

（1）将本单位银行存款日记账与银行对账单，以结算凭证的种类、号码和金额为依据，逐日逐笔核对。凡双方都有记录的，用铅笔在金额旁打"√"。

（2）找出未达账项（即银行存款日记账和银行对账单中没有打"√"的款项）。

（3）将日记账和对账单的月末余额及找出的未达账项填入"银行存款余额调节表"，并计算出调整后的余额。

（4）将调整平衡的"银行存款余额调节表"，经主管会计签章后，呈报开户银行。

上述任何一种未达账项的存在，都会使企业银行存款日记账的余额与银行开出的对账单的余额不符。所以，在与银行对账时首先应查明是否存在未达账项，如果存在未达账项，就应该编制"银行存款余额调节表"，据以调节双方的账面余额，确定企业银行存款实有数。

银行存款余额调节表的编制，是以双方账面余额为基础，各自分别加上对方已收款入账而己方尚未入账的数额，减去对方已付款入账而己方尚未入账的数额。其计算公式如下：

企业银行存款日记账余额＋银行已收企业未收款－银行已付企业未付款＝银行对账单存款余额＋企业已收银行未收款－企业已付银行未付款

注意事项：

①凡有几个银行户头以及开设有外币存款户头的单位，应分别按存款户头开设"银行存款日记账"。每月月底，应分别将各户头的"银行存款日记账"与各户头的"银行对账单"核对，并分别编制各户头的"银行存款余额调节表"。

②调节后的余额如果相等，通常说明企业和银行的账面记录一般没有错误，该余额通常为企业可以动用的银行存款实有数。

③调节后的余额如果不相等，通常说明一方或双方记账有误，需进一步追查，查明原因后予以更正和处理。

④银行存款余额调节表是一种对账记录或对账工具，不能作为调整账面记录的依据，即不能根据银行存款余额调节表中的未达账项来调整银行存款账面记录，未达账项只有在收到有关凭证后才能进行有关的账务处理。（见表9－1）

表 9－1　　　　　　　　　　　　　**银行存款余额调节表**

2022 年 6 月 30 日　　　　　　　　　　　　单位：元

项目	金额	项目	金额
银行存款日记账余额	22 000	银行对账单余额	18 000
加：银行已收、企业未收款		加：企业已收、银行未收款	
（4）银行代收货款	5 000	（2）企业存入的转账支票	8 000
减：银行已付、企业未付款		减：企业已付、银行未付款	
（3）银行代付电费	4 500	（1）企业开出的转账支票	4 000
（6）银行代付水费	2 000	（5）企业开出的现金支票	1 500
调节后的存款余额	20 500	调节后的存款余额	20 500

资料来源：笔者根据题目数据编制。

5. 银行存款余额调节表的作用

（1）银行存款余额调节表是一种对账记录或对账工具，不能作为调整银行存款账面记录的依据，未达账项只有在收到有关凭证后才能进行有关的账务处理。

（2）调节后的余额如果相等，通常说明企业和银行的账面记录一般没有错误，该余额通常为企业可以动用的银行存款实有数。

（3）调节后的余额如果不相等，通常说明一方或双方记账有误，需进一步追查，查明原因后予以更正和处理。

【例 9－6　单选题】对企业与其开户银行之间的未达账项，进行账务处理的时间是（　　）。

A. 查明未达账项时　　　　　　　　B. 收到银行对账单时

C. 编好银行存款余额调节表时　　　D. 实际收到有关结算凭证时

【答案】D

【解析】注意几个选项的混淆之处。账务处理应以结算凭证为依据，所以应选 D 项。

9.2.2　实物资产的清查方法

实物资产主要包括固定资产、存货等。实物资产的清查是对实物资产在数量和质量上所进行的清查。常用的清查方法主要有实地盘点法和技术推算法。

9.2.2.1　实地盘点法

通过点数、过磅、量尺等方法来确定实物资产的实有数量。实地盘点法适用范围较广，在多数财产物资清查中都可以采用。

9.2.2.2　技术推算法

利用技术方法对财产物资的实存数进行推算，故又称估推法。采用这种方法，对于财产物资不是逐一清点计数，而是通过量方、计尺等技术推算财产物资的结存数量。技术推算法只适用于成堆量大而价值不高，难以逐一清点的财产物资的清查。例如，露天堆放的煤炭等。

对于实物的质量，应根据不同的实物采用不同的检查方法，例如有的采用物理方法，有的采用化学方法，来检查实物的质量。在实物清查过程中，实物保管人员和盘点人员必须同时在场。对于盘点结果，应如实准确地登记盘存单，并由盘点人和实物保管人签字或盖章，以明确经济责任。盘存单既是记录盘点结果的书面证明，也是反映财产物资实存数的原始凭证。

9.2.2.3　往来款项的清查方法

往来款项主要包括应收、应付款项和预收、预付款项等。往来款项的清查一般采用发函询证的方法进行核对。

往来款项清查以后，将清查结果编制“往来款项清查报告单”，填列各项债权、债务的余额。对于有争执的款项以及无法收回的款项，应在报告单上详细列明情况，以便及时采取措施进行处理，避免或减少坏账损失。

提示：委托加工物资、在途物资也采取发函询证的方法。

【例9－7　判断题】各种往来结算款项，至少每个月同对方核对一次。(　　)

【答案】×

【解析】银行存款清查时应保持每月同对方核对一次。但往来结算款项，由于业务发生及进行次数多少时间长短并不一致，所以无法作出统一规定。

9.3　财产清查结果的账务处理

9.3.1　财产清查结果处理的要求

对于财产清查中发现的问题，如财产物资的盘盈、盘亏、毁损或其他各种损失，应核实情况，调查分析产生的原因，按照国家有关法律法规的规定，进行相应的处理。

财产清查结果处理的具体要求有：

(1) 分析产生差异的原因和性质，提出处理建议。

(2) 积极处理多余积压财产，清理往来款项。

(3) 总结经验教训，建立和健全各项管理制度。

(4) 及时调整账簿记录，保证账实相符。

对于财产清查结果的处理可分为审批之前的处理和审批之后的处理。

9.3.1.1　审批之前的处理

根据“清查结果报告表”“盘点报告表”等已经查实的数据资料，填制记账凭证，记入有关账簿，使账簿记录与实际盘存数相符，同时根据权限，将处理建议报股东大会或董事会，或经理（厂长）会议或类似机构批准。

9.3.1.2　审批之后的处理

企业清查的各种财产的损溢，应于期末前查明原因，并根据企业的管理权限，经股东大会或董事会，或经理（厂长）会议或类似机构批准后，在期末结账前处理完毕。企业应严格按照有关部门对财产清查结果提出的处理意见进行账务处理，填制有关记账凭证，登记有关账簿，并追回由于责任者原因造成的财产损失。

企业清查的各种财产的损溢，如果在期末结账前尚未经批准，在对外提供财务报表时，先按上述规定进行处理，并在附注中作出说明；其后批准处理的金额与已处理金额不一致的，调整财务报表相关项目的年初数。

9.3.2 设置“待处理财产损溢”账户

为了反映和监督企业在财产清查过程中查明的各种财产物资的盘盈、盘亏、毁损及其处理情况，应设置“待处理财产损溢”账户（但固定资产盘盈和毁损分别通过“以前年度损益调整”“固定资产清理”账户核算）。该账户属于双重性质的资产类账户，下设“待处理流动资产损溢”和“待处理非流动资产损溢”两个明细分类账户进行明细分类核算。

该账户的借方登记财产物资的盘亏数、毁损数和批准转销的财产物资盘盈数；贷方登记财产物资的盘盈数和批准转销的财产物资盘亏及毁损数。企业清查的各种财产的盘盈、盘亏和毁损应在期末结账前处理完毕，所以“待处理财产损溢”账户在期末结账后没有余额。

9.3.3 库存现金清查结果的账务处理

库存现金的清查，一般采用实地盘点法，对于清查的结果应当编制现金盘点报告单。如果账款不符，发现的有待查明原因的现金短缺或溢余，应先通过“待处理财产损溢”科目核算。按管理权限报经批准后，分别以下情况处理（见图9－1）。

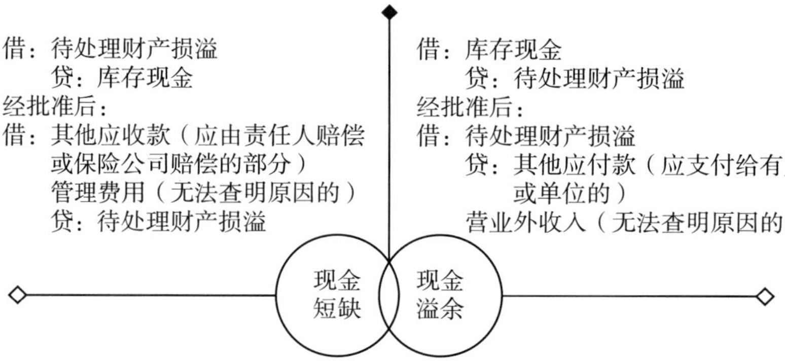

图9－1 现金短缺与现金溢余的会计处理

资料来源：笔者根据相关资料编制。

（1）如为现金短缺，属于应由责任人赔偿的部分，计入其他应收款；属于无法查明的其他原因，计入管理费用。

（2）如为现金溢余，属于应支付给有关人员或单位的，计入其他应付款；属于无法查明原因的，计入营业外收入。

【例9－8】现金清查中，对于无法查明原因的现金短缺，经批准后应计入营业外支出。（　　）

【答案】×

【解析】现金清查中，对于无法查明原因的现金短缺，经批准后应计入管理费用。

【例9－9】企业现金清查中，经检查仍无法查明原因的现金溢余，经批准后应冲减管理费用（　　）。

【答案】×

【解析】 属于无法查明原因的，计入营业外收入。

9.3.3.1　库存现金盘盈的账务处理

批准前：

借：库存现金

　　贷：待处理财产损溢——待处理流动资产损溢

批准后：

借：待处理财产损溢——待处理流动资产损溢

　　贷：其他应付款

　　　　营业外收入

【例 9-10】 现金清查中，发现库存现金较账面余额多出 800 元。经查其中 500 元为应付 A 单位的账款，其余部分原因不明。

（1）发生盘盈时，调账使账实相符：

借：库存现金　800

　　贷：待处理财产损溢　800

（2）查明原因后，要结平待处理财产损溢科目：

借：待处理财产损溢　800

　　贷：其他应付款——A 单位　500

　　　　营业外收入　300

9.3.3.2　库存现金盘亏的账务处理

库存现金盘亏时，应及时办理盘亏的确认手续，调整库存现金账簿记录，即按盘亏的金额借记“待处理财产损溢——待处理流动资产损溢”科目，贷记“库存现金”科目。

对于盘亏的库存现金，应及时查明原因，按管理权限报经批准后，按可收回的保险赔偿和过失人赔偿的金额借记“其他应收款”科目，按管理不善等原因造成净损失的金额借记“管理费用”科目，按自然灾害等原因造成净损失的金额借记“营业外支出”科目，按原记入“待处理财产损溢——待处理流动资产损溢”科目借方的金额贷记本科目。

批准前：

借：待处理财产损溢

　　贷：库存现金

批准后：

借：管理费用

　　营业外支出

　　其他应收款

　　贷：待处理财产损溢

【例 9-11】 现金清查中，发现库存现金较账面余额短缺 600 元。经查现金的短缺属于出纳员李丽的责任，责任人赔偿 400 元，其余不明（此处原因不明，一般认为是管理问题）。

（1）发生盘亏时，调账使账实相符：

借：待处理财产损溢　600

　　贷：库存现金　600

（2）查明原因后，要结平待处理财产损溢科目：

借：其他应收款——李丽　400
　　管理费用　200
　　贷：待处理财产损溢　600

9.3.4 存货清查结果的账务处理

9.3.4.1 存货盘盈的账务处理

存货盘盈时，应及时办理存货入账手续，调整存货账簿的实存数。盘盈的存货应按其重置成本作为入账价值借记“原材料”“库存商品”等科目，贷记“待处理财产损溢——待处理流动资产损溢”科目。

对于盘盈的存货，应及时查明原因，按管理权限报经批准后，冲减管理费用，即按其入账价值，借记“待处理财产损溢——待处理流动资产损溢”科目，贷记“管理费用”科目。

【例9－12】某企业财产清查中，发现盘盈甲材料2 000元，经查明是由于收发计量上的错误所致。

（1）发生盘盈时：

借：原材料——甲材料　2 000
　　贷：待处理财产损溢　2 000

（2）报经批准后，结平待处理财产损溢科目：

借：待处理财产损溢　2 000
　　贷：管理费用　2 000

9.3.4.2 存货盘亏的账务处理

存货盘亏时，应按盘亏的金额借记“待处理财产损溢——待处理流动资产损溢”科目，贷记“原材料”“库存商品”等科目。材料、产成品、商品采用计划成本（或售价）核算的，还应同时结转成本差异（或商品进销差价）。涉及增值税的，还应进行相应处理。

对于盘亏的存货，应及时查明原因，按管理权限报经批准后，按可收回的保险赔偿和过失人赔偿的金额借记“其他应收款”科目，按管理不善等原因造成净损失的金额借记“管理费用”科目，按自然灾害等原因造成净损失的金额借记“营业外支出”科目，按原记入“待处理财产损溢——待处理流动资产损溢”科目借方的金额贷记本科目。

清查时：

借：待处理财产损溢
　　贷：库存商品或原材料
　　　　应交税费——应交增值税（进项税额转出）

** **注意** **

（1）因非正常原因（管理不善造成被盗、丢失、霉烂变质）导致的存货盘亏或毁损，按规定不能抵扣的增值税进项税额，应当予以转出。

（2）因为意外灾害导致的存货盘亏或毁损，增值税进项税额可以抵扣的，不需转出。

处理时：

按管理权限报经批准后，根据造成存货盘亏或毁损的原因，分别以下情况进行处理。

借：原材料（回收残料价值）
　　其他应收款（应收的赔偿）

管理费用（计量收发差错、一般经营损耗以及管理不善造成存货盘亏）
营业外支出（自然灾害等非常原因造成）
贷：待处理财产损溢

【例 9－13】 某企业盘亏乙材料 2 000 元，经查明属于收发错误所致。

（1）发生盘亏时：

借：待处理财产损溢　2 000
　　贷：原材料——乙材料　2 000

（2）报经批准后，结平待处理财产损溢科目：

借：其他应收款——保管人员　1 500
　　营业外支出　500
　　贷：待处理财产损溢　2 000

9.3.5　固定资产清查结果的账务处理

9.3.5.1　固定资产盘盈的账务处理

企业在财产清查过程中盘盈的固定资产，经查明确属企业所有，按管理权限报经批准后，应根据盘存凭证填制固定资产交接凭证，经有关人员签字后送交企业会计部门，填写固定资产卡片账，并作为前期差错处理，通过“以前年度损益调整”科目核算。盘盈的固定资产通常按其重置成本作为入账价值借记“固定资产”科目，贷记“以前年度损益调整”科目。涉及增值税、所得税和盈余公积的，还应按相关规定处理。

【例 9－14】 某企业在财产清查中，发现盘盈设备一台，其重置成本为 60 000 元，企业使用的所得税税率为 25%，按 10% 提取法定盈余公积，按 5% 提取任意盈余公积。

借：固定资产　60 000
　　贷：以前年度损益调整　60 000
借：以前年度损益调整　15 000
　　贷：应交税费——应交所得税　15 000
借：以前年度损益调整　45 000
　　贷：利润分配——未分配利润　45 000
借：利润分配——未分配利润　9 000
　　贷：盈余公积——法定盈余公积　6 000
　　　　　　　　——任意盈余公积　3 000

9.3.5.2　固定资产盘亏的账务处理

固定资产盘亏时，应及时办理固定资产注销手续，按盘亏固定资产的账面价值，借记“待处理财产损溢——待处理非流动资产损溢”科目，按已提折旧额，借记“累计折旧”科目，按其原价，贷记“固定资产”科目。涉及增值税和递延所得税的，还应按相关规定处理。

对于盘亏的固定资产，应及时查明原因，按管理权限报经批准后，按过失人及保险公司应赔偿额，借记“其他应收款”科目，按盘亏固定资产的原价扣除累计折旧和过失人及保险公司赔偿后的差额，借记“营业外支出”科目，按盘亏固定资产的账面价值，贷记“待处理财产损溢——待处理非流动资产损溢”科目。

【例 9－15】某企业在财产清查中，发现盘亏设备一台，其原值为 50 000 元，已提折旧额 30 000 元。

（1）发生盘亏时，要让账实相符：

借：待处理财产损溢　　20 000
　　累计折旧　　30 000
　　贷：固定资产　　50 000

（2）报经批准后，要结平待处理财产损溢科目：

借：营业外支出　　20 000
　　贷：待处理财产损溢　　20 000

9.3.6 债权债务往来款项清查的账务处理

债权、债务清查是指对全部应收债权，如应收账款、预付账款和应付债务，如应付账款、预收账款等债务进行的清查。债权、债务清查的目的在于促使企业及对方债务、债权人遵守结算制度和结算纪律，及时清理结算，避免发生坏账损失。

债权、债务的清理，可以采用与对方单位核对账目的方法进行。首先，应对本单位有关债权、债务的记录详细核查，保证所记载事项的完整、准确；其次，编制往来款项对账单，送交对方单位进行核对，确定往来款项是否相符，若发现双方账务不符，应及时查明原因，进行调整；最后，清查完毕之后，应根据清查中出现的问题，及时编制“债权、债务清查报告单”。对于双方有争议的债权、债务，可能发生的坏账损失以及对方无偿还能力归还的债务，在表中应详加说明，以便及时采取相应的措施，避免坏账损失。

在财产清查过程中发现的长期未结算的往来款项，应及时清查。对于经查明确实无法支付的应付款项可按规定程序报经批准后，转做营业外收入。

对于无法收回的应收款项则作为坏账损失冲减坏账准备。坏账是指企业无法收回或收回的可能性极小的应收款项。由于发生坏账而产生的损失，称为坏账损失。

企业通常应将符合下列条件之一的应收款项确认为坏账：

（1）债务人死亡，以其遗产清偿后仍然无法收回。

（2）债务人破产，以其破产财产清偿后仍然无法收回。

（3）债务人较长时间内未履行其偿债义务，并有足够的证据表明无法收回或者收回的可能性极小。

企业对有确凿证据表明确实无法收回的应收款项，经批准后作为坏账损失。

对于已确认为坏账的应收款项，并不意味着企业放弃了追索权，一旦重新收回，应及时入账。

坏账准备计提：

借：资产减值损失
　　贷：坏账准备

发生坏账：

借：坏账准备
　　贷：资产减值损失

本章小结

1. 了解财产清查的意义与种类；
2. 熟悉财产清查的一般程序；
3. 熟悉货币资金、实物资产和往来款项的清查方法；
4. 掌握银行存款余额调节表的编制；
5. 掌握财产清查结果的账务处理。

同步强化练习

一、单选题

1. 企业现金清查中，经检查仍无法查明原因的现金短款，经批准后应计入（　　）。
A. 管理费用　　B. 财务费用　　C. 冲减营业外收入　　D. 营业外支出

2. 企业无法查明原因的现金溢余，应做的处理是（　　）。
A. 冲减管理费用　　B. 增加营业外收入
C. 冲减财务费用　　D. 增加其他业务收入

3. 企业现金清查中，经检查仍无法查明原因的现金溢余，经批准后应计入（　　）。
A. 营业外收入　　B. 管理费用　　C. 其他业务收入　　D. 营业外支出

4. 企业在现金清查中发现有待查明原因的现金短缺或溢余，已按管理权限批准，下列各项中，有关会计处理不正确的是（　　）。
A. 属于无法查明原因的现金溢余，应借记“待处理财产损溢”科目，贷记“营业外收入”科目
B. 属于应由保险公司赔偿的现金短缺，应借记“其他应收款”科目，贷记“待处理财产损溢”科目
C. 属于应支付给有关单位的现金溢余，应借记“待处理财产损溢”科目，贷记“其他应付款”科目
D. 属于无法查明原因的现金短缺，应借记“营业外支出”科目，贷记“待处理财产损溢”科目

5. 下列各项中，企业现金盘点发现并经批准的短缺或溢余相关的会计处理表述中，不正确的是（　　）。
A. 无法查明原因的现金短缺应计入营业外支出
B. 属于应支付给有关单位的现金溢余应计入其他应付款
C. 属于应由责任人赔偿的现金短缺应计入其他应收款
D. 无法查明原因的现金溢余应计入营业外收入

6. 下列各项中，属于往来款项清查方法的是（　　）。
A. 实地盘点法　　B. 发函询证法　　C. 技术推算法　　D. 抽查法

7. 某增值税一般纳税人，因管理不善毁损一批材料，其成本为 16 000 元，增值税进项税额为 2 720 元，收到保险公司赔款 1 500 元，残料收入 200 元，批准后计入管理费用的金额为（　　）元。
A. 17 020　　B. 18 620　　C. 14 300　　D. 14 400

8. 企业对于已记入“待处理财产损溢”科目的存货盘亏及毁损事项进行会计处理时，应计入管理费用的是（　　）。
A. 管理不善造成的存货净损失　　B. 自然灾害造成的存货净损失
C. 应由保险公司赔偿的存货损失　　D. 应由过失人赔偿的存货损失

9. 某增值税一般纳税人因暴雨毁损库存原材料一批，其成本为 200 万元，增值税税额为 34 万元；收回残料价值 8 万元，收到保险公司赔偿款 112 万元。假定不考虑其他因素，经批准企业确认该材料毁损净损失的会计分录是（　　）。
A. 借：营业外支出　　114
　　贷：待处理财产损溢　　114

B. 借：管理费用 114
　　贷：待处理财产损溢 114

C. 借：营业外支出 80
　　贷：待处理财产损溢 80

D. 借：管理费用 80
　　贷：待处理财产损溢 80

二、多选题

1. 下列项目中，属于不定期并且全面清查的有（　　）。

A. 单位合并、撤销以及改变隶属关系　　B. 年终决算之前

C. 企业股份制改制前　　D. 单位主要领导调离时

2. 银行存款的清查应根据（　　）进行核对。

A. 银行存款余额调节表　　B. 银行存款总分类账

C. 银行存款日记账　　D. 银行对账单

3. 企业在编制年度财务会计报告前，全面清查资产、核实债务的工作包括（　　）。

A. 与债务、债权单位的相应债务、债权金额是否一致

B. 存货的实存数量与账面数量是否一致

C. 固定资产的实存数量与账面数量是否一致

D. 各项投资是否存在

4. 编制银行存款余额调节表时，下列未达账项中，会导致企业银行存款日记账的账面余额小于银行对账单余额的有（　　）。

A. 企业开出支票，银行尚未支付

B. 企业送存支票，银行尚未入账

C. 银行代收款项，企业尚未接到收款通知

D. 银行代付款项，企业尚未接到付款通知

三、判断题

1. 更换仓库保管人时，应该进行的是不定期全面清查。（　　）

2. 现金清查中，对于无法查明原因的现金短缺，经批准后应计入营业外支出。（　　）

3. 企业银行存款的账面余额与银行对账单余额因未达账项存在差额时，应按照银行存款余额调节表调整银行存款日记账。（　　）

4. 对于银行已经入账而企业尚未入账的未达账项，企业应当根据“银行对账单”编制自制凭证予以入账。（　　）

参考答案及解析

一、选择题

1. **【答案】** A

2. **【答案】** B

【解析】 无法查明原因的现金溢余，计入营业外收入。

3. **【答案】** A

【解析】 在现金清查中，如为现金溢余，属于无法查明原因的，计入营业外收入。

4. **【答案】** D

【解析】 现金溢余报经批准后的相关会计处理为：

借：待处理财产损溢
　　贷：其他应付款（应该支付给有关单位的）

营业外收入（无法查明原因）

现金短缺报经批准后的相关会计处理为：

借：其他应收款（保险公司赔偿）

　　管理费用（无法查明原因）

　　贷：待处理财产损溢

所以选项 D 不正确。

5. 【答案】A

【解析】无法查明原因的现金短缺计入管理费用。

6. 【答案】B

7. 【答案】A

【解析】增值税一般纳税人发生存货的管理不善的毁损，增值税进项税额作转出处理。所以批准后记入管理费用的金额 = 16 000 + 2 720 − 1 500 − 200 = 17 020（元）。

8. 【答案】A

9. 【答案】C

【解析】该材料毁损的净损失 = 200 − 8 − 112 = 80（元）；因自然灾害造成的材料毁损的增值税进项税额不用转出，其毁损净损失应计入营业外支出。

二、多选题

1. 【答案】ACD

【解析】年终决算之前进行的全面清查是每年必须进行的，是定期清查，其他三种都属于不定期并且全面清查。

2. 【答案】CD

【解析】选项 A 是为了消除未达账项导致的企业和银行双方余额不相符而编制的一种表格；选项 B 由于不能提供每笔业务的详细数据，因此不能作为清查的依据。选项 CD 分别是企业、银行双方对企业银行存款有关数据的详细记录，因此可将二者核对进行清查。

3. 【答案】ABCD

4. 【答案】AC

【解析】选项 BD 是银行存款日记账的账面余额大于银行对账单的余额的情形。

三、判断题

1. 【答案】×

【解析】全面清查的内容多，范围广，工作量很大，因此对于重大情况才需作全面清查。更换仓库保管人员，一般只需作局部清查即可。

2. 【答案】×

【解析】应该计入管理费用。

3. 【答案】×

【解析】应编制银行存款余额调节表进行调整，而不是调整银行存款日记账。

4. 【答案】×

【解析】对于未达账项，企业应编制银行存款余额调节表进行调整，银行存款余额调节表只是为了核对账目，并不能作为调节银行存款账面余额的原始凭证。

第 10 章

企业利润形成与分配业务的财税处理

学习目标

- 了解企业利润表中本年利润、利润分配的过程及核算
- 重点是期间费用的轨迹，以及利润的计算过程
- 难点在于所得税费用的计算，尤其是递延所得税资产/负债的计算

本章思维导图

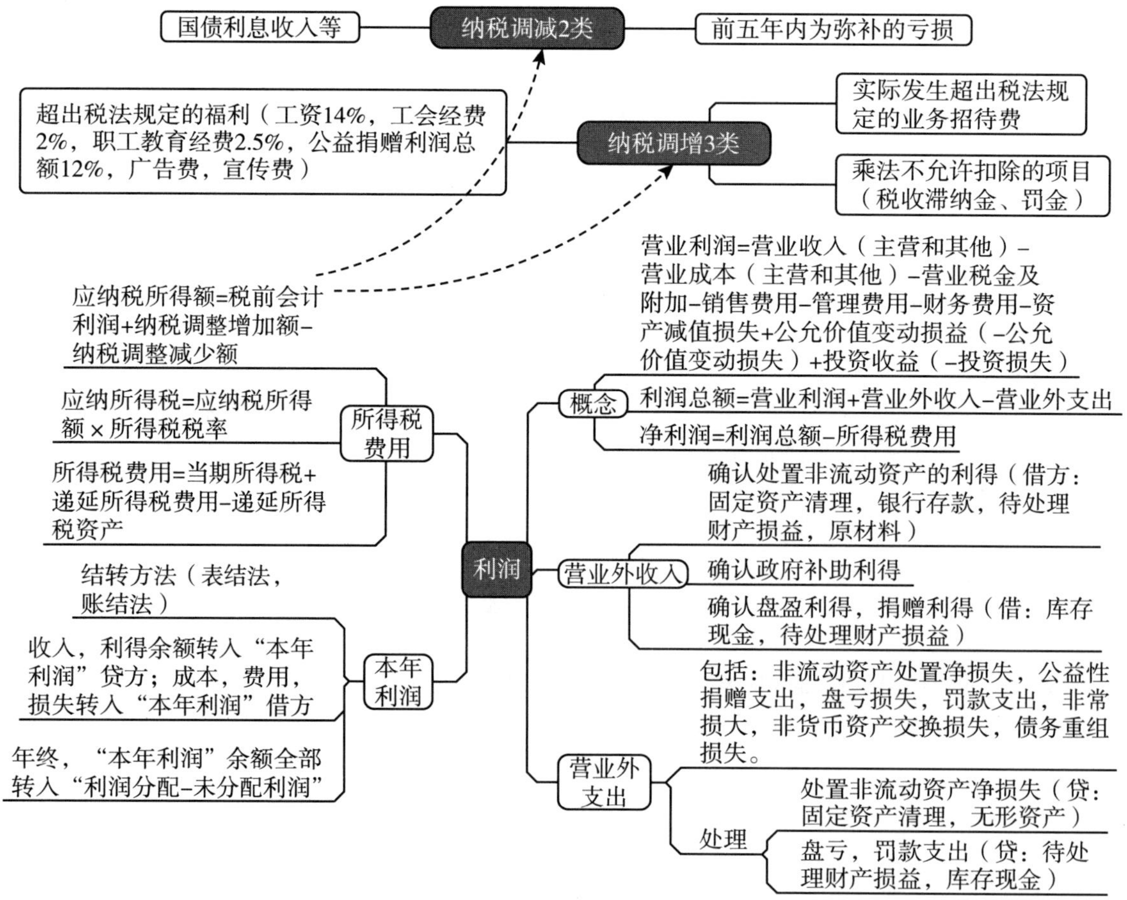

10.1　期间费用的核算

期间费用是指企业日常活动中不能直接归属于某个特定成本核算对象的，在发生时应直接计入当期损益的各种费用。期间费用包括管理费用、销售费用和财务费用。

10.1.1　管理费用的财务核算

管理费用是指企业为组织和管理生产经营活动而发生的各种管理费用，包括：

（1）企业在筹建期间发生的开办费。

（2）董事会和行政管理部门在企业的经营管理中发生的以及应由企业统一负担的公司经费，包括行政管理部门职工薪酬、修理费、物料消耗、低值易耗品摊销、办公费和差旅费、业务招待费、工会经费、待业保险费、劳动保险费、董事会费（包括董事会成员津贴、会议费和差旅费等）。

（3）研究费用（研发支出——费用化支出）。

（4）聘请中介机构费、咨询费（含顾问费）、诉讼费；技术转让费、排污费等。

（5）企业生产车间（部门）和行政管理部门等发生的固定资产修理费用等后续支出。

“管理费用”账户属于损益类账户，用以核算企业为组织和管理企业生产经营所发生的管理费用。该账户借方登记发生的各项管理费用，贷方登记期末转入“本年利润”账户的管理费用额。期末结转后，该账户无余额。

发生的各种费用：

借：管理费用

　　贷：应付职工薪酬【行政管理部门职工薪酬，包括工资、工会经费等】

　　　　银行存款【固定资产修理费用、印花税、待业保险费、劳动保险费、聘请中介机构费、咨询费（含顾问费）、诉讼费、业务招待费、排污费】

　　　　累计折旧【办公设备折旧费】

　　　　周转材料【低值易耗品摊销】

　　　　应交税费【房产税、车船税、城镇土地使用税、矿产资源补偿费】

　　　　研发支出——费用化支出【研究费用】

　　　　累计摊销【无形资产摊销】

期末结转到本年利润：

借：本年利润

　　贷：管理费用

10.1.2　销售费用的财务核算

销售费用是指企业在销售商品和材料、提供劳务过程中发生的各项费用，包括：

（1）销售过程中发生的保险费、包装费、运输费、装卸费；

** **注意** ** 采购过程中发生的保险费、包装费、运输费、装卸费计入存货成本。

（2）展览费和广告费；

（3）商品维修费、预计产品质量保证损失；

（4）为销售本企业商品而专设的销售机构（含销售网点、售后服务网点等）的职工薪酬、业务费、折旧费、固定资产修理费等经营费用；

（5）委托代销支付的手续费。

“销售费用”账户属于损益类账户，用以核算企业发生的各项销售费用。该账户借方登记发生的各项销售费用，贷方登记期末转入“本年利润”账户的销售费用额。期末结转后，该账户无余额。该账户可按费用项目设置明细账户，进行明细分类核算。

企业在销售商品过程中发生的包装费、保险费、展览费和广告费、运输费、装卸费等费用，借记“销售费用”科目，贷记“库存现金”“银行存款”等科目。

企业发生的为销售本企业商品而专设的销售机构的职工薪酬、业务费等费用，借记“销售费用”科目，贷记“应付职工薪酬”“银行存款”“累计折旧”等科目。

【例 10－1】某公司为增值税一般纳税人，2020 年 3 月 1 日为宣传新产品发生广告费，取得的增值税专用发票上注明的价款为 100 000 元，增值税税额为 6 000 元，用银行存款支付。该公司支付广告费应编制如下会计分录：

借：销售费用——广告费	100 000	
应交税费——应交增值税（进项税额）	6 000	
贷：银行存款		106 000

【例 10－2】某公司销售部门 2020 年 3 月共发生费用 220 000 元，其中，销售人员薪酬 100 000 元，销售部专用办公设备和房屋的折旧费 50 000 元，业务费 70 000 元（用银行存款支付）。假定不考虑其他因素，该公司应编制如下会计分录：

借：销售费用	220 000	
贷：应付职工薪酬		100 000
累计折旧		50 000
银行存款		70 000

10.1.3 财务费用的财务核算

财务费用是指企业为筹集生产经营所需资金等而发生的筹资费用，包括利息支出（减利息收入）、汇兑损益以及相关的手续费、商业汇票贴现发生的贴现利息、企业发生或收到的现金折扣等。

“财务费用”账户属于损益类账户，该账户借方登记手续费、利息费用等的增加额，贷方登记应冲减财务费用的利息收入等。期末结转后，该账户无余额。该账户可按费用项目进行明细核算。

企业发生的财务费用，借记“财务费用”科目，贷记“银行存款”“应付利息”等科目。发生的应冲减财务费用的利息收入、汇兑损益、现金折扣，借记“银行存款”“应付账款”等科目，贷记“财务费用”科目。为购建或生产满足资本化条件的资产发生的应予资本化的借款费用，通过“在建工程”“制造费用”等账户核算。

【例 10－3　多选题】下列各项中，应计入财务费用的有（　　）。

A. 企业发行股票支付的手续费　　B. 企业支付的银行承兑汇票手续费

C. 企业购买商品时取得的现金折扣　　D. 企业销售商品时发生的现金折扣

【答案】BCD

【解析】选项 A，企业发行股票支付的手续费，如果是溢价发行股票的，应从溢价中抵扣，冲减资本公积（股本溢价），无溢价发行股票或溢价金额不足以抵扣的，应将不足抵扣的部分冲减盈余公积和未分配利润；选项 C，企业购买商品时取得的现金折扣冲减财务费用；选项 D，企业销售商品时发生的现金折扣计入财务费用。

10.2　利润的核算

利润是指企业在一定会计期间的经营成果，包括收入减去费用后的净额、直接计入当期利润的利得和损失（营业外收入、营业外支出）等。利润由营业利润、利润总额和净利润三个层次构成。

直接计入当期利润的利得和损失，是指应当计入当期损益、会导致所有者权益发生增减变动的、与所有者投入资本或者向所有者分配利润无关的利得或者损失。

10.2.1　利润的形成

10.2.1.1　营业利润

营业利润这一指标能够比较恰当地反映企业管理者的经营业绩，其计算公式如下：

营业利润 = 营业收入 − 营业成本 − 税金及附加 − 销售费用 − 管理费用 − 财务费用 − 资产减值损失 + 公允价值变动收益（− 公允价值变动损失）+ 投资收益（− 投资损失）+ 其他收益

营业收入是指企业经营业务所确认的收入总额，包括主营业务收入和其他业务收入。

营业成本是指企业经营业务所发生的实际成本总额，包括主营业务成本和其他业务成本。

其他收益主要是指与企业日常活动相关，除冲减相关成本费用以外的政府补助。

10.2.1.2　利润总额

利润总额，又称税前利润，是营业利润加上营业外收入减去营业外支出后的金额，其计算公式如下：

利润总额 = 营业利润 + 营业外收入 − 营业外支出

营业外收入是指企业发生的与其日常活动无直接关系的各项利得，主要包括非流动资产处置利得（固定资产、无形资产的处置利得）、政府补助、盘盈利得（仅限于无法查明原因的现金盘盈）、捐赠利得、债务重组利得、确实无法支付而按规定程序经批准后转做营业外收入的应付款项等。

【例 10－4】某企业将固定资产报废清理的净收益 179 800 元转做营业外收入。应编制如下会计分录：

借：固定资产清理　　179 800
　　贷：营业外收入——非流动资产处置利得　　179 800

营业外支出是指企业发生的与其日常活动无直接关系的各项损失，主要包括：

（1）非流动资产处置损失，包括固定资产处置损失和无形资产处置损失。

（2）公益性捐赠支出，指企业对外进行公益性捐赠发生的支出。

（3）盘亏损失，主要指对于财产清查盘点中盘亏的资产，查明原因并报经批准计入营业外支出的损失。

（4）非常损失，指企业对于因客观因素（如自然灾害等）造成的损失，扣除保险公司赔偿等后应计入营业外支出的净损失。

（5）罚款支出，是指行政罚款、税务罚款及其他违反法律法规、合同协议等而支付的罚款、违约金、赔偿金等支出。

期末，应将“营业外支出”科目余额转入“本年利润”科目，借记“本年利润”科目，贷记“营业外支出”科目。结转后本科目应无余额。

【例 10－5】 2022 年 1 月 1 日，某公司取得一项价值 1 000 000 元的非专利技术，2023 年 1 月 1 日出售时已累计摊销 100 000 元，未计提减值准备，出售时取得的增值税专用发票上注明的价款 855 000 元，增值税销项税额为 51 300 元。款项收到并存入银行，出售时应编制如下会计分录：

借：银行存款	906 300	
累计摊销	100 000	
营业外支出	45 000	
贷：无形资产		1 000 000
应交税费——应交增值税（销项税额）		51 300

10.2.1.3　净利润

净利润，又称税后利润，是利润总额扣除所得税费用后的净额，其计算公式如下：

净利润＝利润总额—所得税费用

其中，所得税费用是指企业确认的应从当期利润总额中扣除的所得税费用。

【例 10－6】 2022 年 12 月末结账前甲企业损益类账户贷方余额如下：主营业务收入 6 000 000 元、其他业务收入 700 000 元、公允价值变动损益 150 000 元、投资收益 600 000 元、营业外收入 50 000 元。

损益类账户中有借方余额的如下：

主营业务成本 4 000 000 元、其他业务成本 400 000 元、营业税金及附加 80 000 元、销售费用 500 000 元、管理费用 770 000 元、财务费用 200 000 元、资产减值损失 100 000 元、营业外支出 250 000 元、所得税费用 300 000 元。

营业利润＝(6 000 000＋700 000)－(4 000 000＋400 000)－80 000－500 000－770 000－200 000－100 000＋150 000＋600 000＝1 400 000（元）

利润总额＝1 400 000＋50 000－250 000＝1 200 000（元）

净利润＝1 200 000－300 000＝900 000（元）

10.2.2　利润的账户设置

企业通常设置以下账户对利润形成业务进行会计核算：

（1）“本年利润”账户。

（2）“投资收益”账户。

（3）“营业外收入”账户。

（4）“营业外支出”账户。

10.2.2.1　“本年利润”账户

“本年利润”账户属于所有者权益类账户，用以核算企业当期实现的净利润（或发生的净亏损)。企业期（月）末结转利润时，应将各损益类账户的金额转入本账户，结平各损益类账户。

该账户贷方登记企业期（月）末转入的主营业务收入、其他业务收入、营业外收入和投资收益等；借方登记企业期（月）末转入的主营业务成本、税金及附加、其他业务成本、管理费用、财务费用、销售费用、营业外支出、投资损失和所得税费用等。上述结转完成后，余额如在贷方，即为当期实现的净利润；余额如在借方，即为当期发生的净亏损。年度终了，应将本年收入和支出相抵后结出的本年实现的净利润（或发生的净亏损)，转入“利润分配——未分配利润”账户贷方（或借方)，结转后本账户无余额。

10. 2. 2. 2 “投资收益”账户

“投资收益”账户属于损益类账户，用以核算企业确认的投资收益或投资损失。

该账户贷方登记实现的投资收益和期末转入“本年利润”账户的投资净损失；借方登记发生的投资损失和期末转入“本年利润”账户的投资净收益。期末结转后，该账户无余额。

该账户可按投资项目设置明细账户，进行明细分类核算。

10. 2. 2. 3 “营业外收入”账户

“营业外收入”账户属于损益类账户，用以核算企业发生的各项营业外收入，主要包括非流动资产处置利得、债务重组利得、政府补助、盘盈利得、捐赠利得等。

该账户贷方登记营业外收入的实现，即营业外收入的增加额；借方登记会计期末转入“本年利润”账户的营业外收入额。期末结转后，该账户无余额。

该账户可按营业外收入项目设置明细账户，进行明细分类核算。

10. 2. 2. 4 “营业外支出”账户

“营业外支出”账户属于损益类账户，用以核算企业发生的各项营业外支出，包括非流动资产处置损失、债务重组损失、公益性捐赠支出、非常损失、盘亏损失等。

该账户借方登记营业外支出的发生，即营业外支出的增加额；贷方登记期末转入“本年利润”账户的营业外支出额。期末结转后，该账户无余额。

该账户可按支出项目设置明细账户，进行明细分类核算。

10. 2. 3　利润的账务处理

会计期末（月末或年末）结转各项收入时，借记“主营业务收入”“其他业务收入”“营业外收入”等科目，贷记“本年利润”科目；结转各项支出时，借记“本年利润”科目，贷记“主营业务成本”“营业税金及附加”“其他业务成本”“管理费用”“财务费用”“销售费用”“资产减值损失”“营业外支出”“所得税费用”等科目。

10. 3　所得税费用的计算与结转

企业的所得税费用包括当期所得税和递延所得税两个部分，其中，当期所得税是指当期应交所得税。

所得税费用 = 当期所得税 + 递延所得税（费用）

10.3.1 当期所得税

10.3.1.1 应交所得税

应交所得税是指企业按照税法规定计算确定的针对当期发生的交易和事项，应交纳给税务部门的所得税金额，即当期应交所得税。应纳税所得额是在企业税前会计利润（即利润总额）的基础上调整确定的，企业当期所得税的计算公式为：

应交所得税 = 应纳税所得额 × 企业所得税税率 =（税前会计利润 + 纳税调整增加额 − 纳税调整减少额）× 企业所得税税率

其中，

应纳税所得额 = 税前会计利润 + 纳税调整增加额 − 纳税调整减少额

10.3.1.2 纳税调整增加额

纳税调整增加额主要包括：

（1）税法规定允许扣除项目中，企业已计入当期费用但超过税法规定扣除标准的金额。

①职工福利费、工会经费、职工教育经费的扣除限额：税法规定，企业发生的合理的工资、薪金支出准予据实扣除；企业发生的职工福利费支出，不超过工资、薪金总额 14% 的部分准予扣除；企业拨缴的工会经费，不超过工资、薪金总额 2% 的部分准予扣除，除国务院财政、税务主管部门另有规定外；企业发生的职工教育经费支出，不超过工资、薪金总额 2.5% 的部分准予扣除，超过部分准予结转以后纳税年度扣除。

②业务招待费：按照发生额的 60% 扣除，但最高不得超过当年销售（营业）收入的 5‰。

③广告费和业务宣传费：销售（营业）收入的 15% 以内据实扣除。

（2）企业已计入当期损失但税法规定不允许扣除项目的金额。

①税收滞纳金、罚款、罚金。

②计提的各种资产的减值准备。

10.3.1.3 纳税调整减少额

纳税调整减少额主要包括按税法规定允许弥补的亏损和准予免税的项目，如国债利息收入、前 5 年内的未弥补亏损等。

10.3.2 递延所得税

递延所得税包括递延所得税资产和递延所得税负债。

递延所得税费用 =（递延所得税负债期末余额 − 递延所得税负债期初余额）−（递延所得税资产期末余额 − 递延所得税资产期初余额）

递延所得税资产发生额 = 递延所得税资产期末余额 − 递延所得税资产期初余额

递延所得税资产发生额为正数（增加），计入借方。递延所得税资产发生额为负数（减去），计入贷方。

递延所得税负债发生额 = 递延所得税负债期末余额 − 递延所得税负债期初余额

递延所得税负债发生额为正（增加）数，计入贷方。递延所得税负债发生额为负数（减少），计入借方。

10.3.3　所得税费用的账务处理

企业应通过“所得税费用”科目，核算企业所得税费用的确认及其结转情况。期末，将“所得税费用”科目的余额转入“本年利润”科目，借记“本年利润”科目，贷记“所得税费用”科目，结转后本科目应无余额。

10.4　利润分配的核算

10.4.1　利润分配的概念

利润分配是指企业根据国家有关规定和企业章程、投资者协议等，对企业当年可供分配利润指定其特定用途和分配给投资者的行为。利润分配的过程和结果不仅关系到每个股东的合法权益是否得到保障，而且关系到企业的未来发展。

企业向投资者分配利润，应按一定的顺序进行。按照我国《公司法》的有关规定，利润分配应按下列顺序进行。

1. 计算可供分配的利润

企业在利润分配前，应根据本年净利润（或亏损）与年初未分配利润（或亏损）、其他转入的金额（如盈余公积弥补的亏损）等项目，计算可供分配的利润，即：可供分配的利润 = 净利润（或亏损）+ 年初未分配利润 - 弥补以前年度的亏损 + 其他转入的金额。如果可供分配的利润为负数（即累计亏损），则不能进行后续分配；如果可供分配利润为正数（即累计盈利），则可进行后续分配。

【例 10 - 7　判断题】 企业可供分配的利润就是当年实现的净利润。(　　)

【答案】 ×

2. 提取法定盈余公积

按照《公司法》的有关规定，公司应当按照当年净利润（抵减年初累计亏损后）的 10% 提取法定盈余公积，提取的法定盈余公积累计额超过注册资本 50% 的，可以不再提取。

3. 提取任意盈余公积

公司提取法定盈余公积后，经股东会或者股东大会决议，还可以从净利润中提取任意盈余公积。

4. 向投资者分配利润（或股利）

企业可供分配的利润扣除提取的盈余公积后，形成可供投资者分配的利润，即：

可供投资者分配的利润 = 可供分配的利润 - 提取的盈余公积

企业可采用现金股利、股票股利和财产股利等形式向投资者分配利润（或股利）。

10.4.2　利润分配的账户设置

企业通常设置以下账户对利润分配业务进行会计核算：

（1）“利润分配”账户。

（2）“盈余公积”账户。

（3）“应付股利”账户。

10.4.2.1 “利润分配”账户

“利润分配”账户属于所有者权益类账户，用以核算企业利润的分配（或亏损的弥补）和历年分配（或弥补）后的余额。该账户下的二级明细科目有：

利润分配——未分配利润
——提取法定盈余公积
——提取任意盈余公积
——应付现金股利
——转作股本的股利
——盈余公积补亏

10.4.2.2 “盈余公积”账户

“盈余公积”账户属于所有者权益类账户，用以核算企业从净利润中提取的盈余公积。

该账户贷方登记提取的盈余公积，即盈余公积的增加额，借方登记实际使用的盈余公积，即盈余公积的减少额。期末余额在贷方，反映企业结余的盈余公积。

10.4.2.3 “应付股利”账户

“应付股利”账户属于负债类账户，用以核算企业分配的现金股利或利润。

该账户贷方登记应付给投资者股利或利润的增加额；借方登记实际支付给投资者的股利或利润，即应付股利的减少额。期末余额在贷方，反映企业应付未付的现金股利或利润。

10.4.3 利润分配的财务核算

期末将各损益类科目余额结转入“本年利润”科目。

10.4.3.1 结转各项收入、利得类科目

借：主营业务收入
　　其他业务收入
　　公允价值变动损益
　　投资收益
　　营业外收入
　　贷：本年利润

10.4.3.2 结转各项费用、损失类科目

借：本年利润
　　贷：主营业务成本
　　　　其他业务成本
　　　　税金及附加
　　　　销售费用
　　　　管理费用
　　　　财务费用
　　　　资产减值损失
　　　　营业外支出

10.4.3.3　确认并结转所得税费用

借：所得税费用

　　递延所得税资产（或贷方）

　　贷：应交税费——应交所得税

　　　　递延所得税负债（或借方）

借：本年利润

　　贷：所得税费用

10.4.3.4　结转本年利润

会计期末结转“本年利润”的方法有表结法（年末转入本年利润科目，每月编制财务报表，通过利润表计算反映各期的利润或亏损）和账结法（月末转入本年利润科目，每月编制财务报表，通过“本年利润”科目反映本年累计实现的利润或亏损）两种。

经过上述结转后，“本年利润”科目如为贷方余额，表示当年实现的即为税前会计利润（利润总额），借方余额即为当年发生的净亏损。

年度终了，企业还应将“本年利润”科目的本年累计余额转入“利润分配——未分配利润”科目。如“本年利润”为贷方余额，借记“本年利润”科目，贷记“利润分配——未分配利润”科目，如为借方余额，做相反的会计分录。结转后“本年利润”科目应无余额。

借：本年利润

　　贷：利润分配——未分配利润

【例 10-8】乙公司 2022 年有关损益类科目的年末余额如下（该企业采用表结法年末一次结转损益类科目，所得税税率为 25%）：

科目名称	结账前余额
主营业务收入	6 000 000 元（贷）
其他业务收入	700 000 元（贷）
公允价值变动损益	150 000 元（贷）
投资收益	1 000 000 元（贷）
营业外收入	50 000 元（贷）
主营业务成本	4 000 000 元（借）
其他业务成本	400 000 元（借）
税金及附加	80 000 元（借）
销售费用	500 000 元（借）
管理费用	770 000 元（借）
财务费用	200 000 元（借）
资产减值损失	100 000 元（借）
营业外支出	250 000 元（借）

乙公司 2022 年末结转本年利润的会计分录如下：

（1）将各损益类科目年末余额结转入“本年利润”科目：

①结转各项收入、利得类科目：

借：主营业务收入　　　　6 000 000

其他业务收入　　700 000
公允价值变动损益　　150 000
投资收益　　1 000 000
营业外收入　　50 000
贷：本年利润　　7 900 000

②结转各项费用、损失类科目：

借：本年利润　　6 300 000
贷：主营业务成本　　4 000 000
其他业务成本　　400 000
税金及附加　　80 000
销售费用　　500 000
管理费用　　770 000
财务费用　　200 000
资产减值损失　　100 000
营业外支出　　250 000

（2）经过上述结转后，“本年利润”科目的贷方发生额合计 7 900 000 元减去借方发生额合计 6 300 000 元即为税前会计利润 1 600 000 元

（3）假设乙公司不存在所得税纳税调整因素。

（4）应交所得税额 =1 600 000 ×25% =400 000（元）。

借：所得税费用　　400 000
贷：应交税费——应交所得税　　400 000
借：本年利润　　400 000
贷：所得税费用　　400 000

（5）将“本年利润”科目年末余额 1 200 000（7 900 000 – 6 300 000 – 400 000）元转入“利润分配——未分配利润”科目：

借：本年利润　　1 200 000
贷：利润分配——未分配利润　　1 200 000

本章小结

1. 熟悉企业期间费用的构成；
2. 掌握企业净利润的计算；
3. 掌握企业所得税的账务处理；
4. 掌握企业净利润的分配顺序。

同步强化练习

一、单选题

1. 下列各项中，应列入利润表“管理费用”项目的是（　　）。
   A. 计提的坏账准备　　B. 出租无形资产的摊销额
   C. 支付中介机构的咨询费　　D. 处置固定资产的净损失
2. 下列各项中，应计入管理费用的是（　　）。

A. 筹建期间的开办费　　B. 预计产品质量保证损失

C. 生产车间管理人员工资　　D. 专设销售机构的固定资产修理费

3. 某企业 2022 年 2 月主营业务收入为 100 万元，主营业务成本为 80 万元，管理费用为 5 万元，资产减值损失为 2 万元，投资收益为 10 万元。假定不考虑其他因素，该企业当月的营业利润为（　　）万元。

A. 13　　B. 15　　C. 18　　D. 23

4. 下列各项中，不应计入营业外收入的是（　　）。

A. 债务重组利得　　B. 处置固定资产净收益

C. 收发差错造成存货盘盈　　D. 确实无法支付的应付账款

5. 下列交易或事项，不应确认为营业外支出的是（　　）。

A. 公益性捐赠支出　　B. 无形资产出售损失

C. 固定资产盘亏损失　　D. 固定资产减值损失

6. 某企业 2022 年度利润总额为 1 800 万元，其中本年度国债利息收入 200 万元，已计入营业外支出的税收滞纳金 6 万元；企业所得税税率为 25%。假定不考虑其他因素，该企业 2022 年度所得税费用为（　　）万元。

A. 400　　B. 401.5　　C. 450　　D. 498.5

二、多选题

1. 下列各项中，不应计入管理费用的有（　　）。

A. 总部办公楼折旧　　B. 生产设备改良支出

C. 经营租出专用设备的修理费　　D. 专设销售机构房屋的修理费

2. 下列各项费用，应通过“管理费用”科目核算的有（　　）

A. 诉讼费　　B. 研究费用

C. 业务招待费　　D. 日常经营活动聘请中介机构费

3. 下列各项中，不应确认为财务费用的有（　　）。

A. 企业筹建期间的借款费用　　B. 资本化的借款利息支出

C. 销售商品发生的商业折扣　　D. 支付的银行承兑汇票手续费

4. 下列各项中，影响企业营业利润的有（　　）。

A. 出售原材料损失　　B. 计提无形资产减值准备

C. 公益性捐赠支出　　D. 出售交易性金融资产损失

5. 下列各项中，影响企业营业利润的有（　　）。

A. 处置无形资产净收益　　B. 出租包装物取得的收入

C. 接受公益性捐赠利得　　D. 经营租出固定资产的折旧额

6. 下列各项中，不应确认为营业外收入的有（　　）。

A. 存货盘盈　　B. 固定资产出租收入

C. 固定资产盘盈　　D. 无法查明原因的现金溢余

7. 下列各项中，应计入营业外支出的有（　　）。

A. 无形资产处置损失　　B. 存货自然灾害损失

C. 固定资产清理损失　　D. 长期股权投资处置损失

8. 下列各项中，影响利润表“所得税费用”项目金额的有（　　）。

A. 当期应交所得税　　B. 递延所得税资产

C. 递延所得税费用　　D. 代扣代交的个人所得税

9. 下列各项中，应计入税金及附加的有（　　）。

A. 处置无形资产应交的增值税　　B. 销售商品应交的增值税

C. 销售应税产品的资源税　　D. 销售应税消费品应交的消费税

三、案例分析题

1. 某公司为增值税一般纳税人，2022 年 3 月 12 日销售产品一批，取得的增值税专用发票上注明的运输费 7 000 元，增值税税额为 770 元，取得的增值税普通发票上注明的装卸费 3 000 元，均用银行存款支付。假定不考虑其他因素。该公司支付上述费用编制会计分录。

2. 某公司为增值税一般纳税人，2022 年 3 月 15 日用银行存款支付所销产品保险费合计 10 600 元，取得的增值税专用发票上注明的保险费为 10 000 元，增值税税额为 600 元。

3. 2022 年 12 月末结账前甲企业损益类账户贷方余额如下：主营业务收入 6 000 000 元、其他业务收入 700 000 元、公允价值变动损益 150 000 元、投资收益 600 000 元、营业外收入 50 000 元。

损益类账户中有借方余额的如下：

主营业务成本 4 000 000 元、其他业务成本 400 000 元、营业税金及附加 80 000 元、销售费用 500 000 元、管理费用 770 000 元、财务费用 200 000 元、资产减值损失 100 000 元、营业外支出 250 000 元。

编制期末本年利润相关的会计分录。

参考答案及解析

一、单选题

1. 【答案】C

【解析】支付中介机构的咨询费计入管理费用中。选项 A 计入资产减值损失，选项 B 计入其他业务成本，选项 D 计入营业外支出。

2. 【答案】A

【解析】选项 B 预计产品质量保证损失计入销售费用；选项 C 生产车间管理人员的工资计入制造费用；选项 D 专设销售机构的固定资产修理费计入销售费用。

3. 【答案】D

【解析】营业利润 = 主营业务收入 100 − 主营业务成本 80 − 管理费用 5 − 资产减值损失 2 + 投资收益 10 = 23（万元）。

4. 【答案】C

【解析】收发差错造成的存货盘盈经批准处理后应冲减管理费用。

5. 【答案】D

【解析】固定资产减值损失计入资产减值损失。

6. 【答案】B

【解析】该企业 2020 年度所得税费用 =（1 800 − 200 + 6）× 25% = 401.5（万元）。

二、多选题

1. 【答案】BCD

【解析】选项 B 应该计入在建工程；选项 C 应该计入其他业务成本；选项 C 应该计入销售费用。

2. 【答案】ABCD

3. 【答案】ABC

【解析】选项 A 应该计入管理费用或在建工程等；选项 B 应该计入在建工程；选项 C 确认收入金额时直接扣除，不做账务处理。

4. 【答案】ABD

【解析】选项 A，出售原材料要确认其他业务收入和其他业务成本，如果是出售损失说明确认的其他业务成本大于其他业务收入的金额，所以会影响营业利润；选项 B，计提无形资产减值准备要计入资产减值损失，所以会影响营业利润；选项 C，公益性捐赠支出计入营业外支出，不影响营业利润的计算，不应该选；选项 D，出售交易性金融资产的损失计入投资收益的借方，所以会影响营业利润。

5. 【答案】BD

【解析】选项 AC 应该计入营业外收入，不影响营业利润，但是影响利润总额的金额。

6. 【答案】ABC

【解析】存货盘盈最终是要冲减管理费用；固定资产的出租收入是要作为收入记入其他业务收入科目；固定资产盘盈要作为前期差错记入以前年度损益调整科目。

7. 【答案】ABC

【解析】选项 D 应该计入投资收益。

8. 【答案】ABC

【解析】选项 D 减少应付职工薪酬，对所得税费用没有影响。

9. 【答案】CD

【解析】选项 A 计入营业外收入或营业外支出，选项 B 增值税是价外税，不影响损益。

三、案例分析题

1. 【答案】

借：销售费用	10 000	
应交税费——应交增值税（进项税额）	770	
贷：银行存款		10 770

2. 【答案】

借：销售费用——保险费	10 000	
应交税费——应交增值税（进项税额）	600	
贷：银行存款		10 600

3. 【答案】

（1）结转各项收入、利得类科目：

借：主营业务收入	6 000 000	
其他业务收入	700 000	
公允价值变动损益	150 000	
投资收益	600 000	
营业外收入	50 000	
贷：本年利润		7 500 000

（2）结转各项费用、损失类科目：

借：本年利润	6 300 000	
贷：主营业务成本		4 000 000
其他业务成本		400 000
营业税金及附加		80 000
销售费用		500 000
管理费用		770 000
财务费用		200 000
资产减值损失		100 000
营业外支出		250 000

假设没有纳税调整事项，企业使用的所得税税率为 25%

企业的应缴所得税 = (7 500 000 − 6 300 000) × 25% = 300 000（元）

借：所得税费用	300 000	
贷：应交税费——应交所得税		300 000
借：本年利润	300 000	
贷：所得税费用		300 000

第 11 章

财务会计报表的编制与分析

学习目标

◆ 了解企业财务报告的构成，以及资产负债表、利润表与现金流量表的编制思路及过程
◆ 掌握 3 张财务报表的结构
◆ 学会分析表中会计数据变化的意义与表现出的趋势

本章思维导图

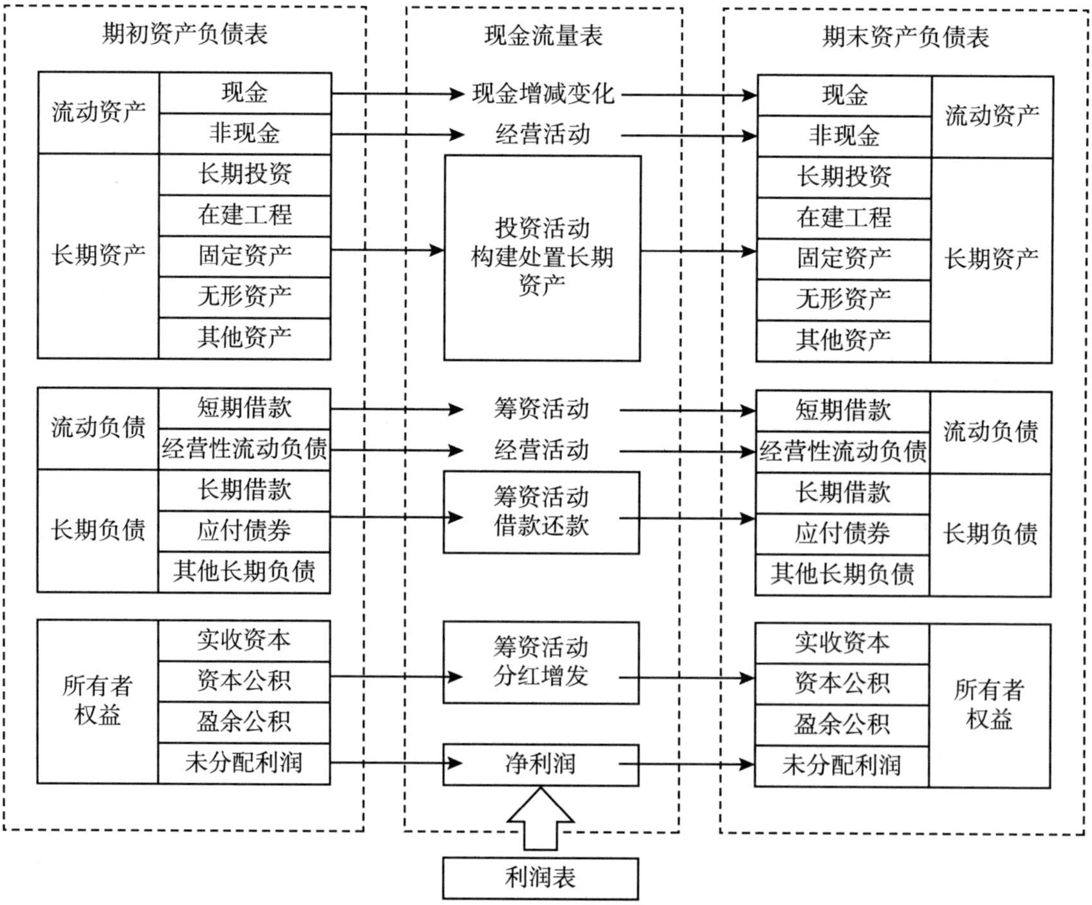

11.1　财务报告概述

11.1.1　财务报告及其目标

财务报告，是指企业对外提供的反映企业某一特定日期的财务状况和某一会计期间的经营成果、现金流量等会计信息的文件。财务报告包括财务报表和其他应当在财务报告中披露的相关信息和资料。

财务报告的目标，是向财务报告使用者提供与企业财务状况、经营成果和现金流量等有关的会计信息，反映企业管理层受托责任履行情况，有助于财务报告使用者作出经济决策。财务报告使用者通常包括投资者、债权人、政府及其有关部门、社会公众等。

11.1.2　财务报表的概念与分类

11.1.2.1　财务报表的概念

财务报表，是对企业财务状况、经营成果和现金流量的结构性表述。一套完整的财务报表至少应当包括资产负债表、利润表、现金流量表、所有者权益（或股东权益）变动表以及附注。

资产负债表、利润表和现金流量表分别从不同角度反映企业的财务状况、经营成果和现金流量。

资产负债表，是反映企业在某一特定日期的财务状况的会计报表。

利润表，是反映企业在一定会计期间的经营成果的会计报表。

现金流量表，是反映企业在一定会计期间的现金和现金等价物流入和流出的会计报表。

所有者权益变动表，是反映构成所有者权益各组成部分当期增减变动情况的会计报表。

附注是财务报表不可或缺的组成部分，是对在资产负债表、利润表、现金流量表和所有者权益变动表等报表中列示项目的文字描述或明细资料，以及对未能在这些报表中列示项目的说明等。

附注主要起到两方面的作用：第一，附注的披露，是对资产负债表、利润表、现金流量表和所有者权益变动表列示项目含义的补充说明，以帮助财务报表使用者更准确地把握其含义。例如，通过阅读附注中披露的固定资产折旧政策的说明，使用者可以掌握报告企业与其他企业在固定资产折旧政策上的异同，以便进行更准确的比较。第二，附注提供了对资产负债表、利润表、现金流量表和所有者权益变动表中未列示项目的详细或明细说明。例如，通过阅读附注中披露的存货增减变动情况，财务报表使用者可以了解资产负债表中未单列的存货分类信息。

附注的主要内容：

（1）企业的基本情况。

（2）财务报表的编制基础。

（3）遵循企业会计准则的声明。

（4）重要会计政策和会计估计。

（5）会计政策和会计估计变更以及差错更正的说明。

（6）报表重要项目的说明。

（7）或有和承诺事项、资产负债表日后非调整事项、关联方关系及其交易等需要说明的事项。

【例 11－1　单选题】财务报表不可以提供企业（　　）信息。

A. 财务状况　　B. 经营成果　　C. 劳动生产率　　D. 现金流量

【答案】C

【解析】财务报表可以提供企业财务状况、经营成果和现金流量的信息。

11.1.2.2　财务报表的分类

财务报表可以按其编报期间不同分为中期财务报表和年度财务报表；按其编报主体不同分为个别财务报表和合并财务报表。

11.1.3　财务报表编制的基本要求

11.1.3.1　以持续经营为基础编制

企业应当以持续经营为基础，根据实际发生的交易和事项，按照《企业会计准则——基本准则》和其他各项会计准则的规定进行确认和计量，在此基础上编制财务报表。以持续经营为基础编制财务报表不再合理，企业应当采用其他基础编制财务报表，并在附注中声明财务报表未以持续经营为基础编制的事实、披露未以持续经营为基础编制的原因和财务报表的编制基础。

11.1.3.2　按正确的会计基础编制

除现金流量表按照收付实现制原则编制外，企业应当按照权责发生制原则编制财务报表。

11.1.3.3　至少按年编制财务报表

企业至少应当按年编制财务报表。年度财务报表涵盖的期间短于一年的，应当披露年度财务报表的涵盖期间、短于一年的原因以及报表数据不具可比性的事实。

11.1.3.4　项目列报遵守重要性原则

重要性，是指在合理预期下，财务报表某项目的省略或错报会影响使用者据此作出经济决策的，该项目具有重要性。

重要性应当根据企业所处的具体环境，从项目的性质和金额两方面予以判断，且对各项目重要性的判断标准一经确定，不得随意变更。判断项目性质的重要性，应当考虑该项目在性质上是否属于企业日常活动、是否显著影响企业的财务状况、经营成果和现金流量等因素；判断项目金额大小的重要性，应当考虑该项目金额占资产总额、负债总额、所有者权益总额、营业收入总额、营业成本总额、净利润、综合收益总额等直接相关项目金额的比重或所属报表单列项目金额的比重。

性质或功能不同的项目，应当在财务报表中单独列报，但不具有重要性的项目除外。性质或功能类似的项目，其所属类别具有重要性的，应当按其类别在财务报表中单独列报。某些项目的重要性程度不足以在资产负债表、利润表、现金流量表或所有者权益变动表中单独列示，但对附注却具有重要性，则应当在附注中单独披露。《企业会计准则第 30 号——财务报表列报》规定在财务报表中单独列报的项目，应当单独列报。其他会计准则规定单独列报的项目，应当增加单独列报项目。

11.1.3.5　保持各个会计期间财务报表项目列报的一致性

财务报表项目的列报应当在各个会计期间保持一致，除会计准则要求改变财务报表项目的列报或企业经营业务的性质发生重大变化后，变更财务报表项目的列报能够提供更可靠、更相关的会计信息外，不得随意变更。

11.1.3.6　各项目之间的金额不得相互抵销

财务报表中的资产项目和负债项目的金额、收入项目和费用项目的金额、直接计入当期利润的利得项目和损失项目的金额不得相互抵销，但其他会计准则另有规定的除外。

一组类似交易形成的利得和损失应当以净额列示，但具有重要性的除外。

资产或负债项目按扣除备抵项目后的净额列示，不属于抵销。

非日常活动产生的利得和损失，以同一交易形成的收益扣减相关费用后的净额列示更能反映交易实质的，不属于抵销。

11.1.3.7　至少应当提供所有列报项目上一个可比会计期间的比较数据

当期财务报表的列报，至少应当提供所有列报项目上一个可比会计期间的比较数据，以及与理解当期财务报表相关的说明，但其他会计准则另有规定的除外。

财务报表的列报项目发生变更的，应当至少对可比期间的数据按照当期的列报要求进行调整，并在附注中披露调整的原因和性质，以及调整的各项目金额。对可比数据进行调整不切实可行的，应当在附注中披露不能调整的原因。

11.1.3.8　应当在财务报表的显著位置披露编报企业的名称等重要信息

企业应当在财务报表的显著位置（如表首）至少披露下列各项：

（1）编报企业的名称。

（2）资产负债表日或财务报表涵盖的会计期间。

（3）人民币金额单位。

（4）财务报表是合并财务报表的，应当予以标明。

11.1.4　财务报表编制前的准备工作

（1）严格审核会计账簿的记录和有关资料；

（2）进行全面财产清查、核实债务，并按规定程序报批，进行相应的会计处理；

（3）按规定的结账日进行结账，结出有关会计账簿的余额和发生额，并核对各会计账簿之间的余额；

（4）检查相关的会计核算是否按照国家统一的会计制度的规定进行；

（5）检查是否存在因会计差错、会计政策变更等原因需要调整前期或本期相关项目的情况等。

【例 11－2　单选题】下列不属于财务会计报告基本要求的是（　　）。

A. 按正确的会计基础编制

B. 已持续经营为基础编制各项目之间的金额不得相互抵销

C. 至少应当提供所有列报项目上一个可比会计期间的比较数据

D. 严格审核会计账簿的记录和有关资料

【答案】D

【解析】D 选项是财务报表编制前的准备工作之一。

11.2 资产负债表

11.2.1 资产负债表的概念

资产负债表是指反映企业在某一特定日期的财务状况的报表。资产负债表主要反映资产、负债和所有者权益三方面的内容，并满足“资产 = 负债 + 所有者权益”恒等式。我国企业的资产负债表采用账户式结构。

11.2.2 资产负债表的作用

（1）可以提供某一日期资产的总额及其结构，表明企业拥有或控制的资源及其分布情况；

（2）可以提供某一日期的负债总额及其结构，表明企业未来需要用多少资产或劳务清偿债务以及清偿时间；

（3）可以反映所有者所拥有的权益，据以判断资本保值、增值的情况以及对负债的保障程度。

11.2.3 资产负债表的结构与内容

11.2.3.1 资产负债表的结构

我国企业的资产负债表采用账户式结构。

账户式资产负债表分左右两方，左方为资产项目，大体按资产的流动性大小排列，流动性大的资产，如“货币资金”“交易性金融资产”等排在前面，流动性小的资产，如“长期股权投资”“固定资产”等排在后面。右方为负债及所有者权益项目，一般按要求清偿时间的先后顺序排列，“短期借款”“应付票据”“应付账款”等需要在一年以内（或者长于一年的一个正常营业周期内）偿还的流动负债排在前面，“长期借款”等在一年以上才需偿还的非流动负债排在中间，在企业清算之前不需要偿还的所有者权益项目排在后面。

账户式资产负债表中的资产各项目的合计等于负债和所有者权益各项目的合计，即资产负债表左方和右方平衡。因此，通过账户式资产负债表，可以反映资产、负债、所有者权益之间的内在关系，即“资产 = 负债 + 所有者权益”。

11.2.3.2 资产负债表的内容

资产负债表由表头和表体两部分组成：

（1）表头部分应列明报表名称、编表单位名称、资产负债表日和人民币金额单位；表体部分反映资产、负债和所有者权益的内容。

（2）表体部分是资产负债表的主体和核心，各项资产和负债按流动性排列，所有者权益项目按稳定性排列。

11.2.4 资产负债表的列示要求

11.2.4.1 资产负债表列报总体要求

（1）分类别列报。

资产负债表应当按照资产、负债和所有者权益三大类别分类列报。（见表 11－1）

（2）资产和负债按流动性列报。

资产和负债应当按照流动性分别分为流动资产和非流动资产、流动负债和非流动负债列示。

（3）列报相关的合计、总计项目。

资产负债表中的资产类至少应当列示流动资产和非流动资产的合计项目；负债类至少应当列示流动负债、非流动负债以及负债的合计项目；所有者权益类应当列示所有者权益的合计项目。

资产负债表应当分别列示资产总计项目和负债与所有者权益之和的总计项目，并且这二者的金额应当相等。

11.2.4.2　资产的列报

资产负债表中的资产类至少应当单独列示反映下列信息的项目：货币资金、以公允价值计量且其变动计入当期损益的金融资产、应收款项、预付款项、存货、被划分为持有待售的非流动资产及被划分为持有待售的处置组中的资产、可供出售金融资产、持有至到期投资、长期股权投资、投资性房地产、固定资产、生物资产、无形资产、递延所得税资产。

11.2.4.3　负债的列报

资产负债表中的负债类至少应当单独列示反映下列信息的项目：短期借款、以公允价值计量且其变动计入当期损益的金融负债、应付款项、预收款项、应付职工薪酬、应交税费、被划分为持有待售的处置组中的负债、长期借款、应付债券、长期应付款、预计负债、递延所得税负债。

11.2.4.4　所有者权益的列报

资产负债表中的所有者权益类至少应当单独列示反映下列信息的项目：实收资本（或股本）、资本公积、盈余公积、未分配利润。

11.2.5　资产负债表的编制

11.2.5.1　根据总账科目余额填列

（1）直接一个总账科目余额填列。如“以公允价值计量且其变动计入当期损益的金融资产”“短期借款”“应付票据”“应付职工薪酬”等项目，根据“以公允价值计量且其变动计入当期损益的金融资产”“短期借款”“应付票据”“应付职工薪酬”各总账科目的余额直接填列。

（2）根据几个总账科目的期末余额计算填列。如“货币资金”项目，需根据“库存现金”“银行存款”“其他货币资金”三个总账科目的期末余额的合计数填列。“未分配利润”项目，需根据“本年利润”“未分配利润”两个总账科目的期末余额的合计数填列。

11.2.5.2　根据明细账科目余额计算填列

（1）“开发支出”项目，应根据“研发支出”科目中所属的“资本化支出”明细科目期末余额填列。

（2）“应收账款”项目，应当根据“应收账款”“预收账款”科目所属明细科目期末借方明细余额合计减去“坏账准备”科目中有关应收账款计提的坏账准备期末余额后的金额填列；

（3）“预收款项”项目，应当根据“应收账款”“预收账款”等科目所属明细科目期末贷方明细余额合计填列。

应收账款 = 应收账款明细科目借方余额 + 预收账款明细科目借方余额（若无坏账准备）

预付款项 = 预付账款明细科目借方余额 + 应付账款明细科目借方余额（若无坏账准备）

应付账款 = 应付账款明细科目贷方余额 + 预付账款明细科目贷方余额

预收款项 = 预收账款明细科目贷方余额 + 应收账款明细科目贷方余额

开发支出项目，需要根据研发支出科目中所属的“资本化支出”明细科目期末余额计算填列；

未分配利润项目，需要根据利润分配科目中所属的“未分配利润”明细科目期末余额填列。

11.2.5.3 根据总账科目和明细账科目的余额分析计算填列

长期借款项目，应根据“长期借款”总账科目余额扣除“长期借款”科目所属的明细科目中将在资产负债表日起一年内到期，且企业不能自主地将清偿义务展期的长期借款后的金额计算填列。

** **注意** ** 一年内即将到期的非流动负债列示于流动负债中的“一年内到期的非流动负债”项目。

长期待摊费用项目，应根据“长期待摊费用”总账科目余额扣除“长期待摊费用”科目所属的明细科目中将在资产负债表日起一年内摊销的长期待摊费用后的金额填列。

** **注意** ** 一年内即将摊销的长期待摊费用列示于流动资产中的“一年内到期的非流动资产”项目。

【例 11 – 3】 2022 年 12 月 31 日，甲公司“长期借款”科目余额为 155 万元，其中自乙银行借入的 5 万元借款将于一年内到期，甲公司不具有自主展期清偿的权利，则甲公司 2022 年 12 月 31 日资产负债表中“长期借款”项目“期末余额”的列报金额 = 155 – 5 = 150（万元），“一年内到期的非流动负债”项目“期末余额”的列报金额为 5 万元。

11.2.5.4 根据有关科目余额减去其备抵科目余额后的净额填列

（1）应收账款：扣除有关的坏账准备。

（2）长期股权投资：扣除长期股权投资减值准备。

（3）固定资产：扣除累计折旧、固定资产减值准备。

（4）无形资产：扣除累计摊销、无形资产减值准备。

11.2.5.5 综合运用上述填列方法分析填列

如“存货”项目，需根据材料采购、原材料、低值易耗品、自制半成品、库存商品、包装物、生产成本、委托加工物资、委托代销商品、材料成本差异等科目的期末余额汇总数，再减去“存货跌价准备”备抵科目余额后的金额填列。

** **注意** **

（1）材料成本差异如为借方余额则“加”，材料成本差异如为贷方余额则“减”。

（2）“工程物资”不属于存货。

资产负债表，如表 11 – 1 所示。

表 11－1　　　　**资产负债表**

会企 01 表

编制单位：　　　　单位：元

资产	行次	年初数	期末数	负债和所有者权益	行次	年初数	期末数
流动资产：				流动负债：			
货币资金	1			短期借款	68		
短期投资	2			应付票据	69		
应收票据	3			应付账款	70		
应收股利	4			预收账款	71		
应收利息	5			应付工资	72		
应收账款	6			应付福利费	73		
其他应收款	7			应付股利	74		
预付账款	8			应交税费	75		
应收补贴款	9			其他应交款	80		
存货	10			其他应付款	81		
待摊费用	11			预提费用	82		
一年内到期的长期债权投资	21			预计负债	83		
其他流动资产	24			一年内到期的长期负	86		
流动资产合计	31			其他流动负债	90		
				流动负债合计	100		
长期投资：							
长期股权投资	32			长期负债：	101		
长期债券投资	34			长期借款	102		
长期投资合计	38			应付债券	103		
固定资产				长期应付款	106		
固定资产原价	39			专项应付款	108		
减：累计折扣	40			其他长期负债	110		
固定资产净值	41			长期负债合计			
减：固定资产减值准备	42			递延税项：	111		
固定资产净额	43			递延税款贷项	114		
工程物资	44			负债合计			
在建工程	45						
固定资产清理	46			所有者权益（或股东权）			
固定资产合计	50			应收资本（或股本）	115		
无形资产及其他资产：				减：已归还投资	116		

续表

资产	行次	年初数	期末数	负债和所有者权益	行次	年初数	期末数
无形资产	51			实收资本（或股本）净额	117		
长期待摊费用	52			资本公积	118		
其他长期资产	53			盈余公积	119		
无形资产及其他资产合计	60			其中：法定公益金	120		
递延税项：				未分配利润	121		
递延税款借项	61			所有者权益（或股东权益）合计	122		
资产总计	67			负债和所有者权益（或股东权益）总计	135		

法定代表人（签章）： 财务负责人： 复核： 制表：

资料来源：笔者根据相关资料编制。

11.3 利 润 表

11.3.1 利润表的概念与作用

利润表（又称损益表）是指反映企业在一定会计期间的经营成果的报表。（见表 11－2）

表 11－2 **利润表**

会企 02 表

编制单位： __年__月 单位：元

项目	本期金额	上期金额
一、营业收入		
减：营业成本		
税金及附加		
销售费用		
管理费用		
财务费用		
资产减值损失		
加：公允价值变动收益（损失以“－”号填列）		
投资收益（损失以“－”号填列）		
其中：对联营企业和合营企业的投资收益		
其他收益		
二、营业利润（亏损以“－”号填列）		

续表

项目	本期金额	上期金额
加：营业外收入		
其中：非流动资产处置利得		
减：营业外支出		
其中：非流动资产处置损失		
三：利润总额（亏损总额以“－”号填列）		
减：所得税费用		
四、净利润（净亏损以“－”号填列）		
五、其他综合收益的税后净额		
（一）以后不能重分类进损益的其他综合收益		
（二）以后能重分类进损益的其他综合收益		
六、综合收益总额		
七、每股收益		
（一）基本每股收益		
（二）稀释每股收益		

资料来源：笔者根据相关资料编制。

利润表的作用主要有：

（1）反映一定会计期间收入的实现情况；

（2）反映一定会计期间的费用耗费情况；

（3）反映企业经济活动成果的实现情况，据以判断资本保值增值等情况。

11.3.2　利润表的格式与内容

11.3.2.1　利润表的格式

利润表常见的格式有两种：单步式利润表和多步式利润表。

在我国，企业利润表多采用多步式格式，将不同性质的收入和费用分别进行对比，以便得出一些中间性的利润数据，帮助使用者理解企业经营成果的不同来源。

11.3.2.2　利润表的列示内容

企业在利润表中应当对费用按照功能分类，分为从事经营业务发生的成本、管理费用、销售费用和财务费用等。

利润表至少应当单独列示反映下列信息的项目，但其他会计准则另有规定的除外：营业收入、营业成本、营业税金及附加、管理费用、销售费用、财务费用、投资收益、公允价值变动损益、资产减值损失、非流动资产处置损益、所得税费用、净利润、其他综合收益各项目分别扣除所得税影响后的净额、综合收益总额。金融企业可以根据其特殊性列示利润表项目。

其他综合收益项目应当根据其他相关会计准则的规定分为以后会计期间不能重分类进损益的其他综合收益项目和以后会计期间在满足规定条件时将重分类进损益的其他综合收益项

目两类列报。

在合并利润表中，企业应当在净利润项目之下单独列示归属于母公司所有者的损益和归属于少数股东的损益，在综合收益总额项目之下单独列示归属于母公司所有者的综合收益总额和归属于少数股东的综合收益总额。

11.3.3 利润表的编制

11.3.3.1 主要编制步骤

（1）以营业收入为基础，减去营业成本、税金及附加、销售费用、管理费用、财务费用、资产减值损失，加上公允价值变动收益（减去公允价值变动损失）和投资收益（减去投资损失），计算出营业利润。

营业利润 = 营业收入 – 营业成本 – 税金及附加 – 销售费用 – 管理费用 – 财务费用 – 资产减值损失 + 公允价值变动收益（或 – 公允价值变动损失）+ 投资收益（或 – 投资损失）+ 其他收益

（2）以营业利润为基础，加上营业外收入，减去营业外支出，计算出利润总额。

利润总额 = 营业利润 + 营业外收入 – 营业外支出

（3）以利润总额为基础，减去所得税费用，计算出净利润（或亏损）。

净利润 = 利润总额 – 所得税费用

11.3.3.2 利润表项目的填列

利润表各项目均需填列“本期金额”和“上期金额”两栏。其中“上期金额”栏内各项数字，应根据上年该期利润表的“本期金额”栏内所列数字填列。“本期金额”栏内各期数字，除“基本每股收益”和“稀释每股收益”项目外，应当按照相关科目的发生额分析填列。

（1）“营业收入”项目，反映企业经营主要业务和其他业务所确认的收入总额。本项目应根据“主营业务收入”和“其他业务收入”科目的发生额分析填列。

（2）“营业成本”项目，反映企业经营主要业务和其他业务所发生的成本总额。本项目应根据“主营业务成本”和“其他业务成本”科目的发生额分析填列。

（3）“税金及附加”项目，反映企业经营业务应负担的消费税、营业税、城市维护建设税、资源税、土地增值税和教育费附加等。本项目应根据“营业税金及附加”科目的发生额分析填列。

（4）“销售费用”项目，反映企业在销售商品过程中发生的包装费、广告费等费用和为销售本企业商品而专设的销售机构的职工薪酬、业务费等经营费用。本项目应根据“销售费用”科目的发生额分析填列。

（5）“管理费用”项目，反映企业为组织和管理生产经营发生的管理费用。本项目应根据“管理费用”的发生额分析填列。

（6）“财务费用”项目，反映企业筹集生产经营所需资金等而发生的筹资费用。本项目应根据“财务费用”科目的发生额分析填列。

（7）“资产减值损失”项目，反映企业各项资产发生的减值损失。本项目应根据“资产减值损失”科目的发生额分析填列。

（8）“公允价值变动收益”项目，反映企业应当计入当期损益的资产或负债公允价值变动收益。本项目应根据“公允价值变动损益”科目的发生额分析填列，如为净损失，本项目以“-”号填列。

(9)“投资收益”项目，反映企业以各种方式对外投资所取得的收益。本项目应根据“投资收益”科目的发生额分析填列。如为投资损失，本项目用“-”号填列。

(10)“营业利润”项目，反映企业实现的营业利润。如为亏损，本项目以“-”号填列。

(11)“营业外收入”项目，反映企业发生的与经营业务无直接关系的各项收入。本项目应根据“营业外收入”科目的发生额分析填列。

(12)“营业外支出”项目，反映企业发生的与经营业务无直接关系的各项支出。本项目应根据“营业外支出”科目的发生额分析填列。

(13)“利润总额”项目，反映企业实现的利润。如为亏损，本项目以“-”号填列。

(14)“所得税费用”项目，反映企业应从当期利润总额中扣除的所得税费用。本项目应根据“所得税费用”科目的发生额分析填列。

(15)“净利润”项目，反映企业实现的净利润。如为亏损，本项目以“-”号填列。

11.4 现金流量表

11.4.1 现金流量表的定义

现金流量表是反映一定时期内（如月度、季度或年度）企业经营活动、投资活动和筹资活动对其现金及现金等价物所产生影响的财务报表。现金流量表是原先财务状况变动表或者资金流动状况表的替代物。它详细描述了由公司的经营、投资与筹资活动所产生的现金流。

现金，是指企业库存现金以及可以随时用于支付的存款，包括库存现金、银行存款和其他货币资金（如外埠存款、银行汇票存款、银行本票存款等）等。不能随时用于支付的存款不属于现金。

现金等价物，是指企业持有的期限短、流动性强、易于转换为已知金额现金、价值变动风险很小的投资。期限短，一般是指从购买日起三个月内到期。现金等价物通常包括三个月内到期的债券投资等。

企业产生的现金流量分为 3 类：

(1) 经营活动产生的现金流量。

(2) 投资活动产生的现金流量。

(3) 筹资活动产生的现金流量。

11.4.2 现金流量表的作用

作为一个分析的工具，现金流量表的主要作用是决定公司短期生存能力，反映一家公司在一定时期现金流入和现金流出动态状况的报表，其组成内容与资产负债表和损益表相一致。通过现金流量表，可以概括反映经营活动、投资活动和筹资活动对企业现金流入流出的影响，对于评价企业的实现利润、财务状况及财务管理，可比传统的损益表提供更好的基础。编制现金流量表的主要目的是为报表使用者提供企业一定会计期间内现金流入和流出的有关信息，揭示企业的偿还能力和变现能力。

现金流量表的作用体现在：

（1）弥补了资产负债信息量的不足。

（2）便于从现金流量的角度对企业进行考核。

（3）了解企业筹措现金、生成现金的能力。

11.4.3 现金流量表的结构与内容

现金流量表划分经营活动、投资活动、筹资活动，按类说明企业一个时期流入多少现金，流出多少现金及现金流量净额。现金流量表中设置现金流量表的公式为：现金净流量 = 现金收入 - 现金支出，分为三部分（见表 11 -3）。

表 11 -3　　现金流量表

年度　　会企 03 表

编制单位：　　金额单位：人民币元

项目	行次	金额	补充资料	行次	金额
一、经营活动产生的现金流量			1. 将净利润调节为经营活动现金流量		
销售商品、提供劳务收到的现金	1		净利润	57	
收到的税费扳还	3		加：计提的资产减值准备	58	
收到的其他与经营活动有关的现金	8		固定资产折旧	59	
			无形资产摊销	60	
现金流入小计	9		长期待摊费用摊销	61	
购买商品、接受劳务支付的现金	10		待摊费用的减少（减：增加）	64	
支付给职工及为职工支付的现金	12		预提费用的增加（减：减少）	65	
支付各项税费	13		处置固定资产、无形资产和其他长期资产的损失（减：收益）	66	
支付的其他与经营活动有关的现金	18		固定资产报废损失	67	
			财务费用	68	
现金流出小计	20		投资损失（减：收益）	69	
经营活动产生的现金流量净额	21		递延税款贷项（减：借项）	70	
二、投资活动产生的现金流量			存货的减少（减：增加）	71	
收回投资所收到的现金	22		经营性应收项目的减少（减：增加）	72	
取得投资收益所收到的现金	23		经营性应付项目的增加（减：减少）	73	

续表

项目	行次	金额	补充资料	行次	金额
处置固定资产、无形资产和其他长期资产	25		其他	74	
收到的其他与投资活动有关的现金	28		经营活动产生的现金流量净额	75	
现金流入小计	29		2. 不涉及现金收支的投资和筹资活动		
购置固定资产、无形资产和其他长期资产	30		债务转为资本	76	
投资所支付的现金	31		一年内到期的可转换公司债券	77	
支付的其他与投资活动有关的现金	35		融资租入固定资产	78	
现金流出小计	36		3. 现金及现金等价物净增加情况		
投资活动产生的现金流量净额	37		现金的期末余额	79	
三、筹资活动产生的现金流量			减：现金的期初余额	80	
吸收投资所收到的现金	38		加：现金等价物的期末余额	81	
取得借款所收到的现金	40		减：现金等价物的期初余额	82	
收到的其他与筹资活动有关的现金	43				
			现金及现金等价物净增加额	83	
现金流入小计	44				
偿还债务所支付的现金	45				
分配股利、利润和偿付利息所支付的现金	46				
支付的其他与筹资活动有关的现金	52				
现金流出小计	53				
筹资活动产生的现金流量净额	54				
四、汇率变动对现金的影响额	55				
五、现金及现金等价物净增加额	56				

企业负责人：　　　　　　　　主管会计工作负责人：　　　　　　　　会计机构负责人：

资料来源：笔者根据相关资料编制。

（1）经营活动的现金流量。

（2）投资活动的现金流量。

（3）筹资活动的现金流量。

各部分又分别按收入项目和支出项目列示，以反映各类活动所产生的现金流入量和现金流出量，并展示各类现金流入和流出的原因。

11.4.4 现金流量表的编制

11.4.4.1 经营活动产生的现金流量

1. “销售商品、提供劳务收到的现金”项目

该项目反映企业本年销售商品、提供劳务收到的现金，以及前期销售商品、提供劳务本期收到的现金（包括应向购买者收取的增值税销项税额）和本期预收的款项，减去本年销售本期退回商品和前期销售本期退回商品支付的现金。企业销售材料和代购代销业务收到的现金，也在本项目反映。

销售商品、提供劳务收到的现金 = 营业收入 + 增值税的销项税额 +（应收票据年初余额 − 应收票据期末余额）+（应收账款年初余额 − 应收账款期末余额）+（预收账款期末余额 − 预收账款年初余额）− 当期计提的坏账准备

2. “收到的税费返还”项目

该项目反映企业收到返还的所得税、增值税、消费税、关税和教育费附加等各种税费返还款。

3. “收到的其他与经营活动有关的现金”项目

该项目反映企业除上述各项目外，收到的其他与经营活动有关的现金，如罚款收入、经营租赁固定资产收到的现金、投资性房地产收到的租金收入、流动资产损失中由个人赔偿的现金收入、除税费返还外的其他政府补助收入等。

4. “购买商品、接受劳务支付的现金”项目

该项目反映企业本期购买商品、接受劳务实际支付的现金（包括增值税进项税额），以及本期支付前期购买商品、接受劳务的未付款项和本期预付款项，减去本期发生的购货退回收到的现金。企业购买材料和代购代销业务支付的现金，也在本项目反映。

购买商品、接受劳务支付的现金 = 营业成本 + 增值税的进项税额 +（存货期末余额 − 存货年初余额）+（应付账款年初余额 − 应付账款期末余额）+（应付票据年初余额 − 应付票据期末余额）+（预付账款期末余额 − 预付账款年初余额）− 当期列入生产成本、制造费用的职工薪酬 − 当期列入生产成本、制造费用的折旧费

5. “支付给职工以及为职工支付的现金”项目

该项目反映企业实际支付给职工的工资、奖金、各种津贴和补贴等职工薪酬（包括代扣代缴的职工个人所得税）。

支付给职工以及为职工支付的现金 = 应付职工薪酬年初余额
+ 生产成本、制造费用、管理费用中职工薪酬
− 应付职工薪酬期末余额

6. “支付的各项税费”项目

该项目反映企业发生并支付、前期发生本期支付以及预交的各项税费，包括所得税、增值税、消费税、印花税、房产税、土地增值税、车船税、教育费附加等。

支付的各项税费 =（应交所得税期初余额 + 当期所得税费用 − 应交所得税期末余额）
+ 支付的营业税金及附加 + 应交增值税（已交税金）

7. “支付其他与经营活动有关的现金”项目

该项目反映企业除上述各项目外所支付的其他与经营活动有关的现金，如经营租赁支付

的租金、支付的罚款、差旅费、业务招待费、保险费等，此外包括支付的销售费用。

支付其他与经营活动有关的现金 = 支付其他管理费用 + 支付的销售费用

11.4.4.2 投资活动产生的现金流量

1. "收回投资收到的现金"项目

该项目反映企业出售、转让或到期收回除现金等价物以外的对其他企业的交易性金融资产、长期股权投资收到的现金。本项目可根据"交易性金融资产""长期股权投资"等科目的记录分析填列。

2. "取得投资收益收到的现金"项目

该项目反映企业交易性金融资产分得的现金股利，从子公司、联营企业或合营企业分回利润、现金股利而收到的现金，因债权性投资而取得的现金利息收入。本项目可以根据"应收股利""应收利息""投资收益""库存现金""银行存款"等科目的记录分析填列。

3. "处置子公司及其他营业单位收到的现金净额"项目

该项目反映企业处置子公司及其他营业单位所取得的现金，减去相关处置费用以及子公司及其他营业单位持有的现金和现金等价物后的净额。本项目可以根据"长期股权投资""银行存款""库存现金"等科目的记录分析填列。

4. "购建固定资产、无形资产和其他长期资产支付的现金"项目

该项目反映企业购买、建造固定资产、取得无形资产和其他长期资产所支付的现金（含增值税款等），以及用现金支付的应由在建工程和无形资产负担的职工薪酬。

为购建固定资产、无形资产而发生的借款利息资本化部分，在筹资活动产生的现金流量"分配股利、利润或偿付利息支付的现金"中反映。本项目可以根据"固定资产""在建工程""工程物资""无形资产""库存现金""银行存款"等科目的记录分析填列。

5. "投资支付的现金"项目

该项目反映企业取得除现金等价物以外的对其他企业的权益工具、债务工具和合营中的权益投资所支付的现金，包括除现金等价物以外的交易性金融资产、长期股权投资，以及支付的佣金、手续费等交易费用。

企业购买股票时实际支付的价款中包含的已宣告而尚未领取的现金股利，以及购买债券时支付的价款中包含的已到期尚未领取的债券利息，应在"支付的其他与投资活动有关的现金"项目中反映。

取得子公司及其他营业单位支付的现金净额，应在"取得子公司及其他营业单位支付的现金净额"项目中反映。

本项目可以根据"交易性金融资产""长期股权投资"等科目的记录分析填列。

6. "取得子公司及其他营业单位支付的现金净额"项目

该项目反映企业购买子公司及其他营业单位购买出价中以现金支付的部分，减去子公司及其他营业单位持有的现金和现金等价物后的净额。本项目可以根据"长期股权投资""库存现金""银行存款"等科目的记录分析填列。

11.4.4.3 筹资活动产生的现金流量

1. "吸收投资收到的现金"项目

该项目反映企业以发行股票等方式筹集资金实际收到的款项净额（发行收入减去支付的佣金等发行费用后的净额）。本项目可以根据"实收资本（或股本）""资本公积""银行存款”等科目的记录分析填列。

2. “取得借款收到的现金”项目

该项目反映企业举借各种短期、长期借款而收到的现金，以及发行债券实际收到的款项净额（发行收入减去直接支付的佣金等发行费用后的净额）。本项目可以根据“短期借款”“长期借款”“应付债券”“库存现金”“银行存款”等科目的记录分析填列。

3. “偿还债务支付的现金”项目

该项目反映企业偿还债务本金所支付的现金，包括偿还金融企业的借款本金、偿还债券本金等。企业支付的借款利息和债券利息在“分配股利、利润或偿付利息支付的现金”项目反映，不包括在本项目内。本项目可以根据“短期借款”“长期借款”“应付债券”等科目的记录分析填列。

4. “分配股利、利润或偿付利息支付的现金”项目

该项目反映企业实际支付的现金股利、支付给其他投资单位的利润或用现金支付的借款利息、债券利息等。不同用途的借款，其利息的开支渠道不一样，如在建工程、制造费用、财务费用等，均在本项目中反映。本项目可以根据“应付股利”“应付利息”“在建工程”“制造费用”“研发支出”“财务费用”等科目的记录分析填列。

本章小结

1. 了解财务报表的概念与分类；
2. 熟悉财务报表编制的基本要求；
3. 熟悉资产负债表的列示要求与编制方法；
4. 熟悉利润表的列示要求与编制方法；
5. 掌握现金流量表的结构与编制方法。

同步强化练习

一、单选题

1. 下列不属于对外财务报表的是（　　）。

A. 资产负债表　　B. 利润表

C. 所有者权益变动表　　D. 成本计算表

2. 企业应当以（　　）为基础，根据实际发生的交易和事项，按照相关会计准则的规定进行确认和计量，在此基础上编制财务报表。

A. 会计主体　　B. 持续经营　　C. 会计分期　　D. 重要性原则

3. 中期财务报表可以不提供的报表是（　　）。

A. 资产负债表　　B. 利润表

C. 所有者权益变动表　　D. 现金流量表

4. 某企业 2020 年 4 月 1 日从银行借入期限为 3 年的长期借款 400 万元，编制 2022 年 12 月 31 日资产负债表时，此项借款应填入的报表项目是（　　）。

A. 短期借款　　B. 长期借款

C. 其他长期负债　　D. 一年内到期的非流动负债

5. 下列各项中，关于资产负债表“预收款项”项目填列方法表述正确的是（　　）。

A. 根据“预收账款”科目的期末余额填列

B. 根据“预收账款”和“应收账款”科目所属各明细科目的期末贷方余额合计数填列

C. 根据“预收账款”和“预付账款”科目所属各明细科目的期末借方余额合计数填列
D. 根据“预收账款”和“应付账款”科目所属各明细科目的期末贷方余额合计数填列

6. 2022 年 12 月初某企业“应收账款”科目借方余额为 300 万元，相应的“坏账准备”科目贷方余额为 20 万元，本月实际发生坏账损失 6 万元。2022 年 12 月 31 日经减值测试，该企业应补提坏账准备 11 万元。假定不考虑其他因素，2022 年 12 月 31 日该企业资产负债表“应收账款”项目的金额为（　　）万元。

A. 269　　B. 274　　C. 275　　D. 280

7. 某企业 2022 年 3 月 31 日结账后的“固定资产”科目余额为 2 000 万元，“累计折旧”科目余额为 200 万元，“固定资产减值准备”科目余额为 300 万元。该企业 2022 年 3 月 31 日资产负债表中的“固定资产”项目金额为（　　）万元。

A. 1 500　　B. 2 000　　C. 1 800　　D. 1 700

8. 某企业期末“工程物资”科目的余额为 1 000 万元，“发出商品”科目的余额为 800 万元，“原材料”科目的余额为 1 000 万元，“材料成本差异”科目的贷方余额为 100 万元，“存货跌价准备”科目贷方余额为 50 万元。假定不考虑其他因素，该企业资产负债表中“存货”项目的金额为（　　）万元。

A. 1 700　　B. 1 650　　C. 2 650　　D. 2 750

9. 资产负债表中，根据有关总账期末余额直接填列的项目是（　　）。

A. 短期借款　　B. 应收账款　　C. 货币资金　　D. 存货

10. 某企业期末“应付账款”账户为贷方余额 26 万元，其所属明细账户的贷方余额合计为 33 万元，所属明细账户的借方余额合计为 7 万元；“预付账款”账户为借方余额 15 万元，其所属明细账户的借方余额合计为 20 万元，所属明细账户的贷方余额合计为 5 万元。则该企业资产负债表中“应付账款”和“预付账款”两个项目的期末数分别应为（　　）万元。

A. 38 和 27　　B. 33 和 20　　C. 53 和 12　　D. 26 和 15

11. 下列各项中，不应在利润表“营业收入”项目列示的是（　　）。

A. 政府补助收入　　B. 设备安装劳务收入
C. 代修品销售收入　　D. 固定资产出租收入

12. A 公司应付职工薪酬年初余额 100 万元，本年计入生产成本、制造费用、管理费用中职工薪酬为 160 万元，应付职工薪酬期末余额 150 万元，则“支付给职工以及为职工支付的现金”项目的金额为（　　）万元。

A. 100　　B. 0　　C. 160　　D. 110

13. A 公司应交所得税期初余额 100 万元，当期所得税费用为 200 万元，递延所得税费用为 50 万元，应交所得税期末余额 120 万元；支付的税金及附加为 20 万元；已交增值税 60 万元。则“支付的各项税费”项目为（　　）万元。

A. 260　　B. 200　　C. 80　　D. 130

14. 下列各项中，不属于现金流量表“筹资活动产生的现金流量”的是（　　）。

A. 取得借款收到的现金
B. 吸收投资收到的现金
C. 处置固定资产收回的现金净额
D. 分配股利、利润或偿付利息支付的现金

15. 为了具体反映利润的形成情况，我国现行的利润表的结构一般采用（　　）报告结构。

A. 单步式　　B. 多步式　　C. 账户式　　D. 报告式

二、多选题

1. 下列项目中，属于资产负债表中“流动资产”项目的有（　　）。

A. 一年内到期的非流动资产

B. 工程物资

C. 以公允价值计量且其变动计入当期损益的金融资产

D. 存货

2. 下列会计科目的期末余额，应当列入资产负债表“存货”项目的有（　　）。

A. 生产成本　　B. 材料采购

C. 委托加工物资　　D. 委托代销商品

3. 下列各项中，属于所有者权益变动表单独列示的项目有（　　）。

A. 提取盈余公积　　B. 综合收益总额

C. 所有者投入资本　　D. 资本公积转增资本

4. 下列各项中，应列入利润表“营业成本”项目的有（　　）。

A. 出售商品的成本

B. 销售材料的成本

C. 出租非专利技术的摊销额

D. 以经营租赁方式出租设备计提的折旧额

5. 下列各项中，应列入利润表“营业成本”项目的有（　　）。

A. 销售材料成本　　B. 无形资产处置净损失

C. 固定资产盘亏净损失　　D. 经营出租固定资产折旧费

6. 下列各项中，应列入利润表“资产减值损失”项目的有（　　）。

A. 原材料盘亏损失　　B. 固定资产减值损失

C. 应收账款减值损失　　D. 无形资产处置净损失

7. 下列各项中，属于现金流量表“现金及现金等价物”的有（　　）。

A. 库存现金　　B. 银行本票存款

C. 银行承兑汇票　　D. 持有 2 个月内到期的国债

8. 下列各项，属于现金流量表中现金及现金等价物的有（　　）。

A. 库存现金　　B. 其他货币资金

C. 3 个月内到期的债券投资　　D. 随时用于支付的银行存款

9. 下列各项中，属于现金流量表“经营活动产生的现金流量”的报表项目有（　　）。

A. 收到的税费返还　　B. 偿还债务支付的现金

C. 销售商品、提供劳务收到的现金　　D. 支付给职工以及为职工支付的现金

三、计算分析题

某企业 2022 年 12 月 31 日结账后有关科目所属明细科目借贷方余额如下表 11－4 所示。

表 11－4　　明细科目借贷方余额　　单位：元

科目	明细科目借方合计	明细科目贷方合计
应收账款	1 600 000	100 000
预付账款	800 000	60 000
应付账款	400 000	1 800 000
预收账款	600 000	1 400 000

假如应收账款没有计提坏账准备。

要求：计算应收账款、预付款项、应付账款、预收款项在财务报表上列示的金额。

参考答案及解析

一、单选题

1.【答案】D

【解析】资产负债表、利润表、现金流量表都属于对外提供的财务报表。

2.【答案】B

3.【答案】C

4.【答案】D

5.【答案】B

【解析】资产负债表中，“预收款项”项目根据“预收账款”和“应收账款”科目所属各明细科目的期末贷方余额合计数填列。

6.【答案】A

【解析】资产负债表“应收账款”项目金额是账面价值 = 应收账款科目余额 - 坏账准备科目余额 = (300 - 6) - (20 - 6 + 11) = 269（万元）。

7.【答案】A

8.【答案】B

【解析】资产负债表中“存货”项目的金额 = 800 + 1 000 - 100 - 50 = 1 650（万元）。

9.【答案】A

10.【答案】A

11.【答案】A

【解析】营业收入项目包括主营业务收入和其他业务收入；选项 A 记入营业外收入，不包括在营业收入中；选项 B、C、D 均属于企业的收入。

12.【答案】D

【解析】支付给职工及为职工支付的现金 = 100 + 160 - 150 = 110（万元）

13.【答案】A

【解析】支付的各项税费 = (100 + 200 - 120) + 20 + 60 = 260（万元）

14.【答案】C

【解析】选项 C 属于投资活动产生的现金流量。

15.【答案】B

二、多选题

1.【答案】ACD

2.【答案】ABCD

3.【答案】ABCD

【解析】所有者权益变动表至少应当单独列示的项目：综合收益总额；会计政策变更和差错更正的累积影响金额；所有者投入资本和向所有者分配利润等；提取的盈余公积；实收资本或资本公积、盈余公积、未分配利润的期初和期末余额及其调节情况。

4.【答案】ABCD

【解析】本题考核利润表“营业成本”项目。营业成本项目包含主营业务成本和其他业务成本。选项 A 计入主营业务成本；选项 B、C、D 计入其他业务成本。

5.【答案】AD

【解析】选项 AD 记入其他业务成本科目；选项 BC 记入营业外支出科目。

6.【答案】BC

【解析】资产减值损失科目核算企业计提各项资产减值准备所形成的损失，所以选项 B、C 符合题意；

而选项 A，原材料的盘亏损失属于管理不善原因的扣除赔款和净残值后的净损失计入管理费用，属于非正常损失的扣除赔款和净残值后的净损失计入营业外支出；选项 D，无形资产处置净损失计入营业外支出。

7. **【答案】** ABD

【解析】 本题考核现金等价物的内容。银行承兑汇票通过应收票据、应付票据科目核算，不属于现金或现金等价物。

8. **【答案】** ABCD

【解析】 企业的现金及现金等价物包含库存现金、随时用于支付的银行存款、其他货币资金以及 3 个月内到期的投资。

9. **【答案】** ACD

【解析】 选项 B 属于筹资活动产生的现金流量。

三、计算分析题

【答案】

“应收账款”项目金额 = 1 600 000 + 600 000 = 2 200 000（元）

“预付款项”项目金额 = 800 000 + 400 000 = 1 200 000（元）

“应付账款”项目金额 = 1 800 000 + 60 000 = 1 860 000（元）

“预收款项”项目金额 = 1 400 000 + 100 000 = 1 500 000（元）

主要参考文献

［1］中华人民共和国财政部：《企业会计制度》，经济科学出版社 2019 年版。

［2］中华人民共和国财政部：《企业会计准则》，经济科学出版社 2019 年版。

［3］企业会计准则委：《企业会计准则详解与实务 2021 版》，人民邮电出版社 2021 年版。

［4］财政部会计资格评价中心：《初级会计实务》，经济科学出版社 2019 年版。

［5］中国注册会计师协会：《会计》，中国财政经济出版社 2020 年版。

［6］中国注册会计师协会：《税法》，中国财政经济出版社 2020 年版。

［7］阎达五、于玉林：《会计学》，中国人民大学出版社 2019 年版。

［8］葛军：《会计学基础》，科学出版社 2019 年版。

［9］陈少华：《会计学原理》，厦门大学出版社 2019 年版。

［10］陈国辉、迟旭升：《会计学》，东北财经大学出版社 2019 年版。

［11］葛家澍、余绪缨：《会计学》，高等教育出版社 2019 年版。

［12］杨雄胜：《会计学概论》，南京大学出版社 2019 年版。

［13］黄慧馨、伍利娜：《会计学基础》，北京大学出版社 2019 年版。

［14］苏君、谢萍：《会计学》，经济科学出版社 2019 年版。

［15］李端生：《基础会计学》，中国人民大学出版社 2019 年版。

［16］刘峰：《会计学基础》，高等教育出版社 2019 年版。

［17］刘晓民：《基础会计学》，清华大学出版社 2019 年版。

［18］徐兴恩：《基础会计学》，首都经济贸易大学出版社 2019 年版。

［19］桂俊煜、马施：《会计基础理论与实务》，人民邮电出版社 2019 年版。

［20］刘海涛：《会计原来这么有趣：零基础从业篇》，机械工业出版社 2016 年版。

［21］高爱萍：《会计真账实操全流程从入门到精通》，中国铁道出版社 2019 年版。

［22］钟小灵：《一看就懂的会计入门书》，机械工业出版社 2021 年版。

［23］蒋杰：《零基础学税务会计（图解案例版）》，中国铁道出版社 2020 年版。

［24］张海涛：《中小企业税务与会计实务》，机械工业出版社 2018 年版。

后　记

在本书即将出版之际，时常回想起在我教学和学术生涯中给予帮助的各位师长朋友。首先，最需要感谢的当属我的工作单位——中国劳动关系学院，本书的顺利完成以及工作期间的点滴收获无不源于学校对我的培养和包容，今天我所取得的成绩，无不凝聚着学校一直以来的引导与栽培。

同时，特别感谢我的教学与科研引路人，我的老领导——燕晓飞教授，其严谨的学术作风、谦逊和蔼的待人方式、高尚的人格品行，都将是我一生学习的榜样。在我的教学生涯中，燕老师温暖的关怀与鼓励，是支撑我坚持的动力。感谢燕老师的悉心指导和培育之恩！

在此，尤其感谢我家人的鼓励与支持。这些年，一路风雨兼程，你们是我坚强的后盾，用细致无私的爱和包容鼓励的态度，给予我温暖的港湾和不断前行的力量。

在教材编写的过程中，得到了中国劳动关系学院经济管理学院谢琦老师、刘东生老师、马施老师的鼎力支持，在此表示衷心的感谢！还有我所教的财务管理、经济学、工商管理专业的学生，也给了我很多的支持与鼓励。

感谢中国劳动关系学院对本书的出版资助。同时，还要感谢参与本书部分章节及审校工作的成员，包括内蒙古农业大学赵丽霞老师、中国劳动关系学院副校长刘玉芳老师、经济管理学院柯希嘉老师，以及冯婧老师（她负责约3万字的编著工作）。此外，特别感谢经济科学出版社的编辑老师对本书出版的大力支持。

由于时间仓促，教材体现的资料和内容还不够完善，难免会出现一些错误，敬请批评指正，谢谢！

谭　超

2021年7月于北京